企業責任と法

―企業の社会的責任と法の役割・在り方―

企業法学会 編

文眞堂

はしがき

　企業法学会が創設されてから 25 年が経過しようとしている。この学会は，筑波大学の大学院生がつくり出した学会であるが，その基礎となる研究理念および研究方法などについて，故竹内昭夫教授の指導・支援がなければ今日まで存続することはなかったであろう。企業法学会は，その機関誌として『企業法学』を 1 年に 1 回刊行した。しかし，出版業界の不況から，商事法務のご好意に頼ることができなくなり，機関誌はオンライン上で公刊することになった。とはいえ，学会の研究活動を社会に還元することを常に考えてきた。そこで，東日本大震災が起こったときに，企業責任の問題を学会の一般研究として整理し，総会の研究報告会での議論を経て，本書を学会の刊行物として出版することにした。2014 年 11 月 2 日に企業法学会創設 25 周年を迎えたので，この節目に当たり，学会を法人化し，改めて学会の初志を確認して，将来の方向を示す事業の 1 つとして，本書を刊行することにした。

　企業法学会は，大学院で研究する研究者だけでなく，企業で専門的な仕事をしてきた後，理論的な整理を志して，研究者の仲間に入った多数の者から構成されている。学会での研究活動に参加しながら，30 名以上の会員が大学教授となり，多くの会員が博士号を取得した。企業法学会の会員に共通する視点は，直接の研究対象は会社法，証券法，銀行法，租税法，独占禁止法，環境法，知的財産法，労働法など（憲法，行政法，刑法も含む）多岐にわたるが，企業の視点に立って法律問題を整理しようとしていることである。スペシャリストを質の高いジェネラリストに育てることが意図されている。企業は利益を追求することを目的としているが，「公共の利益」や「社会的利益」を考慮して，健全で，安定した経営を行うことが，長期的には最大の利益を生むものと考えている。本書もまた，そのような視点に立って，企業の社会的責任を検討した。

　本書は，学会内で相互に検討し合い，複数の会員の考えが表現されている

ため，論文集という形はとっていない。しかし，文責を明らかにすると同時に，執筆者の学術業績を明確にするために，関連部分の末尾にカッコを付して会員名を記載した。とくに，本書については，高橋均理事（獨協大学法科大学院教授）が本書の編纂に主要な役割を果たしたことを明記しておきたい。読者に対しては，率直なご批判をお願いしたい。建設的なご批判は，学会の将来の研究活動に役立てたいと考えている。

　最後に，本書の出版を快くお引き受けくださった文眞堂の前野隆氏，前野眞司氏，またご支援をいただいた文眞堂社長前野弘氏に心から感謝したい。

　2014年11月3日

　　　　　　　　　　　　　　　　　　企業法学会理事長　　田島　裕

目　次

はしがき

序章 ……………………………………………………………………… 3

第1章　企業の社会的責任の意義と法の役割 …………………… 7

Ⅰ．企業の社会的責任（CSR）の法的位置づけ ……………… 9

1. 問題提起 …………………………………………………… 9
2. Elhauge の所説について ………………………………… 10
3. Blair & Stout の所説（Team Production Theory）について …31
4. イギリス 2006 年会社法について ……………………… 37
5. 分析 ………………………………………………………… 40
6. 小括 ………………………………………………………… 42

Ⅱ．企業統治と法の役割 …………………………………………… 44

1. はじめに …………………………………………………… 44
2. 会社機関設計と企業統治 ………………………………… 46
3. 企業統治と法の役割を考える上での視点 ……………… 51
4. 企業統治において法が果たすべき役割 ………………… 57
5. おわりに …………………………………………………… 70

第2章　企業のリスク管理とコンプライアンス ………………… 73

Ⅰ．技術情報の流出における企業責任 ………………………… 75
―退職者の技術情報漏洩防止対策を中心に―

1. はじめに …………………………………………………… 75

2. わが国における技術情報流出の実態 ……………………………77
　　3. 秘密管理性に関する学説と裁判所の判断 …………………………83
　　4. 米国の営業秘密に関する法令 ………………………………………91
　　5. 人的管理体制と企業責任 ……………………………………………94
　　6. 結びにかえて …………………………………………………………103

Ⅱ．パワーハラスメントとリスク管理 …………………………………106

　　1. はじめに ……………………………………………………………106
　　2.「いじめ・嫌がらせ」の状況 ………………………………………106
　　3. パワハラの定義と態様 ………………………………………………107
　　4. パワハラ裁判に見る法的責任 ………………………………………111
　　5. パワハラと指導・教育との境界線 …………………………………135
　　6. パワハラ防止と適切な対応のために ………………………………136
　　7. おわりに ……………………………………………………………141

Ⅲ．企業の環境リスク管理 ………………………………………………142
　　　　―CSR からの考察―

　　1. はじめに ……………………………………………………………142
　　2. リスクコミュニケーション …………………………………………144
　　3. CSR（企業の社会的責任）…………………………………………159
　　4. 環境リスク管理に関する今後の在り方 ……………………………174

第3章　企業責任と行政の役割 …………………………………………177

Ⅰ．企業責任と商業登記 …………………………………………………179

　　1. はじめに ……………………………………………………………179
　　2. 企業情報開示の必要性と商業登記制度の評価 ……………………181
　　3. 計算書類公開議論の覚書 ……………………………………………186
　　4. 商業登記制度を運用する行政の担当能力 …………………………192
　　5. 企業責任としての商業登記 …………………………………………199

6．おわりに …………………………………………………………207

　Ⅱ．企業における税務上の不正行為等と規制策………………209

　　1．はじめに …………………………………………………………209
　　2．税務上の不正行為等 ……………………………………………210
　　3．税法整備による規制 ……………………………………………222
　　4．結びにかえて ……………………………………………………241

第4章　企業責任における法の在り方 …………………………245

　Ⅰ．ソフトウェア・ライセンスにおける優越的地位の
　　　濫用問題についての一考察……………………………………247

　　1．はじめに …………………………………………………………247
　　2．ソフトウェアベンダーの市場行動の態様 ……………………249
　　3．クラウド・コンピューティング ………………………………253
　　4．販売代理店契約解約と契約上の地位移転契約 ………………254
　　5．公正取引委員会のガイドライン ………………………………263
　　6．優越的地位の濫用適用の限界 …………………………………267
　　7．モデル契約書 ……………………………………………………269
　　8．結びにかえて ……………………………………………………271

　Ⅱ．株式取得に関する独占禁止法上の企業結合審査手続の
　　　改正と企業に求められる法的責任……………………………273

　　1．はじめに …………………………………………………………273
　　2．企業再編をめぐる現状と課題 …………………………………273
　　3．株式取得に関する独禁法改正 …………………………………277
　　4．企業再編に取り組む企業の法的責任と課題 …………………283
　　5．法的責任を果たすための工夫と提案 …………………………290
　　6．おわりに …………………………………………………………293

事項索引 …………………………………………………294
判例索引 …………………………………………………299

企業責任と法

序　章

　企業の社会的責任について，企業の内外から関心が高い。このような中，各領域のトピックスを摘出した上で，現行法上の解釈論上の問題点の有無，具体的な企業責任の果たし方の方策，更には，立法論上の課題や対応の方向性を検討することは，企業法学を研究領域としたり，企業において具体的な実務に携わる者にとって重要な課題である。

　折しも，東日本大震災が発生し，原子力発電所での事故を含め，災害に対する企業のリスク管理や対応について，とりわけ世間の関心が高まった。従来，粉飾決算や個別の業法違反の多くの事例は，その不祥事によって，会社や株主・債権者をはじめとした第三者に不利益を及ぼした事実に対し，個別には，対会社責任や対第三者責任による損害賠償責任が追及されてきた。また，行政との関係では，監督官庁から行政罰や刑事罰を課されることで対処されてきた。

　しかし，東日本大震災においては，リスクの予見のもと，適切なリスク管理がなされなければ，地域，更には社会全体に甚大な影響を与えることが明らかになった。すなわち，今回の災害は，「企業責任」という場合の「責任」には，単に株主，債権者，従業員等の比較的身近な利害関係者に限定されずに，広く地域社会を含めた領域を意識し対応しなければならないことを改めて広く一般的に認識させる事件であったといえよう。

　企業の果たすべき責任については，中心的な基本法である商法・会社法をはじめとして，数多くの法令が存在し，各法律が規定する領域に則って，開示などの事前の規制や罰則等の事後規制が規定されている。そこには，各領域の特徴や従事する業界の性格を反映して，様々な規定ぶりとなっている。しかし，今後の企業責任が，従前よりも格段にその対象範囲や影響力が大きくなっている今日的状況を考えると，単に法令がそもそも対象としていた利害関係者を念頭に置くだけでは，その役割を果たしたとはいえないであろ

う。すなわち，各分野を規定している法令が企業責任の広がりを考慮したときに，見直す必要があるのか，仮に見直す必要があるとすれば，どの箇所をどのように改正すべきなのか，検証した上で今後の方向性を打ち出す必要があるのではないか。そして，まさに，検証結果を示し方向性を打ち出す役割を担うべきは，企業法学に携わる者たちの責務でもある。

本書においては，企業責任と法という統一論題をベースに，4つのテーマに章建てして記述が行われている。

第1章は，企業の社会的責任の意義と法の役割である。そもそも，企業の社会的責任について，どのように法的に位置付けるべきか，また企業がその責任を果たすために自主的に整備すべき企業統治との関係について論じている。企業責任と法を考える上で，根本的な論点や問題点，考え方について記述されており，本書全体の導入としての位置付けである。

第2章は，企業のリスク管理とコンプライアンスについてである。各企業はリスクに対してどのように対応すべきかという点については，リスク予知とあわせて重要である。そこで，第2章では，企業秘密である企業技術の流出問題，近年でもその問題が大きくなっているパワーハラスメントの問題，広く地球環境も含めた企業としての環境問題の個別リスクについて，問題の本質と企業としてコンプライアンスの観点からの対応について記述している。

第3章は，企業責任と行政の役割についてである。企業活動において，行政との関わりは極めて重要であるが，企業責任を果たすために，行政との関係をどのように進めるべきかについても重要なテーマである。そこで第3章では，企業活動の基盤ともなる商業登記の問題と税務の問題について，行政との関係で考えるべき視点や目指すべき方向について論じている。

第4章は，企業責任における法の在り方についてである。企業責任と法の問題を検討する上で，法が厳格な規定となれば，それだけ企業活動の自由度は損なわれる。他方，法としての規定が緩すぎたり，解釈の自由度が余りにも大きくて実質的に法の役割を果たしていなければ，企業が社会に対して悪影響を及ぼす可能性が増してくるだろう。第4章では，法の在り方を考える上で，ソフトライセンス問題や企業再編という今日的な問題を通じて，法の

在り方について記述している。

　各論稿は，執筆者の専門領域をベースにした独立した論稿であるが，いずれも企業の社会的責任と法の役割や在り方について，統一した視点から論じられている。したがって，全体を通読することによっても，あるいは個別論稿を手掛かりに「企業責任と法」のテーマについて考えてみることも可能な構成となっている。

　　　　　　　　　　　　　　　　　　　　　　　　　　（高橋　均）

第 1 章
企業の社会的責任の意義と法の役割

Ⅰ. 企業の社会的責任（CSR）の法的位置づけ

1. 問題提起

　企業の社会的責任（以下「CSR」という。）は，「遵守すべき法規則や慣習を超えた自主的な取組みに基づき社会的関心事および環境的関心事を業務の遂行に結び付け，かつ，様々な利害関係人との相互作用に結び付ける概念」と定義される[1]。一般に，CSR は法的責任が尽きたところから始まる責任と言われている。また従来，法人実在説からは，企業は，社員個人の営利追及を超えた社会的使命をもつと捉えられてきた[2]。

　2005 年に起こった企業買収劇から「会社は誰のためのものか」という議論が実務界・学会にまき起こった。この議論の成果として，経済産業省の買収防衛策に関する指針[3]（2005 年），企業価値研究会の企業価値報告書[4]（2005 年），日本コーポレート・ガバナンス・フォーラムの新コーポレート・ガバナンス原則[5]（2006 年）などが次々公表された。近時の学説は，グ

---

[1] 「CSR のための欧州の枠組みの促進」（"Promoting a European framework for corporate social responsibility"）と題された 2001 年 EU グリーンペーパー。2004 年に最終報告書を公表している。CSR の定義については種々考えられるが，法規制や慣習を超えた企業の自主的な取り組みであること，企業の持続可能な発展を支えるためのものであること，企業の中心的な事業（本業）と結びついたものであることが共通して述べられている。

[2] 企業は社員個人の営利目的を超えた社会的使命をもっている。鈴木竹雄『新版会社法全訂 5 版』（弘文堂，1994 年）3 頁。会社の占める地位の重大性から，会社法の主要な任務の一半は社会公共の利益の保護に存する。大隅健一郎＝今井宏『会社法論上（第 3 版）』（有斐閣，1991 年）5 頁。

[3] 「株式会社は，従業員，取引先など様々な利害関係人との関係を尊重しながら企業価値を高め，最終的には，株主共同の利益を実現することを目的としている」とする。

[4] 「経営者は…多様なステークホルダーとの良好な関係を築くことによって企業価値向上を実現する」とする。

[5] 長期的な株主利益の増大が企業の目的，長期的な株主利益には各種のステークホルダーとの関係が含まれる，但し株主の長期的利益と他のステークホルダーの利益とが対立するときは前者が優先するとする。

ローバル・マーケットの視点などから，程度の差はあれ株主利益最大化論へコミットする見解も多い[6]。株主利益最大化論の1つの論拠としてあげられるのは，株主以外のステークホルダー利益を考慮せよとすれば，多くの利害関係を考慮せざるを得なくなり，つまるところ取締役の善管注意義務違反を判断できなくなるというものである。株主利益最大化論からの立場ではないが，解釈論として，CSRを取締役の義務・責任論に持ち込むのは適切でないとする見解もある[7]。CSR自体が曖昧なので経営者の裁量を広げる（すなわち経営判断となる）結果に終わるというのがその理由である。

　本稿の目的は，解釈論として，CSRを取締役の法的責任の上でどのように位置づけるか，換言すればステークホルダー利益を考慮する責務はどのように位置づけられるのか，という点を規範的に考察することにある[8]。具体的には，Elhaugeの見解，Blair & Stoutの見解，2006年イギリス会社法の啓発的株主価値（Enlightened Shareholder Value）モデルについて，説明と検討を加える形で進めていきたい。

2. Elhaugeの所説について

　(1)　Elhaugeは「公共の利益のための会社利益の犠牲」と題する論文[9]で，取締役が会社（株主）に対し信認義務を負うことを前提に，いわゆる通説の株主利益最大化義務論を否定し，取締役は会社利益を犠牲にする裁量権

6　この見解では株主利益最大化が会社を取り巻く関係者の利害調節の原則になる。江頭憲治郎『株式会社法第3版』（有斐閣，2009年）20頁。落合誠一「企業法の目的―株主利益最大化原則の検討」岩村正彦ほか編『岩波講座現代の法―企業と法―』（岩波書店，1998年）23頁。さらにCSRは裁量の幅が大きい，よって注意義務違反を認定しにくくなるとされる。
7　漠然とした内容のCSRを法定化すれば，価値観の対立を反映して混乱が生じるとする。龍田節『会社法大要』（有斐閣，2007年）52頁。
8　筆者のコーポレート・ガバナンスに関する論文として，「コーポレート・ガバナンスにおける今日的課題―権限集中と利益調整原理―」筑波ロー・ジャーナル10号（2011年）51頁（以下「今日的課題」という），「コーポレート・ガバナンスの規範的検討―日本型モデルの機能的分析へ―」慶應法学28号（2014年）31頁（以下「規範的検討」という）。
9　Einer Elhauge, Sacrificing Corporate Profits in the Public Interest, 80 N.Y.U. L. Rev. 733 (2005).

を有するべきと論じる。CSR の法的位置づけという点では非常に重要な論考であるが，長文（本文で 136 頁）でかつ難解である。

　その主張の核となるのは以下の点であろう。一般的に法と経済学の見地から，会社経営者は株主利益最大化の義務を負っており，また負うべきであると考えられているが，Elhauge はこれは規範的に間違っていると主張する。実際，法は経営者に対して，利益最大化義務を課しておらず，むしろ公共の利益のため会社利益を犠牲にする裁量権を付与している。何故なら，agency cost の総量を最少化するには経営者は経営判断原則に従うことになり，これは会社利益犠牲の裁量権を必然的に付与することになるからである。最適な法的制裁でさえ必然的に不完全であり，完全な最適化には社会的・規範的な制裁が補充的に必要となる。単純な利益最大化行為は，こうした社会的・規範的制裁を無視することになり，しかも株主厚生（shareholder welfare）を害する結果となる。また経営上過度に寛容になり過ぎるとの懸念は市場プロセスによって抑制される。

　以下に，同論文の導入部分（Introduction）[10]は比較的詳細に論旨を追い，その後の各章は必要に応じて要約を示しつつ，適宜解説を加えていきたい。

　(2)　まず，Elhauge は，以下のような事例を提示する。森林皆伐は，利益を生み出し合法な行為だが，環境面では無責任な行為とみなされている。伐採会社の経営において，利益を犠牲にしてでも所有する森林の皆伐を控えることは可能であろうか。環境責任を全うすることは長期的には利益が大きい，将来の収穫のために森林保全になる，あるいは公衆から良好な評価を維持できるとの皆伐反対の意見が考えられる。しかし，将来森林皆伐をしないことにより得られる利得の現在価値が，現在森林皆伐をすることにより得られる巨額な利得を上回るとは思えない。さらに，たとえば，森林皆伐で有名な会社が現在価値を反映し株価をはるかに超過する金額によって TOB する場合を考えると，経営陣は森林皆伐が社会的に望ましくない結果につながるという理由で，利得の大きい TOB を拒否することは可能であろうか。

10　Id. at 735-747.

Elhauge の論旨は以下のとおりである。

　経営者は未だかつて強制可能な法律上の会社利益最大化義務を課されたことはない。むしろ，法律上，公共の利益のため会社利益を犠牲にする（明示または黙示の）裁量権を有している。会社法の根底にある経営判断原則を否定することなく，この黙示の裁量権を排除することは不可能である[11]。制定法も判例法も特に必要がある場合にはこの裁量権を明示してきた。全米50州の中で会社の唯一の目的として利益最大化義務を課している州は存在しない。各州は利益に結びつかない寄付を認める制定法を有している。こうした制定法を運用する州は，経営者に対して経営判断において株主以外の関係者の利益を考慮することを正当化している。ALI（アメリカ法律協会）が規定するコーポレート・ガバナンス原則は，コモンロー上の信認義務は経営者に対して公共の利益を考慮して会社利益を犠牲にすることを禁止しないと述べており，また判例法も，経営判断原則に基づき黙示にはこの裁量権を認めない場合でも，この結論は明示に支持してきた。さらに経済分析でもこの裁量権が不合理で非効率であるとは証明されていない。株主価値最大化のみを求める法制度さえ，黙示の利益犠牲の裁量権の存在を必然的に許容することになる経営判断原則を認めている。会社利益を犠牲にする裁量権を与えず法的に強制可能な利益最大化義務を課すという見解は，（強制手段として）市場プロセスの形式よりも訴訟の形式をとることを予定するものである。しかし訴訟によると期間・費用・過誤の確率が増大することになり，株主利益を減少させ，agency cost の総量を増加させることになる。たとえ裁判所が短期的な利益最大化の達成が可能かどうかの判断ができたとしても，顧客評価や暖簾など長期的利益を増加させるかどうかは裁判所は判断できない。端的に言うと，測定（モニター）が容易であるという理由から法律で利益最大化義務を課すべきであるという議論は問題解決を確実に後退させる。裁判所が何が利益を最大化させるかを正確に判断できない真の理由は，法的な利益最大化義務を測定することができないからである。

　経営者が忠実な代理人として行動せず，agency slack[12]を引き起こしてい

11　Id. at 738.

る場合でも，会社利益を犠牲にする裁量権の行使は，社会的評価の高い会社行動につながる[13]。利益最大化義務説の信奉者は，理想的な会社行動への規制は法律を通じて達成されるという過った前提に基づいている。しかし最適な法的制裁でさえ不適切な行動すべてを網羅することは不可能である。最適な規制には法による規制だけでは不完全で，社会的規制や道徳規範による補充が必要となる。個人事業と対比して会社組織では，法による規制を補充する手段には以下の2つの問題が生じる。すなわち，(1)株主は社会的・道義的な制裁に晒されたり，それらを学ぶ機会から隔離されており，また(2)株主は社会的・道義的な行動を困難にする集団行動（collective action）問題[14]を抱えている。株主利益を完全に反映した企業活動は，社会的に最適とは言えない行動を導きやすい。反対に経営者に対して社会的・道義的制裁を考慮した agency slack の状態を許容することは，（我々の社会が社会的・道義的基準が向かうべき方向を正しく反映していると仮定すると）企業行動を正しい方向に導くことになろう。

agency slack の状態にある会社経営者は，個人事業主と異なり，他人の資金を犠牲にし，社会的・道義的要請に呼応して過度の寛容を招くのではないかと懸念されるかもしれない。しかし，これはさほど大きな問題ではない。

経営上の裁量権の行使を通じた公共の利益の実現が，そうした裁量権の行使により利益犠牲を招くという理由で，agency slack 全体を増大させることはほとんどない。実際，過度の寛容が招くリスクは取引市場，資本市場，労働市場，買収の脅威，株主投票，利益分配やストック・オプション（つまり市場プロセス）によって抑制される。経営者もこうした抑止力により十分

---

12 エージェントが，プリンシパルの利益のために委任されているにもかかわらず，プリンシパルが望まない行動をとってしまうこと。主として，shirking（怠惰）と slippage（プリンシパルの希望する利益との"ずれ"）の場合に生じるとされる。Darren Hawkins et al., Delegation Under Anarchy: States, International Organizations and Principal agent Theory, in DELEGATION AND AGENCY IN INTERNATIONAL ORGANIZATIONS at 8 (Darren Hawkins et al. eds., 2006).
13 Elhauge, supra note 9, at 739-40.
14 大規模公開会社では，多数の分散株主が，分散されているがために，会社法によって付与されている権限の行使や取締役等の監視（モニター）をすることが困難になること。

に抑制される。こうした抑制が効果的でない場合には，法律が抑止効果を発揮できるし，実際に効果を発揮している。

　また，経営者に強制可能な株主利益最大化の信認義務を課すという選択肢をとれば，経営判断原則を放棄することになり（この場合は株主利益を減じる），また，経営者が多数派株主の意見を忠実に反映する多くの場合に利益犠牲を妨げることになり（この場合は株主厚生を減じる），結局株主を害することになる[15]。

　Elhaugeは経営者が公共の利益のため会社利益を犠牲にする法的に強制可能な義務を負っていると主張しているのではなく，そうする裁量権があると主張している[16]。しかし，実際には法的義務ではなく，社会的・道義的制裁によって行使される裁量権にも曖昧な領域があるのも事実である。経営者に期待される利益よりも違法行為に課される制裁金が少ない場合ですら（この場合利益最大化のためには違法行為をするインセンティブがあるが），法律を遵守すべき義務を会社に対して負っていることも広く認められている。

　Elhaugeは，客観的な公共の利益が存在しているとも，裁判所が経営者が適切に利益犠牲の裁量権を行使しているかどうかを判断することができるとも，またそうすべきであるとも主張するものではない。「公共の利益のために」会社の利益を犠牲にすることの意味であるが，これは忠実義務違反とされるような自分自身や家族や友人に経済的利益を与える場合でなく，それ以外の第三者に一般的な利益を与えることで会社利益を犠牲にする場合をいう。第三者に一般的な利益を与える裁量行為が正しく望ましい方法でなされたか否かは，こうした裁量行為に影響を与える社会的・道義的制裁が，社会的に望ましい結果にどれだけ裁量行為を近付けたかに大きく左右される。Elhaugeの分析では，我々が有する社会的・道義的制裁は一般的な妥当性を有しており，社会が我々を望ましい結果へと近付けているとの推定が可能である。

　Elhaugeは，経営陣の最重要な義務が利益獲得であることを否定するものではないし，利益犠牲の裁量権が際限なく拡大すべきなどとも主張するも

15　Elhauge, supra note 9, at 741.
16　Id. at 743.

のではない。Elhaugeはこの利益拡大の義務は唯一のものであるべきでなく，社会的・道義的規範に依拠するためにある程度限定された利益犠牲の裁量権を経営陣が保持すべきであると述べるにとどまる[17]。会社の利益拡大に関して，「株主優先主義（shareholder primacy）」という表現がよく使われるが，これは2つの問題を混同している。すなわち，経営陣が会社利益を犠牲にする裁量権を有することと，他のステークホルダーに対する関係で株主優先を唱えることとは別の問題である。

経営陣が有する利益犠牲の裁量権は，それが限定されているので，実際上望ましいといえる。一般的には，法律ではなく市場プロセスによって重要な制限がなされている。伝統的には一般的な制限としては，経営判断原則を適用するだけであった。これによって会社利益を犠牲にする事実上の裁量権を維持することが可能になる。ほぼ常に長期的には会社利益を拡大するという説得力のある根拠を作り出すことができるからである。要するに，伝統的な経営判断原則の真の機能は，現実的な利益最大化義務を課すことではなく，利益犠牲の裁量権に対して一定の外的制約を課すことにある[18]。

経営者の利益犠牲の裁量の範囲を"合理的な"裁量の範囲に限定することが望ましいわけだが，個人事業主が社会的・道徳的制裁を免れるために自己の事業利益を犠牲にする際の基準に従うことで，会社経営者についても裁量の幅につき適切な基準を示すことができる。この基準をより具体的に示せば，道徳心の高い個人は，所属する宗教的・社会的共同体に対して歴史的には10％の寄付が期待されていることから，明らかに会社利益を10％以上減じるような会社行動に出る場合には，経営者は裁量権を逸脱していると結論づけることが考えられる。

最後に，そうした経営者の裁量権が効率的であるとの主張において，Elhaugeはその裁量権が必然的に株主利益や株主厚生を増大させると主張するものではない。そうした裁量権によって通常株主厚生が増大するはずであると述べている。何故なら，法律で利益最大化義務を強制する選択肢は非効率であるからであり，また事後的に利益を犠牲にする裁量権を認めること

17　Id. at 745.
18　Id. at 746.

によって事前の利益最大化を可能にするからであり，また経営者が多くの株主の忠実な代理人としての行動をする限りにおいてこの裁量権によって株主厚生を増大させるからである。これと趣旨を一にするが，多くの企業は，原始定款に強制可能な利益最大化義務を規定することによって，現行の原則（利益犠牲の裁量権を認めるとの原則）を適用排除（オプト・アウト）しようとはしていない。

また仮に会社が，利益最大化義務を規定する定款条項において利益犠牲の裁量権を制限することを選び，それが株主利益を増大することを示すことができても，この定款条項は強制不能である[19]。このような定款の強制は裁判所に過大な負担を課し，また事後にそのような定款条項の破棄を許すことによって，株主利益を増大する事前の定款条項を抑制することになろう。

(3) Elhauge は，第1章から8章において以下のように詳論する。
①第1章「非法人（個人事業）活動に対する社会的規制」で以下のように述べる[20]。

法は違法行為に制裁を課すが，法的規制だけでは十分ではない。基本的な前提として不完全な法的制裁こそが実際は最適である。法的規制には完全な情報を欠いており，また違法行為を明確に定義付けて判決することはできないので，法的制裁によって完全かつ正確に違法行為を阻止できないからである。そうした情報や裁判における不完全性を除去しようとしても，実現不可能でありコスト高ともなるし，また完全な監視体制が必要となるため望ましくもない。このように不完全な情報や裁判を前提に，法律だけで完璧に望ましい行動とそうでない行動を分類することはできない。その他の最適で可能な制裁によって，望ましくない行動の過小抑制と望ましい行動の過剰抑制の間の最適な均衡点を見つけることがせいぜい可能なことである。

規則は必然的に過剰な規制になったり過小な規制になったりする。こうした必然的に不完全な法的制裁の仕組みは経済的な制裁の仕組みによって補充される。また，法的制裁と同様，経済的制裁も必然的に不完全である。会社

---

19 Id. at 747.
20 Id. at 747-56.

行動の最適化には，法的・経済的制裁を社会的・道義的制裁によって補充することが必要である。社会的・道義的制裁は重要であり，おそらく法的・経済的制裁よりも一層重要である。社会的・道義的制裁が経営陣に対して適確な情報を提供し，より少ない運用コストで行動できるようにすれば社会的・道義的制裁の存在は常に有益である。

適切な社会的・道義的制裁を行うことによって法の適用範囲を狭めたり制裁金を引き下げることで，過度な法的抑止を減少させることになり，また法的システムが社会的・道義的制裁に依存することで過小な（より緩やかな）法的抑止が増加することになり，ここに法的システムはより最適な均衡状態に到達することが可能となる。すなわち，社会的・道義的規範によって法令遵守が促進されるので違法行為が減少し，結果として法制度は比較的緩やかな制裁を採用することになる。これらの比較的緩やかな制裁や法の過小（緩やかな）規制は，社会的・道義的規範の存在を前提にすると社会的には望ましいであろうが，同時に行為者（後述の経営者や株主を想定している）が社会的・道義的規範から隔離されることを予防することが重要性を増すことになる。結論として，現行法は経営者に対して株主利益最大化の義務を課す理由はないことを正しく認識している。

②第2章「会社利益犠牲行為時の法的コンプライアンスに対する信認義務」で以下のように述べる[21]。

EasterbrookやFischelのような株主利益最大化義務の主導者は，少なくとも自然犯の場合以外は，経営者に対してたとえ違法であっても利益を追求すべきであると主張する[22]。しかし，利益最大化義務論者も違法行為に例外を認める。たとえば，経営者は森林皆伐禁止法に違反してでも，利益が生じるという理由で森林皆伐を実施する信認義務を負うのだろうか。そんなことはない。よくできた法律のもとでは，経営者は違法な利益最大化行為を実施

---

21 Id. at 756-62.
22 See Frank H. Easterbrook & Daniel R. Fischel, Antitrust Suits by Targets of Tender Offers, 80 Mich. L. Rev. 1155, 1177 n.57 (1982). 最適な制裁の考え方は，経営者は利益獲得可能性があれば規則を破ることもできるしそうすべきであるとの仮定に基づく。

する信認義務を負わないし，違法な利益最大化行為を行う経営者は信認義務に違反する[23]。

社会的・道義的制裁は個人事業主に対しては完全に機能する。これに対し公開会社はその仕組みから，社会的・道義的制裁の実行に際し3つの重大な障害を惹起する。1つめの障害は，公開会社は多数の株主からなり，彼らの中には社会的・道義的制裁に対して関心が薄い者がいることである。2つめは，会社組織によって，株主全体が，個人事業主なら感じるであろう社会的・道義的制裁から隔離されていることである。3つめは，公開会社の株主は集団行動問題に直面していることである。これらにより株主は社会的・道義的制裁を意識して行動することができなくなる。

他方，agency slack がある場合，経営者の行動は自身が個人的に受ける社会的・道義的制裁の影響を受けることになる。経営陣は，agency slack の範囲内において，平均的な個人事業主よりも法律遵守を徹底する傾向にある。何故ならこの場合，経営者は完全な社会的・道義的制裁に直面する一方で，違法行為からはごくわずかな経済的利益を得るに過ぎないからである（違法の危険を冒してまで制裁を受ける行為はしない）。他方，この agency slack の範囲外（すなわち権限・責任の範囲内）では，社会的・道義的制裁から隔離された株主に対する経営責任があるため，個人事業主に比べると，会社利益につながる違法行為を犯す傾向がある。すなわち個人事業主が法的・経済的制裁の最上位に位置づける社会的・道義的制裁に悩んでいることと比較して，経営陣は株主圧力によって，より利益に結びつく違法な行為を選択する傾向にあるということである。実証研究も同様な結果を示している[24]。

23　See, e.g., 1 Am. Law Inst., Principles of Corporate Governance: Analysis and Recommendations ("Principles") 2.01(b)(1) & cmt. g, 4.01 (1994).
24　また実証研究では，社外取締役に支配されている会社のほうが有罪率が高いとのことである。外部者に支配されている取締役会は，継続する責任のもとで事業運営上の裁量権を行使している内部者が支配する取締役会よりも，社会的・道義的制裁に晒されていないからである。外部者が支配する取締役会は社会的・道義的制裁から隔離されているため，経営者に対して違法行為を犯してでも利益最大化を図る圧力がかかりやすい。Elhauge, supra note 9, at 760-61.

③第3章「会社利益の最大化行為を控える会社の裁量権」で以下のように述べる[25]。

冒頭の例で，森林皆伐が利益最大化をもたらすとしても，経営者は森林皆伐を拒否できるか。法的には可能である。利益最大化論者の主張に反し，法は，公共の利益の促進のため，会社の利益を犠牲にすることを会社に禁じていない[26]。また利益最大化論者さえも認めるように，会社の唯一の目的は株主利益の最大化であると規定する制定法は存在しない[27]。他方，株主以外の構成員の利益を斟酌する裁量権はコモンローによって認められている。ALIの1994年「コーポレート・ガバナンスの原理－分析と勧告」2.01(b) も以下のように規定する[28]。

「企業の利益と株主の利益が高められなかったとしても，

(1)法人も法の定める境界の中で行動する義務を負う

(2)責任ある職務遂行により合理的に考えて適当と思われる倫理的考慮をすることができる

(3)公共の福祉，人道，教育，慈善目的に合理的な額の資源を拠出することができる」

法律が善管注意義務の中味について，株主利益だけを考慮して「会社にとって最大の利益」を定義することはないし，会社や株主にとっての「利益」の中味を経済的側面のみで定義することもない。殆どの州の会社構成員利益条項 (corporate constituency statutes) はそのような定義を設けることを明確に否定し，「会社にとって最大の利益」を評価する際には，取締役は株主，従業員，取引先，顧客，地域社会への影響を考慮することを認めている。ALIによれば，自発的に経済的利益を失うこと（すなわち経済的損害を受け入れること），また会社にとって最大の利益を考える際に利益最大化の方向性と一致しない倫理的，人道主義的，教育的，フィランソロピー的目的といった公共政策を促進することを考慮しなければならない[29]。裁判

25　Id. at 763-776.
26　Id. at 763.
27　See Robert Charles Clark, Corporate Law (1986) at 17, 678.
28　Principles, supra note 23, 2.01(b)(2)-(3) & cmt. d.
29　Principles, supra note 23, 4.01, cmt. d to 4.01(a).

所も善管注意義務の他に，会社利益を犠牲にする裁量権の存在を明示に認めている。

注意義務が利益最大化を要求したとしても，経営者が公共の利益のため会社利益を犠牲にする裁量権の行使を禁止する形ではこの注意義務の履行を強制しないことを経営判断原則は明らかにしている。経営判断原則において，裁判所は，どういう行動が会社の最善の利益であるかにつき先読みする (second-guess) ことはない。裁判所は，同原則を適用し，当該行為が利益を増大させたか否かはもちろん，その行為が増大をもたらすものであったか否か，さらには経営者が利益最大化に動機付けられていたか否かについても判断を差し控える。結局のところ，裁判所は，経営判断原則により，長期的には利益を最大化するとの理由で，短期的利益を犠牲にするような経営判断を支持することになる。利益犠牲は長期的利益獲得と結びついているので，このような裁判所の態度（利益犠牲の決定を支持すること）は公共の利益のために会社利益を犠牲にする事実上の裁量権を経営陣に与える根拠となる[30]。

Shlensky v. Wrigley 事件[31]を例にとると，シカゴ・カブスの取締役や80％の株式を保有するWrigley氏が，ホームであるWrigley Field 球場へのナイター照明の設置を拒み，これが会社に対する信認義務の違反として訴えられた。原告は，Wrigley氏が，ナイター照明を導入して会社の経済的利益を拡大することには興味がなく，野球は昼間のスポーツであり，照明を導入してナイターを行うことは近隣に迷惑がかかるという持論に固執していると主張した。裁判所はWrigley氏の行為は会社利益でなく公共の利益への関心によって動機づけられたものだが，それは詐欺，自己取引，競業義務違反といった違法行為とは関係ないと結論付けた。また，裁判所はデイゲームを継続することが会社の経済的利益を最大化するか否かの最終判断は自らの職責を超えるとしてこれを差し控えるべきと判断した。

これに対して全く逆のケースが Dodge v. Ford Motor Company 事件[32]

30　Elhauge, supra note 9, at 770-71.
31　Shlensky v. Wrigley, 237 N.E.2d 776 (Ill. 1968).
32　Dodge v. Ford Motor Co., 170 N.W. 668 (Mich. 1919).

である。これは利益最大化義務を認めた判決として最も頻繁に引用されている。Dodge 兄弟は Ford Motor の 10%株主であったが収益力が非常に高い同社に多額の配当金の支払を求めた。Ford 取締役会は抵抗し，ヘンリー・フォードの精神に基づき，株主配当をやめて，設備投資を行い，従業員の給与をアップし雇用を創出し，フォード車の価格を下げて顧客利益を高めることを訴えた。ミシガン州最高裁判所は株主利益を重視しさらなる利益配当を実施すべきと判示した。しかし取締役に株主利益最大化という唯一の義務を課すものではなかった。むしろ最高裁は，株主利益は最重視すべきであるがそれは経営者の唯一の目標ではなく，Ford の事業拡大の意思決定は主に人道的動機から生まれたものと認定した。最高裁は，メーカーが主たる事業として人道主義的事業に従事することは許されないが，営利企業だからと言って，付随的な業務として慈善事業を行う黙示の権限が阻害されることはないとも判示した[33]。このようにむしろ最高裁の判断は公共の利益のために会社利益を犠牲にする裁量権の存在を否定するものではなかった。

④第 4 章「何故，公共の利益のために会社利益を犠牲にする裁量権は望ましく効率的でさえあるのか」で以下のように述べる[34]。

ⅰ）まず何故，株主利益最大化の法制度においても，公共の利益のため会社利益を犠牲にする裁量権を必然的に付与することになるのかを問う。

経済学者が示すように，仮に株主利益の最大化が唯一の目的であると仮定しても，agency cost が最適な均衡点に達するのは，モニタリング・コストと裁量権付与のコストが相殺し合う状態である。裁判所に公共の利益についての目標を監視する能力を期待することは見当はずれである。逆に，強制可能な利益最大化義務については，裁判所の監視が要求されるかもしれないが，自らも繰り返し述べているように，裁判所は会社利益を測定する能力を欠いている。よって仮に利益最大化が唯一の目的であるとしても，それを達成するためには必然的に公共の利益のため敢えて利益を犠牲にする経営上の裁量権が必要となる。経営判断はそうした裁量権なしでは実行できないから

33　Id. at 684.
34　Elhauge, supra note 9, at 776-818.

である。これらの潜在的な裁量権は経営判断原則そのものにその根拠を有する。

ⅱ）次に何故，公共の利益のため会社利益を犠牲にする経営上の裁量権は望ましく効率的なのかを問う。

少なくともある程度，株主は，社会的・道義的観点から，会社行動の非経済的利益の側面を積極的な評価をする。よって株主厚生（shareholder welfare）の最大化と株主利益の最大化（shareholder profit-maximization）は同義ではない。さらに株主厚生の議論を制限することで，会社外の利害関係者が被る損害を無視することができる。利益犠牲の裁量権は望ましく効率的なのかとの所問については，経営者が株主の忠実な代理人として行動する場合と agency slack が生じている場合とに分けて論じている。

(イ)　何故，経営者が多数株主の忠実な代理人として行動する限り，株主厚生の最大化を理由に公共の利益のための利益犠牲が正当化されるのか。

支配株主に公共の利益のため利益犠牲を許し，あるいは分散株主を背景とする経営陣に（多数派株主の支持の下に）それを許すルールがある場合に限り，株主厚生は最大化される。経営者が大多数の株主利益の忠実な代理人として行動している場合には，経営者に公共の利益のため会社利益を犠牲にする裁量権を認めることが株主厚生の最大化を導くことになる。

(ロ)　何故，agency slack が生じている場合でさえ，社会的効率は公共の利益のため会社利益を犠牲にする経営上の裁量権を正当化するのか。

経営上の意思決定が株主厚生に一致しなければならないとしても，株主が分散する場合には相当程度の agency slack が発生する。なぜなら，集団行動問題が生じることにより，個々の株主は，より多くの情報を得て議決権行使をするにはコストがかかるうえ，議決権行使の影響も殆どないと分かっているので，情報を求めることはせず情報コストを節約する方向へ傾く。この agency slack の範囲内では，経営者は多かれ少なかれ株主が望む会社利益犠牲行為に従事し，株主利益と抵触する公共の利益を促進することとなる。経営者が利益最大化から逸脱することによりむしろ会社行動を改善するであろう。なぜなら，株主は隔離されており，また集団行動問題があるので，社会的・道義的規範に対して反応が鈍くなっているからである。また，

利益最大化義務を強制することは，会社行動を悪化させ，第三者に損害を及ぼす。さらに，利益最大化義務を強制しようとする試みは，経営判断原則を阻害し，大部分の株主を利する会社利益犠牲の裁量権を阻害することで，株主にさえ損害を及ぼす結果となる。

　経営者は agency slack 状態を利用して過度に寛容になるのではないかと懸念する者もいる。しかしこれは大した問題ではない。

　Elhauge は，望ましくない行為への過小抑制と望ましい行動への過剰抑制の間の相殺関係を横軸とし，社会的厚生（social welfare）を縦軸として，その相関関係を半円型のグラフで示す[35]。経営者の行動は，株主利益最大(A)→株主利益最大＋法的制裁下(A1)→株主の圧力を考慮した状態(B)→株主厚生最大(B1)→社会的に最適な均衡点(C)→過大な寛容に市場と法の制限が加わった状態(D)→過大な寛容(E)と進む。社会的厚生は点Cで最も高い。A→B→B1→Cと進むにつれ社会的厚生が上昇し，C→D→Eと進むにつれこれは低下する。

　点Cは，法的・経済的制裁が，社会的・道義的制裁によって補充されることで得られる最適な均衡点である。また点Cは，経営者が agency slack の範囲内で行動し，また agency slack の総量が会社利益犠牲の範囲内である均衡点である。社会的・道義的制裁の存在によって経営者の行動は点Aから点Bへと正しい方向に移動するが，社会的に最適な均衡点Cを超えて点Eまで至るのではないかと不安を抱くかもしれない。しかし，agency loyalty の範囲内では株主利益の実現の要求が経営者を点Bの方向へ引き戻すであろうし，agency slack の範囲内では利益追求行為は点Cの方向まで引き戻されるであろうから，効果は相殺し合うであろう。

　ただし，経営者の行為が点Dに達したとしても，法的に点Aに引き戻すことは許されない。なぜなら，前述のとおり，仮に利益最大化義務を課せば，裁判所の経営判断原則を否定することになり，結局株主利益を減少させることになるからである。要するに，経営者に対して点D以上に至る広い裁量権を許容する以外に法的な選択肢は無い（法的には経営者にA→D→E

---

[35] Id. at 811.

までの裁量も含めて与えつつ経営者の自制に委ねるしかない)。

　何故，分散した多数の株主の同意は必要とされないのに，支配株主の同意は必要とされるべきなのか。公開会社においては経営者のみが社会的・道義的制裁に直面している。前述のとおり分散する多数株主は社会的・道義的制裁から隔離されており，また集団行動問題を抱えている。他方で支配株主は，情報提供を受けることで社会的・道義的制裁に晒され，会社行動に対して決定的な影響力を有するので集団行動問題にも直面しない。したがって，こうした意味で「経営者」と同じと考えてよいからである。

　なお機関投資家は，公開会社の支配株主と同様には考えられない。機関投資家は，直接的に事業活動に関与しないため，経営者と比較すれば情報は十分ではなく，社会的・道義的制裁に直面する程度も大きくない。さらに，機関投資家は個々の対象企業の株式保有割合は微少であり，集団的行動問題にも直面する。さらに重要な差異は，彼らは投資者たる個人株主を満足させる必要があるという点である。

　⑤第5章「公共の利益のため会社買収に対する対抗」で以下のように述べる[36]。

　買収市場の整備という環境の変化によって，公共の利益のため会社利益を犠牲にする経営者の裁量権は2つの脅威に直面することになった。まず1つはTOBによって，経営戦略が実際に会社利益を犠牲にしているかどうかが金銭評価されるということである。もう1つは，公共の利益のため会社利益を犠牲にすることを望んだ株主がいた場合でも，TOBに対して彼らは集団行動問題に直面するということである。結局，事前に買収防止策がないと，たとえ多数株主が公共の利益を達成するため会社利益犠牲の継続を望んだとしても，唯一の目的が利益追求である買収者に打ち勝つことは困難であった。買収の嵐が過ぎ去った後，前述のような会社構成員利益条項の制定，デラウェア州の判例法の形成，ALIのコーポレート・ガバナンス原則を通じて，経営者に対して，株主以外の会社構成員の利益を考慮することが許容さ

36　Id. at 818-30.

れるようになった。

⑥第6章「会社利益を犠牲にした寄付行為に関する会社の裁量権」で以下のように述べる[37]。
　法は何故会社に対して会社利益を犠牲にする寄付行為を禁止したり，あるいは少なくともこれに株主の同意を要求しないのか。それをしないのは，寄付行為は業務上の裁量行為と同様に，裁判所が何が（どの程度であれば）利益犠牲になりあるいは利益拡大になるか区別するのが困難だからである。一旦経営者が寄付行為の意思決定をしたなら，経営判断原則によって，会社利益犠牲の寄付行為も事実上認められることになる。法が利益犠牲の経営判断をする裁量権を許容するなら，利益犠牲の寄付を禁止することとは整合しない。すべての州の制定法が明確に公共の利益のための会社による寄付行為を認めている[38]。このような制定法によって会社利益を犠牲にする寄付行為を認めることで，会社行動の効率性を維持することができる。

⑦第7章「会社利益犠牲行為に関する裁量権の限界」で3つの限界がある旨述べる[39]。
　ⅰ）　会社利益犠牲に関する裁量の程度に対する限界[40]
　経営者は公共の利益のため会社利益を犠牲にする裁量権を有するべきだが，その範囲は限定されるべきである。ただし，法的な限定である必要はなく，市場によるモニタリングにより経営者の裁量権行使が過度に寛容にならないよう抑制することが好ましい。しかしながら法的規制が妥当である場合もある。たとえば last-period problem によって利益犠牲の裁量権への抑制が効かない場合である[41]。
　まず，裁量権に対する一般的な制限が考えられる。法は利益犠牲の裁量権

37　Id. at 830-40.
38　Id. at 840.
39　Id. at 840-59.
40　Id. at 840-52.
41　たとえば退任が迫った経営者や買収が迫った被買収会社の経営者は last-period problem に直面するので，会社利益裁量権の範囲の法的な抑制が必要となる。

を色々な方法で制限しているが，典型的な制限方法は，利益犠牲行為を長期的な会社利益の最大化にプラスとなり公共の利益に適する行為や寄付行為に限定する手法である。しかしこの典型的な方法も，企業買収が盛んになり，犠牲にされる会社利益が金銭評価されるようになると，効果を発揮できなくなった。代わって会社法による明確な会社利益犠牲に関する裁量権の規定が求められるようになった。ALI によれば，経営者は公共の利益目的のために会社資産を「合理的」な金額に限り寄付することが許され[42]，「責任ある事業行為として合理的に相応しいとみなされる」倫理綱領に限ってこれを考慮することが許容される[43]。

次に，last-period problem が生じる場合の裁量権に対する法的制限の強化が考えられる。これは経営者が last-period problem に陥っているか否かで法的規制を区別する見解であり，イギリス判例法に由来する。たとえば健全な会社が行う継続的な寄付は許されるが，清算会社が実施する 2%の寄付は無効である。また，TOB において会社が買収される場合には，買収対象会社の経営者は last-period problem に陥る。

Revlon 事件においてデラウェア州最高裁は「企業買収の申し込みが行われている場合には，経営の目的は会社の維持や防御ではなく，いかに高値で会社を売却するかにあり，株主以外の利害関係者に対する配慮は不適切である」と判示した[44]。他方 Mills Acquisition 事件でデラウェア州最高裁は，買収対象会社の経営者は，TOB を評価するとき，「一般的な株主利益に合理的な関係を有する限りで，TOB と買収が（株主以外の）他の構成員に与える影響」を考慮することができると判示した[45]。要するに，支配権売買に適用される Revlon ルールの下においてさえも，株主利益との合理的な関係性を示すことができれば，株主利益を犠牲にして他の構成員の利益を促進する裁量権が与えられているのである。

---

42 歴史的には 10 分の 1 税が存在した様に，宗教上・社会規範上，一個人が 10%を寄付することは望ましいと考えられてきた。そこで，会社利益を 10%以上減少させる場合には合理的とは言えないと結論付けることも可能であると述べる。Elhauge, supra note 9, at 844-45.
43 Principles, supra note 23, 2.01(b)(2)-(3) & cmts. h-i.
44 Revlon, Inc. v. MacAndrews & Forbes Holdings, Inc., 506 A.2d 173, 182 (Del. 1986).
45 Mills Acquisition Co. v. Macmillan, Inc., 559 A.2d 1261, 1282 n.29 (Del. 1988).

ⅱ） 会社利益を犠牲にする際には他の者の一般的な利益に資する必要があるという限界[46]

会社利益は公共の利益のため犠牲にされるべきで，個人的な利益のために犠牲にしてはならない。すなわち，会社利益を犠牲にするには，他の者の一般的な利益に資するものである必要があり，経営者自身や近親者，友人らの経済的利益であってはならない。経営者が個人的利益のために会社利益を犠牲にする場合には，経営判断原則を逸脱し利益相反の問題を引き起こす。

ⅲ） 信任関係に基づく利益犠牲の限界[47]

経営者が有する公共の利益のため会社利益を犠牲にする裁量権は，他の信任関係にある者にも同様に認められるか。たとえば，弁護士や投資管理者が預かった金員を公共の利益のために使用することは認められるか。依頼者や投資者が個別に認めているなら答えは Yes であり，そうした合意がないなら No である。公開会社における経営者が公共の利益のために会社利益を犠牲にする裁量権を行使する場合には，たとえ株主の同意がなくても認められる。こうした違いはなぜ生じるのか。投資者は，（投資管理者との関係で）社会的・道義的制裁から隔離され集団行動問題が生じるという会社組織の問題も生じない。また利益最大化行為に対する社会的・道義的制裁に直接に晒されているのは依頼者と弁護士であり，他方それは投資管理者でなく投資者である。

⑧第 8 章「強行規定かデフォルト・ルールか」で以下のように述べる[48]。

上述のとおり，ある程度の法的な範囲の制限のもとで，経営者は公共の利益のため会社利益を犠牲にする裁量権を有するし，また有すべきである。しかし，この法規制は強行規定であるのか，あるいはデフォルト・ルールであって反対の定款条項でこれを適用排除（オプト・アウト）できるものなのか。

ⅰ） 利益犠牲の裁量権を拡大させるためのオプト・アウト行為

46　Elhauge, supra note 9, at 852-53.
47　Id. at 857-59.
48　Elhauge, supra note 9, at 859-68.

会社の原始定款に，会社利益犠牲の裁量権に対する法的制限を適用排除する条項が含まれていたと仮定する。もちろんそれは法的に合法である。よって，公共の利益のために会社の全利益を犠牲にすることすら可能である。デラウェア州法は一般的に会社の原始定款において「経営や業務執行に関して，会社，取締役，株主の権限を創設すること，定義付けすること，限定すること，規制すること等あらゆる事項に関するいかなる条項も州法に反しない限り」許容される[49]。ほとんどの州が同旨の制定法を有している。実際，会社の原始定款において会社利益犠牲の裁量権に対する制限を適用排除する規定を目にする。たとえば，多くの新聞社では，原始定款において経営者に対して，記者の有する編集自由権を尊重し維持すべきという内容の規定を設けている[50]。前述の理論によれば，たとえ経営者が編集に対する広告主の抵抗を受けて会社利益の10%以上を減少させるとしても，編集権尊重の規定を実行しなければならないことになる。結局，今まで述べたすべての理由から，会社利益最大化の法的義務を強制することは，一般的に株主厚生を減少させることになる。利益最大化行為を法的義務化すればagency costの総量の増大により株主利益を減少させる。すなわち，会社利益犠牲の裁量権にかかるコスト（裁量権の濫用）よりも更に大きな利益を会社にもたらす経営判断原則を放棄することは，非効率的であるからである。最後に，経営者が実際に会社利益犠牲行為の裁量権を実行している場合でも，経営者が大多数の株主の忠実な代理人として行動する限り株主厚生は増大する[51]。こうした事情から株主は，裁判所が誤って利益最大化義務を強制するリスクを排除する条項（すなわち，利益犠牲の裁量権の制限を適用排除する条項）を原始定款に規定することを望んでいる。

ⅱ）　会社利益犠牲の裁量権を排除するオプト・アウト行為

以上の分析結果からすると，会社利益犠牲の裁量権は少なくともデフォルト・ルールであるべきという法原則が導かれる。90%以上の会社が利益最大化義務の履行を適用排除することを選択しているという事実がそのことを示

49　See Del. Code Ann. tit. 8, 102(b)(1) (1974).
50　See Dennis J. Block et al., The Business Judgment Rule (5th ed. 1998) at 822 n.1205.
51　Elhauge, supra note 9, at 862.

している[52]。反対に，強制可能な利益最大化義務を課す定款条項を採用する会社の存在を確認することはできない[53]。さらに公共の利益のために会社利益を犠牲にする裁量権はデフォルト・ルールではなく，強行規定であるべきか。現行法でこの問いに対する明確な答えはない。会社運営上の利益犠牲の裁量権が強行規定として規定されるべきであるという立場は，会社構成員利益条項を有する州法の存在（特に，経営者は株主以外の利害関係者の利益を「必ず考慮しなければならない」と規定するコネチカット州法[54]）によって支持される。

法律上，経営者の持つ会社利益を犠牲にする裁量権を排除する規定を設けても強制不能である[55]。その1つの理由は，会社が（利益犠牲の裁量権の根拠である）経営判断原則を放棄すれば，それは経営判断という重責を会社から裁判所へと移すという面倒な結果を招来することになり，結局社会的には非効率な結果となるからである。さらに重要な理由は，そのような裁量権を排除する条項は，会社行動を最適化し第三者利益を保護する社会的・道義的制裁を無視することになるからである。

以上の理由で，たとえば会社に寄付権限を付与する理論は強行法規ではなく，定款で適用排除できるデフォルト・ルールとして扱うことが適切である[56]。関連する制定法はこの結論と合致している。全米41州で，寄付権限を与える制定法はこれを適用排除する定款規定により制限することができると述べている[57]。

⑨結論として

経営者の利益犠牲の裁量権を付与することは，会社の行動を社会的・道義的制裁によって最適化するため明らかに望ましい。もちろんこの裁量権にあ

---

52 Id. at 862.
53 Lynn A. Stout, Bad and Not-So-Bad Arguments for Shareholder Primacy, 75 S. Cal. L. Rev. 1189, 1207 (2002).
54 See Conn. Gen. Stat. Ann. 33-756(d).
55 Elhauge, supra note 9, at 864.
56 Id. at 867.
57 See, e.g., Ala. Code 10-2B-3.02 (1975).

まり多くを期待してはならない。実際には会社利益を犠牲にすることはほとんど無いであろう。利益最大化の不遵守は信認義務違反となると考える立場は，限界事例において社会的責任を実行させるためには，会社法上の経営者の義務を再構成する必要がある（再構成しなければCSRを実行させられない）と問題提起する。そうした利益最大化を信認義務化することは株主にとって非効率的かつ有害であるだけでなく，会社の属する法律や株式市場によって望ましい行動を導くとは思えない。

(4) Elhaugeの所説は，CSRとの関係でいえば，取締役がCSRを果たす行動は会社利益を犠牲にする裁量権の行使としてとらえることになる。そしてこの利益犠牲の裁量権は現行法制の下においては経営判断原則との関連で認められ，経営判断原則と結びついているがため，会社定款によっても排除できない。この裁量権をどのように行使すべきかであるが，それは社会的・道義的規範に従って合理的に行使せよということになる。それが株主厚生の最適化を生むことになる。この論稿の特色は，経営者・取締役が法的・経済的制裁に加え社会的・道義的制裁に晒されていることが議論の出発点となっており，また株主利益・株主厚生の観点から論じていることである。その意味で，Elhaugeの見解では，CSRについて言えば，主として経営者・取締役の経営行動の問題として議論されるのであろう。なお，Elhaugeによる会社利益犠牲の裁量権と経営判断原則との関係性については若干の批判もある[58]が，両者の関係を解明し利益犠牲の裁量権を排除することはできないことを明らかにした点において積極的な評価を与えることができるのではないかと考える[59]。

---

58 See Ian B. Lee, Efficiency and Ethics in The Debate About Shareholder Primacy, 31 Del. J. Corp. L. 533（2006）.
59 もちろん賛同できない点もいくつか存する。たとえば，会社・取締役，弁護士・依頼者などの信認関係の分析（本稿(3)⑦iiiの部分）で専ら社会的・道義的制裁に晒されているのは誰かを問うているが，やはり問題は各法律関係における信認（信託）や委任の中身であろう。See Elhauge, supra note 9, at 858.

3. Blair & Stout の所説 (Team Production Theory) について

(1) コーポレート・ガバナンスの現代的考察において，法と経済学の視点から会社は「契約の束 (nexus of contracts)」に過ぎないとされる。Principal-Agent Model からは，agency cost の削減が重要課題であり，また，企業の究極の目的は株主利益の最大化であるとされる。

これに対し Blair は，利害関係人は会社に対して企業特殊的投資 (firm-specific investments) を行っており，この企業特殊的投資が，株式会社におけるリスク，報酬及びコントロールの分配に関する標準モデルが明確には認識していない，もしくは取り組んでいないガバナンス問題を引き起こしているとする[60]。このように Blair はすべての利害関係人をまず「投資家」と把握し，複数の次元にある利害関係人を投資家という1つの概念でとらえなおした。

このような投資概念により，Blair & Stout はチームプロダクション理論を展開する。チームのメンバーが行った投資は，一度事業に投じてしまえば回収困難な企業特殊的投資であり，その結果生じる成果物のどの部分がどのチームメンバーの働きにより生じたのか分割不可能であり，このような状況で，チームメンバーが，自分たちの努力の成果をどのように分配するのかについて明示の契約をすることは困難である。分割不可能な成果物を作り出すため個々のメンバーが企業特殊的投資を行っている場合に生じるチームプロダクション問題に対処するため，公開会社を統治するための法的ルールが必要となる。そこで各チームメンバーは，チームの利害を代表しメンバー間に報酬を割り当てる責任を担う独立した第三者に，コントロール権を委ねなければならない。この独立した第三者が取締役会であり，これが最終調停者 (mediating hierarch) としてこの責任を担うことになる。したがって，取締役は株主のエージェントでもなければ，株主以外の利害関係人のエージェ

---

[60] Margaret M. Blair, Ownership and Control: Rethinking Corporate Governance for the Twenty-First Century, Washington D.C., Brookings Institution (1995) at 262.

ントでもない。この状態は，公開会社の本質的な経済機能であるとされる。以下，Blair & Stout の論文[61]に従って論じる。

(2) 会社法は 19 世紀に大企業を組織化する仕組みとして出現し，今日までその役割を継続している。Blair は，パートナーシップ法の下での規則とは対照的に，会社法は株主とは別個の独立した法人格を作出し，この法的主体は，生産に使用された資産に対する所有権や少なくとも成果物が売却され支払いが済むまでの企業の成果物に対する所有権が認められている，とする。投資家，経営者，従業員，原材料の供給業者，顧客などは出入りがあるのに対して，このような法的主体は，長期に亘って価値のある企業特殊的資産を利用するためにそれらを 1 つにまとめ上げ，会社に資本を拘束し続けるメカニズムを提供している。Blair は，このような機能を「資本拘束 (capital lock-in)」機能と述べている。そして，これは株主とは別個の独立した法的主体である"事業会社"に財産権を委譲し，取締役会に意思決定権を委譲することにより達成することができるとする[62]。

経済理論では，チームプロダクション問題は，生産活動が複数の個人あるいは複数のグループによる，集約された投資と労力を必要とする状況で生じる。もし，チームメンバーによる投資が企業特殊的で，事業の成果物が分割不可能なものであるならば，チームプロダクションによって得られた経済的余剰をどのように分配すべきかを決定する際に重大な問題が生じる。すなわち，事前の分配ルールは怠惰（shirking）を招き，事後的分配は機会主義的な特殊利益追求行動（rent-seeking）を招く。このようにチームメンバーの義務と報酬を契約に規定して，怠惰と機会主義的な行動を阻止することは難しい[63]。

これをチームプロダクション問題とすれば，明示の契約に代わる解決策がチームプロダクション理論である。前述の「最終調停者」による解決は，前

---

[61] Margaret M. Blair & Lynn A. Stout, A Team Production Theory of Corporate Law, 85 Va. L. Rev. 247, 263 (1999).

[62] Margaret M. Blair, Locking in Capital: What Corporate Law Achieved for Business Organizers in the Nineteenth Century, 51 UCLA L. Rev. 387 (2003).

[63] Blair & Stout, supra note 61, at 249-50.

提としてチームメンバーに対し会社自体に権利や資産を帰属させることを求める。会社内部では，資産の管理は内部の階層組織（mediating hierarchy）により行われる（階層組織のトップが「最終調停者」である）。階層組織はチームメンバーの行動や成果物の分配を調停する。その最終調停者が取締役会であり，これは個々のチームメンバーから独立している[64]。

取締役会は株主を守るために存在するのではなく，会社のチームメンバー（株主，経営者，従業員，債権者のようなグループを含むすべての構成メンバー）の企業特殊的投資を守るために存在する。チームプロダクション・モデルは，共同体理論（communitarians）[65]と類似はするが異なっており，会社を「契約の束」と理解する契約理論と類似する。しかし最終調停者アプローチは，取締役を株主その他のステークホルダーの直接の支配下に置くものではなく，またそのエージェントとするものでもない[66]。

しかし前述のとおり，公開会社は，（明示または黙示の）「契約の束」というよりも，「企業特殊的投資の束」である。そこでは様々なグループが企業に対してユニークかつ本質的な資源を提供しており，自らの貢献を明示の契約を通じて保護することは困難であると感じている[67]。

取締役会には，チームメンバーやその代表者を含んでいるが，外部者をも

---

64 Id. at 250-51.
65 企業を企業と利害関係のあるすべてのステークホルダーから構成される共同体（community）であると構成し，株主優位主義を批判する。Lawrence E. Mitchell, A Theoretical and Practical Framework for Enforcing Corporate Constituency Statutes, 70 Tex. L. Rev. 579, 640 (1992); Marleen A. O'Connor, The Human Capital Era: Reconceptualizing Corporate Law to Facilitate Labor-Management Cooperation, 78 Cornell L. Rev. 899 (1993). なお議論状況の簡潔な紹介として，David Millon, New Directions in Corporate Law Communitarians, Contractarians, and the Crisis in Corporate Law, 50 Wash & Lee L. Rev. 1373 (1993).
66 株主優位を規範とする立場に反対しており，取締役は，従業員や債権者，顧客，材料供給者，あるいは地域社会といった他の潜在的な利害関係人の利益にも関心（注意）を払って会社を経営する義務があるとする。See, e.g., Mitchell, supra note 65, at 630-43. ステークホルダーが会社行為により被害を被った場合当該ステークホルダーが取締役を提訴する適格を有するよう会社法を改正すべきであると述べる。O'Connor, supra note 65, at 936-65. 取締役会での従業員代表と従業員の提訴適格を促進するよう会社法を改正するべきであると主張する。
67 Blair & Stout, supra note 61, at 275. Also see Raghuram G. Rajan & Luigi Zingales, The Firm as a Dedicated Hierarchy (1998) at 3. 企業にとって決定的なものは，主として特殊投資（及び重大な資産に対する財産権）の連結網または連結点であると指摘する。

含んでいる。取締役会は，将来の執行役員や取締役を選ぶ最終決定をする権限，会社の資産の使途を決定する権限，チームメンバー内に生じた紛争を解決するために内部の"控訴裁判所"として奉仕する権限をもつ。他方で会社を設立することは，チームメンバーが事業からの成果物や企業特殊的投資に対するコントロール権を放棄することを意味する[68]。

　エージェンシー理論，株主利益最大化理論の論者は，アメリカ会社法上，株主代表訴訟と株主の議決権をその根拠として主張する。株主が議決権と代表訴訟の原告適格を享受していることから，会社法上，取締役は株主のコントロールのみに服し，株主の利益のためのみに奉仕するよう設計されていると考えられるからである。しかし，取締役は株主のエージェントではないのであり，また企業は団体利益に奉仕する独立した階層組織である。公開会社法は，株主を含むすべてのステークホルダーの要求から取締役を防御（遮断）することによって，チームを構成するすべてのステークホルダーの共同利益に奉仕するよう取締役に働きかける[69]。

　取締役は単なるエージェントではなく受託者（trustee）である。Clarkが指摘するように，取締役は株主のエージェントであるという概念は，取締役，株主，会社の関係を誤解したものである。Clarkが言うには，① 社長や財務担当役員のような会社役員は会社のエージェントである，② 取締役会は会社の意思決定機関である，③ 取締役は会社のエージェントではなく全く独自のもの（sui generis）である，④ 役員と取締役は株主のエージェントではない，⑤ 役員と取締役は会社とその株主にとっての「受認者（fiduciary）」である[70]。

　アメリカ会社法は，取締役の信認義務を忠実義務（duty of loyalty）と注意義務（duty of care）との2つに分類するが，取締役は株主だけでな

68　Blair & Stout, supra note 61, at 276-77.
69　Id. at 288-89.
70　Robert C. Clark, Agency Costs versus Fiduciary Duties, in Principals and Agents: The Structure of Business 55 (John W. Pratt & Richard J. Zeckhauser eds., 1985) at 56. なお，酒井太郎「米国会社法学における取締役の信認義務規範（1）」一橋法学11巻3号（2012年）53-59頁参照。Guth v. Loft, Inc., 5 A.2d 503 (Del. 1939) を分析し取締役は会社及び株主に対し信認義務を負うとする。

く会社全体に対して責任を負う[71]。これに関連し，最終調停者モデルは経営判断原則が重要な機能を果たすことを示唆する。経営判断原則では，取締役が「会社」の最大の利益のために行動したと信じたことを証明することが必要とされる。アメリカの法律は，会社はそれ自身の利益を追求する実体であり，取締役は単に株主利益を代理するものではないと明確に示している。一般的に判例が「会社の最大の利益」という場合，従業員，債権者及びコミュニティの利益のような非株主の利益を含むと解釈していることからも明白である。しかし株主優位主義を当然のものとみなす学者たちはこの立論に懐疑的である[72]。

　第2項(3)③でみたように，Dodge v. Ford Motor Company 事件最高裁判決は一般に株主利益最大化理論を採用したように評価されているが，その後の Shlensky v. Wrigley 事件最高裁判決をはじめ現在の判例法は株主優位主義に固執しておらず，経営判断原則に関する多くの判例は，他のステークホルダーを守るため取締役に株主利益を犠牲にする権限を付与している[73]。また，著名な Berle 対 Dodd の論争後，Berle は改説し，法律上の問題としては会社の権限はコミュニティ全体のために信託されたものであると Dodd に譲歩している[74]。

　学説や判例の中には，他のステークホルダー利益を守るため株主利益を犠牲にしても長期的には株主の利益につながると論じるものもある[75]。しかし，この説明は，株主の利益を特定企業の株主の利益を意味するものとして考えるプリンシパル・エージェント理論の下ではほとんど意味をなさない。たとえば，従業員やコミュニティの利益を保護するために，プレミアム付価格での TOB を拒否する取締役会の裁量を裁判所が支持するというシナリオを想定する。しかし現代金融理論が主張するように，もし現在の低い市場価格が現在の経営陣のもとでの株主の将来利得に関する最大予測を反映してい

71　Blair & Stout, supra note 61, at 298.
72　Id. at 300-01.
73　Id. at 303.
74　Adolf A. Berle, Jr., The 20th Century Capitalist Revolution 169 (1954).
75　Clark, supra note 27, at 681-84.

るとすれば,プレミア付価格を拒否することは現在の株主の長期利益をもたらすとはいえまい[76,77]。最終調停者モデルは,株主利益を超えた利益に奉仕する受託者として取締役を遇することが株主の「長期的利益」に資するものであるとする議論に合理的な根拠を与えるものである。

株主の議決権について述べれば,大規模公開会社においては分散する株主は実質的に影響力を行使できない。それではなぜ会社法は株主に議決権を与えているのだろうか。Clark が指摘したように,株主優位モデルの信奉者は,株主への議決権の付与を「経営陣に形式的な正当性を与えるために用意されたごまかし(fraud)または単なるセレモニー」と控え目に述べるのかもしれない[78]。

アメリカ会社法で株主優位論を基礎付けているのは,株主に取締役会に対する支配権を与える根拠となっている議決権と株主代表訴訟である。しかしこれらの権利は限定的である。一般的に株主による代表訴訟が成功するのは,明白な利益相反取引の阻止や会社機会の保全といったまれなケースに限定される。同様に,株主議決権は,理論上も実際上も非常に限定されているため,極端な例を除き,結果に影響を与える可能性は低い。その結果,会社法上,取締役会は大きな裁量権を有しているといえる[79]。

最終調停者モデルによれば,取締役会に,最終調停者として,チームプロダクションから得られた経済的利益のどの部分をどのメンバーに与えるかにつき広汎な裁量権が与えられている。

(3) チームプロダクション理論は,取締役の位置づけと機能を根本から変えるものであったため,この理論の登場[80]はアメリカの会社法学に大きなイ

---

76 Blair & Stout, supra note 61, at 304.
77 John C. Coates IV, Note, State Takeover Statutes and Corporate Theory: The Revival of an Old Debate, 64 N.Y.U. L. Rev. 806, 841-42 (1989). 長期的利益に対する財務的視点からの批判を展開する。
78 Clark, supra note 27, at 95.
79 Blair & Stout, supra note 61, at 320-21.
80 この理論の初出はシンポジウム報告であった。Margaret M. Blair, Lynn A. Stout, SYMPOSIUM: Team Production in Business Organizations: An Introduction, 24 Iowa J. Corp. L. 743 (1999).

ンパクトを与え，その後この理論に関する論文が数多く公表されてきた。賛意を示す論文もある[81]が，多くは通説たる株主利益最大化論者からの批判ないし疑問である[82]。日本の学界に目を向けると，経営学からは概ね賛意を寄せられているといえるが，法学からは積極的な評価はなされてはいない[83]。この理論は最終調停者モデルであることが特殊であり注目を集めるが，他方で会社をそこに企業特殊的投資をしたメンバーによる投資の束（連結点）ととらえ，この経済的利益を最大化することが取締役の職務の内容であるとも主張するものであるが，この点にはさして疑問はないであろう。しかしながら，この理論では取締役は会社全体に対し信認義務を負うことになり[84]，また，会社の目的は株主利益最大化ではなく長期的な会社全体の利益の拡大となる。チームプロダクション理論では株主以外のステークホルダー利益を考慮に入れた上で利害の対立を調整することになる。したがって，CSR には最も親和的な理論と言える。

4. イギリス 2006 年会社法について

(1) 「会社法見直しのための委員会（Company Law Review Steering Group）」（以下，「CLR」という。）が会社法改正作業を始めてから 8 年を

81　Peter C. Kostant, Team Production and the Progressive Corporate Law Agenda, 35 UC Davis L. Rev. 667 (2002) など。この論文は下記注 82 の Millon の批判に答えている。

82　アメリカにおける批判的見解は以下の通り。Alan J. Meese, The Team Production Theory of Corporate Law: A Critical Assessment, 43 Wm. & Mary L. Rev. 1629 (2002); David Millon, New Game Plan or Business as Usual? A Critique of the Team Production Model of Corporate Law, 86 Va. L. Rev. 1001 (2000). Millon は，各ステークホルダー利害からの取締役の独立性に疑問を呈する。Id. at 1043. Stephen M. Bainbridge, Director Primacy: The Means and Ends of Corporate Governance, 97 Nw. U.L. Rev. 547 (2003). Bainbridge は，取締役優位論（director primacy）をとる点では Blair & Stout と同じであるが，株主の最善の利益に従って権限行使をすべきであると主張する点で大きく異なる。

83　日本でのこれに関する論文については拙稿・前掲注 (8)「今日的課題」の注 60 掲載の論文を参照。法学者からの分析としては，伊藤壽英「アメリカ会社法学におけるチーム生産アプローチ：契約的企業観に対するアンチテーゼ」法學新報 110 巻 3/4 号（2003 年）75 頁が緻密である。問題点として，代表訴訟，議決権のほかに取締役のアカウンタビリティを挙げる。

84　Blair & Stout, supra note 61, at 298.

経て，イギリス 2006 年会社法（The Companies Act 2006，以下「2006 年会社法」という）が成立した。イギリスの制定法には，取締役の一般的な義務，すなわち，日本法における取締役の善管注意義務や忠実義務に相当する一般的義務は従前規定されておらず，もっぱら裁判所によってコモンロー・ルールまたは衡平法原則として発展してきた。

(2) CSR との関連で問題となるのは，「会社の成功を促進すべき義務」[85]であり，この点につき若干の検討をしたい[86]。

2006 年会社法第 172 条 1 項は以下のように規定する。

「会社の取締役は，当該会社の社員全体の利益のために当該会社の成功を促進する可能性が最も大きいであろうと誠実に考えるところに従って行為しなければならず，且つ，そのように行為するに当たり（特に）次の各号に掲げる事項を考慮しなければならない。

(a) 一切の意思決定により長期的に生じる可能性のある結果
(b) 当該会社の従業員の利益
(c) 供給業者，顧客その他の者と当該会社との事業上の関係の発展を促す必要性
(d) 当該会社の事業のコミュニティおよび環境への影響
(e) 当該会社がその事業活動の水準の高さに係る評判を維持することの有用性
(f) 当該会社の社員相互間の取扱いにおいて公正に行為する必要性」

取締役が考慮すべきとされる (a) 号は，取締役がその義務を果たすにあたり株主の長期的利益を考慮すべきことを定めたものである。他方 (b) ないし (d) 号の各ステークホルダーの利益に対する考慮義務については，従来のコモンロー原則から導き出されたものではなく，EU の提唱する CSR 論が影

---

85 なお，法 417 条は，取締役報告書の記載事項のうち，事業報告（business review）を規定しており，その目的を定める同条 2 項は，「事業報告の目的は，取締役が第 172 条に定める義務（会社の成功を促進する義務）を如何に果たしたかについて，会社の構成員に情報を開示し，構成員の評価を助けることである」とする。172 条は 417 条によって履行を担保されているといえる。

86 拙稿「イギリス 2006 年会社法における取締役の責任──会社の成功促進義務を中心として──」国際商事法務 42 巻 3 号（2014 年）359 頁参照。

響を与えていると考えられる。ここで条文の見出しが「会社の成功を促進すべき義務」であることからも明らかなように，その主たる目的は，あくまでも株主利益のために会社を成功させることである。立法経過を振り返れば，CLR は，ステークホルダー理論の有用性について認識しつつもこれを採用せず，取締役の核心的な義務は「啓発的株主価値」を促進する必要性に基礎付けられるとの理論を選択した。具体的には，CLR が 1999 年に発表した諮問文書（Strategic Framework）で新たな 2 つのモデルが示されている。

1 つは，啓発的株主価値（Enlightened Shareholder Value）という概念を重視するモデルである。啓発的株主価値とは，株主の富を最大化することが会社全体の繁栄をもたらすという基本的理解の下に，その株主の利益は，短期的なものではなく，長期的な観点から持続可能な成長を目指し，ステークホルダーとの関係に注意を払って事業を構築することにより達成されるというものである。

他方，多元的アプローチ（Pluralist Approach）[87]は，株主だけの利益が優先されるのではなく，会社に関わる多くのステークホルダーの利益が促進されるべきであるとする。このアプローチをとる場合，たとえ株主の利益を害してでも株主以外のステークホルダーの利益を促進することを取締役に認めるため，取締役の義務に関する会社法の規定（誰に対し信認義務を負うか等）の改正が必要になる。

CLR が提案した啓発的株主価値モデルは，株主利益を向上させるためには，従業員の利益やその他の利益についても包括的に考慮する義務がある，とするものである[88]。株主利益を他のステークホルダーの利益と同等に扱い，利益衝突が発生したとき，株主利益を犠牲にしてでも他のステークホルダーの利益を優先することもありうると主張する多元的アプローチは否定された[89]。

---

[87] CLR はステークホルダー利益の語を使わず多元的アプローチの語を終始用いている。
[88] 短期的利益の追求に集中することを避けて，長期的関係の構築を評価するアプローチを求めた。それは取りも直さず株主利益の促進のために別のステークホルダーとの利害関係のバランスを保つことを含意することになる。
[89] 杉浦保友「イギリス新会社法の下での取締役によるステークホルダー利益考慮義務」松本恒雄＝杉浦保友編『企業の社会的責任』（勁草書房，2007 年）218 頁参照。

5. 分析

　まず，CSR の位置づけであるが，もちろん株主利益最大化論をとるのかステークホルダー理論をとるのかによって一義的には結論が異なってくる。また，どのような法制度をとっているのか（たとえばドイツの二層システム式）によってもどのようなステークホルダー利益をどのように考慮できるかにつき限界が生じる。しかしながら，株主利益最大化論を前提としたからといって，株主以外のステークホルダーの利益を考慮し実行できないのか，CSR を果たすことができないのかというと，答えはそう簡単なものではない。

　Elhauge が主張するように，取締役は公共の利益のため会社利益を犠牲にする裁量権を有しており，この利益犠牲の裁量権は経営判断原則との関連で認められており，経営判断原則の真の機能は取締役の会社利益犠牲の裁量権に対して一定の制限を課すことにあるという点は，おそらく正しいであろう。CSR 追及のための経営上の裁量権の行使は通常「公共の利益のため」の行使としてとらえられ，したがってこれは経営判断原則によって認められ，また制限を課されるということになる。また，Elhauge によれば，公共の利益のため会社利益を犠牲にする経営上の裁量権は望ましく効率的である，なぜならこれによって株主厚生が最大化するからである。したがって，彼の立場からすれば，一定程度の CSR の実行は望ましく効率的であるということになる。

　さらに，Elhauge に従うと，利益犠牲の裁量権をどのように行使すべきかというと社会的・道義的規範に従って合理的に行使せよということになる。したがって，法的・経済的規範に加えて，社会的・道義的規範[90]が重要になってくる。社会的規範と会社法に関して，Eisenberg もまた社会的規範が取締役の行為基準として重要な役割を果たしてきたことを指摘している[91]。

90　ここにはもちろんソフト・ローも含まれる。神作裕之「講演　企業の社会的責任：そのソフト・ロー化？ EU の現状」ソフトロー研究 2 号（2005 年）91 頁。
91　Melvin A. Eisenberg, Corporate Law and Social Norms, 99 Colum. L. Rev. 1253 (1999).

Ⅰ．企業の社会的責任（CSR）の法的位置づけ　41

Elhaugeは，株主利益最大化は強制可能な法的義務とすべきではなく，また取締役に利益拡大の義務はあるとしても株主利益最大化は唯一の目的ではないとの立場である。しかし，「株主利益」「株主厚生」を考えているという点ではエージェンシー理論を前提としているように思える。

　他方で，イギリス2006年会社法における啓発的株主価値モデルの基本は，会社目的として長期的株主価値を設定し，取締役に経営判断に際しステークホルダー利益を考慮すべきことを求めるものであるが，他のステークホルダーを含まず株主のみに議決権を付与する従来の会社法の仕組みを維持している。米国の学者にも，アメリカとイギリスの株式市場の近似性から，イギリス会社法の啓発的株主価値モデルの適用の可能性を主張する者もいる[92]。もちろん両市場の主たる機関投資家の違いや規制状況の違いなどから，アメリカが同モデルを導入することの困難も指摘されている[93]。確かに，2006年会社法172条1項は，CSRに関連するファクターの考慮は義務的になっている。取締役の業務執行の観点からいえば，これは"考慮できる"とすべきではないかとの疑問が生じよう。しかし諸ファクターを考慮しなければならないとしてもそれをどの程度考慮するのかあるいはしないのかは全体として経営判断原則の下にあると考えれば，義務的な考慮というのも納得できる。アメリカにおいても，現在の法制度を変えることなく，実質的に2006年会社法の同条項の導入は可能であると思う。

　チームプロダクション・モデルでは，取締役会がステークホルダー間の利害調整を担う最終調停者であり，したがって，取締役は株主のエージェントでもなければ，株主以外の利害関係人のエージェントでもない。この理論では取締役会は会社全体の長期的利益を考えて利害関係の調停をすることにな

　　これに関する紹介として，伊藤靖史「会社法における社会規範の役割」アメリカ法2001-1号（2001年）179頁。
92　Cynthia A. Williams & John M. Conley, An Emerging Third Way? The Erosion of the Anglo-American Shareholder Value Construct, 38 Cornell Int'l L.J. 493, 523-30 (2005).
93　Virginia Harper Ho, "Enlightened Shareholder Value": Corporate Governance Beyond the Shareholder-Stakeholder Divide, 36 Iowa J. Corp. L. 59, 79-80 (2010). 但し，アメリカの機関投資家も長期的資金獲得の観点からステークホルダー利益やガバナンス改革に注意を払うようになっているとする。

るが，必ずすべてのステークホルダーを平等扱いしなければならないわけではなく，経営判断原則の範囲内で長期的利益拡大に資するようなメンバー間の不平等扱いも許されることになる[94]。このモデルは，法的には株主のみに議決権と代表訴訟提訴権を与えている現行制度との矛盾を説明できない。また，信認義務は誰に対して負うのかとの点についてもエージェンシー理論を前提とする法体系と相容れない。そもそも会社組織の中で取締役会が独立して利害関係人を調停するという構図が現実的なのか[95]，さらに考え方の方向性として調整型のガバナンスを考えるのが現在の日本において果たして適切なのか[96]という点が検討されなければならない。

以上から，CSR を実施していく上で，Elhauge の所説と啓発的株主価値モデルが現行法制とも矛盾なく根拠づけることが可能であり，また妥当な結論を導くことができることがわかった。ただし1点留意すべきは，株主の長期的利益の問題と CSR の問題とは明確に区別すべきことである。たとえば，第3項(2)で述べたように，企業買収の場面で，もともと株価は株主の長期的利益（将来価値）を含んだものなので，プレミアム付きの TOB をプレミアム分が将来利得分であるとの理由では拒否できないはずである。これを拒否できるとすれば，理由の1つとしてはステークホルダーの利益を保護するためであり，これは制定法（たとえば会社構成員利益条項）や判例法（経営判断原則によって会社利益の犠牲が許されているなど）に依拠してはじめてできることである。

6. 小括

本稿は CSR を法的にどのように実現するのかを，法理論を出発点として規範的に検討を加えたものである。どこの国のコーポレート・ガバナンスも

94　Kostant, supra note 81, at 693-94.
95　私見であるが，取締役会は株主の長期的利益の最大化を目標として信認義務を果たすべきであり調停者たるべきではない。調停者たるべきは，より情報を得る機会を有し取締役会の示すべき目標を具体的に執行する役員なのではないかと考える。
96　この点を指摘するものとして，伊藤・前掲注(82)の注87。

株主利益最大化論かステークホルダー論かで割り切った法制をとっているわけではない。コーポレート・ガバナンスの視点からどのように持続的にCSRを実現していくべきかという視点が重要になってくるが，それにはCSRの中身と実施するシステムが重要であると考える。中身とは具体的にはどのような規範（Elhaugeのいう社会的・道徳的規範）に基づいて実施していくのかとの点である。これはいわゆるソフト・ローであったり社内のCSR規定などが該当する。システムとはCSRを実施していく体制であり，具体的にはガバナンスの社内体制が問われることになる[97]。この場合モニタリング・システムをいかに機能させるかが鍵になるであろう[98]。なお特定のCSR活動が取締役の注意義務の違反となるか否かの判断のためのファクターを抽出しようという努力もなされているが[99]，それでは取締役の裁量権の意味が薄くなるのではないか懸念されるところである。

　今後の課題として，日本型のコーポレート・ガバナンスにつき，規範的検討ではなく機能的，実証的検討を加えていきたいと考えている。

（大塚章男）

（本稿は平成24年度科学研究費補助金（基盤C）による成果の一部である。）

97　拙稿・前掲注 (8)「規範的検討」47 頁以下参照。
98　その意味で 2006 年会社法において，172 条 1 項に規定する関係者利益の考慮状況に関する事業報告（417 条）の運用が今後どのようになされていくか興味深いところである。さらに拙稿・前掲注 (86) 364, 65 頁参照。
99　Janet E. Kerr, The Creative Capitalism Spectrum: Evaluating Corporate Social Responsibility Through a Legal Lens, 81 Temp. L. Rev. 831, 860 (2008). 判断要素として関連性，促進性，可能性，影響力，会社の創立精神をあげる。

II. 企業統治と法の役割

1. はじめに

　会社は公器であると言われる。この言葉は、会社とは不祥事を発生させない前提で、自社の収益を最大化することにとどまらず、得た利益を利害関係者（ステークホルダー）に配分し、さらには広く社会に還元することを通じて、社会的責任を果たすことを意味している。そして、会社が適切に社会的責任を果たすことができるような自律的仕組みを備えていることが企業統治の要諦である[1]。言い換えると、代表取締役の独断専横を誰も止めることができずに、企業不祥事を引き起こしたり会社を私物化している場合は、その会社は企業統治が機能していないといえる。

　企業統治の原則は、法に規制されることなく、各企業が自律的に組織や体制を整備することによって、企業不祥事を未然に防止したり、企業が得た利益を最適に配分することである。たとえば、社内の事件・事故や法令違反の情報の伝達が適切に行われることによって、不祥事が対外的に明らかになる前に適切に社内処理をすることができていることが重要である。この手段として内部通報制度が整備され、内部通報制度が形式的な制度にとどまらず実際に機能している会社は、リスクの未然防止という点で企業統治が機能しているものと考えられる。

　また、社外取締役を自主的に就任させて、報酬委員会なるアドバイザリーボードを設置して、最適な役員報酬を議論し、適正な役員報酬の在り方や方

---

[1] 企業統治は、コーポレート・ガバナンスとも言われるが、上場会社のコーポレート・ガバナンスは、1990年代以後の不況の中で、上場会社の経営者の在り方の議論として、効率的な経営の確保及び経営上の違法行為の抑止のための法改正・制度運用の改善として行われた。江頭憲治郎『株式会社法（第5版）』（有斐閣、2014年）49頁。

向付けを審議すること，指名委員会によって経営者の交代が適切に行われるようになっていることは，企業統治の重要性が認識されていると評価できよう[2]。このように，各社が自社の業容・業態等を勘案した上で，自社に相応しい体制整備を自主的に行うことによって，健全かつ継続的な企業発展を遂げることができる。

　他方で，企業不祥事が散見されるばかりでなく，一度発生した不祥事が再発したり，企業利益の最適配分がなされないなど，企業統治がほとんど機能していないと思われる会社も存在する。このような会社では，自助努力による健全な企業運営・活動が期待できないため，法による規制が必要となる。

　もっとも，法による規制は，原則一律に適用となることから，企業統治が十分に行われている会社にも影響が及ぶこととなる。監査役設置会社でありながら，自主的に社外取締役を就任させて，報酬委員会や指名委員会に相当するアドバイザリーボードを設置して活発な議論を行っている会社や，取締役会の監督機能を活性化させるために，その運営について様々な工夫をしている会社にとっては，法によって社外取締役の一律の義務付けや取締役会の権限や運用を詳細に規定することは，却って機動的な工夫が阻害されると考えるであろう。すなわち，法による規制は，企業統治が十分に機能していない会社の底上げを図る意味では有効である一方で，既に企業統治が十分に機能している会社にとっては，弊害ともなりかねないことになる。重要なことは，企業統治に関して，各社の裁量に任せるべき程度と法による規制とのバランスを如何にとるかという点である。

　そこで，本稿では，企業統治機構について最も関係があると思われる会社機関に焦点を当てて，健全な企業統治としての企業責任と法の役割の在り方について検討する。

　なお，会社機関設計に直接的に影響を及ぼしている法は会社法であることから，以下，主に会社法を念頭に置いて法の役割を論じることとする。

2　機関投資家からは，株主価値が重視されずに株主による監視が機能してこなかった結果として，業績と無関係に経営トップが決定されたり，役員報酬も業績連動していないことがあろうとの指摘がある。会社法制部会第2回会議（平成22年5月26日開催）議事録3-4頁［濱口大輔委員発言］。

2. 会社機関設計と企業統治

(1) 企業統治から見た会社機関設計

　企業統治とは，代表取締役を中心とした経営者の監視・監督機能を果たすことと考えると，会社機関設計は，企業統治を考える上で重要な役割となる。会社機関は，株主総会・取締役・取締役会・会計参与・監査役・監査役会・会計監査人・委員会及び執行役のことである。このうち，株主総会と取締役の2つは，すべての会社に必置の会社機関である（会社法296条1項，326条1項）。これ以外は，基本的には定款に定めれば自由に会社機関を設置することができる（会社法326条2項）[3]。これが，いわゆる会社法がその特色としている「定款自治」である。

　定款自治では，会社機関設計を一定の範囲で会社の裁量に任せている。そして，取締役会・監査役・監査役会・会計監査人・委員会は，代表取締役らの行為を監視・監督，又は監査する権限を持っていることから，企業統治が機能しているということは，適切な会社機関を設置していることでもある。たとえば，非大会社の経営者が，コスト負担を嫌って株主総会と取締役の必要最低限の機関を設置したところ，監査役や会計監査人が不在のために粉飾決算が発生した場合には，会社機関設計に問題がなかったか，直ちに問われることになろう。勿論，会社機関をすべて設置すればよいということではなく，会社の活動には効率性も重要なことであり，またコスト負担の面からも，各社が自社の業容や置かれたリスクを総合的に勘案して決定することが重要である。

　各社の経営者が，自社の状況を慎重に検討した上で決定し，それが最適の会社機関設計となっていれば，当該会社の企業統治は会社機関設計の面では機能していたといえるであろう。

3　もっとも，公開会社は取締役会を（会社法327条1項1号），大会社の場合は会計監査人を設置しなければならない（同法328条）など，一定の制限は存在する。

(2) 会社形態の選択制の導入

会社法では，単に会社機関設計の裁量にとどまらず，会社形態の選択制も認められていることも特徴である。

平成14年の商法改正の際に，委員会等設置会社（改正会社法により，指名委員会等設置会社）が創設された[4]。委員会等設置会社は，アメリカモデルと言われ，株主総会に提出する取締役候補者の選任や取締役の解任議案の決定を行う指名委員会，取締役・執行役の報酬を決定する報酬委員会，執行役等の職務の執行の監査を行う監査委員会の三委員会を必置とする制度である（会社法404条1～3項）[5]。

わが国の従来の制度では，取締役の職務執行を監督する役割のある取締役会（会社法362条2項2号）と取締役の職務執行を監査する監査役（同法381条1項）との並列制のガバナンス体制が特徴である[6]。しかし，代表取締役を直接的に選定することや解職ができない監査役の実効性への疑問[7]と，取締役間で仲間意識や歴然たる序列がある中で取締役が他の取締役を監督す

---

[4] 当時は，大会社（商法特例法1条の2第1項）とみなし大会社（同条3項2号）のみが，定款に定めを置くことによって，委員会等設置会社を選択することができた。

[5] 法務省の立案担当者によれば，「取締役会決議事項を大幅に業務執行役員に委任することを可能としつつ，業務執行役員に対する十分な監督を実現することができる機関制度として，米国や英国の制度をも参考にして委員会等設置会社の制度が設けられることとなった」とのことである。始関正光「平成14年改正商法の解説［Ⅴ］」商事法務1641号（2002年）20頁。

[6] これに対して，ドイツでは監査役会が取締役の選任・解任を行う典型的な二層制システムであり，アメリカでは経営に対する監督は取締役会が行う一層制システムを採用している。もっとも，ドイツでは，2012年9月のドイツ法律家会議において，すべての株式会社の機関構成として，一元型（一層制）と二元型（二層制）の選択制の提案が可決されている。高橋英治「ドイツのコーポレート・ガバナンスの将来像－2012年第69回ドイツ法律家会議経済法部会決議を中心に」国際商事法務40巻11号（2012年）1668頁。

なお，フランスでは，既に従来からの一層制に加えて，1966年の会社法改正によって新たに二層制との選択制となったが，二層制を採用する会社は少なく，二層制の失敗といわれているようである。烏山恭一「コーポレート・ガヴァナンスとフランス会社法（上）」監査役459号（2002年）15頁。

[7] 監査役に代表取締役の選解任権という人事権が無い点については，研究者及び実務家の双方から，監査役制度の実効性について疑問が呈されている。森淳二朗「監査役制度と会社支配論―監査役の独立性確保への途―」森淳二朗編『（蓮井良憲先生・今井宏先生古稀記念）企業監査とリスク管理の法構造』（法律文化社，1994年）232頁，岩原紳作「監査役制度の見直し」前田重行＝神田秀樹＝神作裕之編『（前田庸先生喜寿記念）企業法の変遷』（有斐閣，2009年）23-24頁，久保利英明「委員会設置会社と新しいコーポレートガバナンス」小塚荘一郎＝髙橋美加編『（落合誠一先生・還暦記念）商事法への提言』（商事法務，2004年）21頁，28頁参照。

ることは現実的には不可能ではないかという意識から[8]、委員会等設置会社は、社外取締役がイニシアティブを取ることができる委員会を基軸としたガバナンス体制の新たな構築を意図したものであった[9]。

その際、監査役制度がわが国で長らく定着していたことから、平成14年の商法改正の際には、監査役設置会社から委員会等設置会社への移行を法で強制することはせずに、監査役設置会社と委員会等設置会社との選択制とした。最終的には、監査役設置会社と委員会等設置会社との制度間競争が行われることによって、ガバナンス体制の向上を図ることが目的とされた[10]。この点は、各社が採用した会社形態に関して、企業統治の実効性の十分な確保に資するものであることを、株主や投資家に対して説明責任を果たすことにもなると考えられた[11]。そして、どのような説明責任を果たすかは、各社が自主的に決めることである。

このように、個別の会社機関設計に限らず、会社の経営機構そのものも経営者の選択に任せるという法の在り方は、企業統治の精神から考えて、極力、経営者の裁量に任せ、最終的に不祥事等が発生すれば、株主代表訴訟や債権者からの損害賠償責任訴訟が提起されるという結果責任を明確にしたものとして、評価できるものと考えられる[12]。

---

8 わが国における商法改正の歴史においては、監査役制度の強化に重点が置かれて、取締役会改革にはほとんど手がつけられなかったことによる。岩原紳作「監査役制度の見直し」前田＝神田＝神作編・前掲注(7)11頁、43頁。
9 経営者の業績の評価や業務執行の統制及び会社運営の適法性確保のための統制を目的とするモニタリングモデルを導入する制度として、平成14年商法改正によって委員会等設置会社として導入された。岩原紳作「会社法制の見直しと監査役」監査役607号（2013年）6-7頁。
10 始関・前掲注(5)21頁、江頭憲治郎「日本の公開会社における取締役の義務—特に監督について—」商事法務1693号（2004年）9頁。
　　もっとも、委員会設置会社（改正会社法により、指名委員会等設置会社）を採用している会社数は、90社に過ぎず制度間競争は現実的に行われているとは言い難い状況にある。日本監査役協会「委員会設置会社リスト」参照。http://www.kansa.or.jp/support/iinkai-list1310.pdf（平成26年7月24日現在）。
11 始関・前掲注(5)20-21頁。
12 最終的に、監査役設置会社と指名委員会等設置会社が1つに収斂していくことも考えられる方向（和田宗久「公開型株式会社に関するガバナンス制度の変遷と課題」稲葉威雄＝尾崎安央編『改正史から読み解く会社法の論点』（中央経済社、2008年）108頁）であるとしたら、法による強制を強めるということを意味する。

(3) 取締役会改革と社外取締役の導入議論

平成22年4月から開始された法制審議会会社法制部会（以下「会社法制部会」という）は，「企業統治の在り方」と「親子会社に関する規律」の2つを柱として掲げて約2年を超えて審議が行われた。その結果，平成24年9月に「会社法制の見直しに関する要綱」（以下「要綱」という）としてまとめられた。

「企業統治の在り方」のいくつかの審議項目の中で，会社法制部会のメンバーで意見が分かれたのは，社外取締役の選任義務化の是非であった。わが国の取締役会の監視・監督機能が十分に機能していないのではないかという問題提起に対して，社外取締役の選任を法律によって義務付けることをどのように考えるかという論点である。

社外取締役の選任義務化を主張する機関投資家や証券取引所の立場からは，取締役会はパフォーマンスが悪い経営者を交代させることができず[13]，株主の立場を代弁する社外取締役の選任によって株式市場も活性化すると考えられることから，法によって選任義務化すべきであるという意見である[14]。これに対して，経済界の代表者からは，既に創意工夫をして企業統治の改革に向けて努力をしている会社にとって却って障害になり，社外取締役を選任するか否かは各社の判断に委ねればよく，法による一律の義務化には反対であるとの主張がなされた[15]。また，社外取締役の選任義務化の是非を併記した中間試案に対するアンケートにおいても，賛否両論が寄せられた[16]。たと

---

[13] 各国企業のROE推移やROE分布の各国比較を見ても，わが国企業のROEは，約20％の欧米企業や約15％の中国企業と比較しても極めて低い水準にあることがわかる。松崎裕之「取引所の問題意識と今後の施策」商事法務1993号（2013年）16-17頁。

[14] 一般投資家や株主の利益を十分に代弁した経営が行われていないのではないかという主張が，会社法制部会の中でも機関投資家などから指摘された。会社法制部会第2回会議（平成22年5月26日開催）議事録2-6頁［浜口大輔委員発言］，6-10頁［石田猛行参考人発言］，10-15頁［岩間陽一郎参考人発言］。

[15] 法制審議会会社法制部会第19回会議（平成24年4月18日開催）議事録3頁［杉村豊誠委員発言］。このような意見に対しては，上場会社は最低限のコーポレート・ガバナンス基準に従うことを求められるべきであるとの海外からの根強い意見がある。特に，独立取締役の選任義務付けは，日本におけるコーポレート・ガバナンス基準を高め，市場の評価を増すことにつながると主張する。Asian Corporate Governance Association（ACGA）「日本のコーポレート・ガバナンス改革に関する意見書」商事法務1887号（2010年）117頁。

[16] 坂本三郎ほか「「会社法制の見直しに関する中間試案」に対する各界意見の分析（上）」商事法

えば，日本企業のコーポレート・ガバナンスや資本市場の向上を図り，特に海外機関投資家からの信頼を維持するためには，法律をもって社外取締役の設置を義務付けるべきという意見と，非常勤である社外取締役は，会社の事業や特有のリスクに精通するには限界があることや，各企業の最適なガバナンスを構築する余地を奪う可能性があること，既に就任している2人以上の社外監査役選任の義務付けと重複感があるなどの否定的な意見とに分かれた[17]。

　社外取締役の選任は，取締役会の監督機能の強化が目的であることから，社外取締役の選任義務化の論者は，企業統治における重要な会社機関である取締役会の活性化のために，社外取締役の義務付けという法による規制が必要との考えがある。他方，選任義務化に反対する論者は，企業統治は各社の自主的な運営に委ねるべきであり，法による規制強化には反対であるという立場であろう。

　社外取締役の選任義務化の問題一つとっても，企業統治という会社にとって極めて重要な問題に対して，法の関わり方をどの程度とするかという難しい問題を提起している。確かに，法による一律な規制は，自律的な企業運営の制限を強いて，自主的な会社機関設計や経営管理機構の選択を狭めることにはなろう。他方，自主的に創意工夫をすることなく，企業統治が実質的に機能していない会社に対しては，法による一律の規制によって，半ば強制的にその機能を引き上げることにも意味があるかもしれない。

　もっとも，頻繁な法改正を行うことはできず，仮に社外取締役の選任義務化を法定化したとしたら，社外取締役の員数の増加や社外性要件の見直しはあり得ても，後から社外取締役の選任の義務付けを改めて廃止するには，社外取締役の選任義務化の弊害が大きいという立法事実が存在しなければ，現実的に行われる可能性は低いと考えるべきである。すなわち，会社法のような基本法においては，一度立法化すると，容易に元に戻すことは困難であるという事実は認識することが必要であろう。

　このように考えると，企業統治という各社の自律的な会社運営の在り方が

務 1963 号（2012 年）6-8 頁。
17　坂本ほか・前掲注(16) 7 頁。

重要になる事項に対して，法の役割をどこに求めるかという論点は，相互に対立する要素を含んでおり，慎重に検討すべき論点であるといえよう。

3. 企業統治と法の役割を考える上での視点

(1) 企業統治の内容からみた整理

企業統治と一言で言っても，その具体的な内容を分けて考える必要があると思われる。企業統治の眼目として，役員人事と役員報酬がある。既に記述したように，わが国の会社機関設計は，基本的に定款自治が貫かれている。会社機関設計を企業統治の一環から，自社に相応しいと思われる設置を行ったとしても，各々の機関が法の役割を適切に果たすこととは別の問題である。

たとえば，取締役会は，① 取締役会設置会社の業務執行の決定，② 取締役の職務執行の監督，③ 代表取締役の選定及び解職の 3 つの権限を有している（会社法 362 条 2 項）。しかし，各々の権限が適正に行われるためには，取締役会がその運営の面で，上記権限を適切に行えるだけの体制が整っていることが重要である。

取締役会は業務執行の決定のみならず，現実的には業務報告も自主的に行っている[18]。すると，限られた取締役会の開催時間の中で，多くの報告事項が存在すると，業務執行の決定のための審議時間は十分ではなくなり，形式的な業務執行の決定となる可能性が高まる。そこで，常務会や経営会議の名称の会議を取締役会が行われる前に開催して，実質的な審議を常務会等の会議体で終わらせている会社も多い。しかし，取締役会は，監査役（監査役会設置会社であれば，半数の社外監査役）の出席義務がある（会社法 383 条 1 項）中で，取締役の職務執行を監査する監査役（同法 381 条 1 項）が出席

---

[18] 相当に細かな取締役会付議基準に基づいて，それを忠実に実行している事実がアンケート結果によって明らかになっているが（商事法務編集部「取締役会の付議基準［上］」商事法務 1868 号（2009 年）21-23 頁），加えて報告事項の多さも相まって，取締役会の審議が十分に行われない要因の 1 つとなっているともいえよう。

して初めて会社機関の役割を果たしたことになる。したがって，会社法上の正式機関である取締役会で適切に審議・承認する付議事項や会社経営にとって重要な報告事項がどのような事項であるべきかについて，企業統治の点から各社が慎重に検討すべきである。特に，取締役会で審議や報告された事項は取締役会議事録に記載する必要があり，株主には取締役会議事録の閲覧・謄写請求権が付与されていること（会社法371条2項・3項）から，純粋な社内会議である常務会等の会議体と比較すると，遙かに法的な位置付けは重いといえよう。

また，取締役の職務執行の監督は，各取締役が管掌している自部門のみならず，他の取締役の管掌部門に対する監視機能の役割も存在する。しかし，社内出身の取締役がお互いへの仲間意識から，監視機能が十分に果たせず，単に取締役会への出席義務のみ果たしているとすれば，本来の取締役会としての機能を充足していないことになる。

さらに，代表取締役の選定・解職については，取締役会における取締役間の序列と代表取締役が実質的に取締役の人事権を掌握している実態から，適切な代表取締役の選定・解職が行われないとすれば，それは企業統治の面から問題となる。

このように，企業統治を阻害する共通の要因を摘出し，その上でその要因に対して法の規定の可否を検討することが必要であろう。それでは，企業統治を検討する上で，摘出すべき要因とは何があるであろうか。

本稿では，人事と報酬について考えてみたい。

(2) 企業統治と役員人事権

企業統治における人事権とは，代表取締役が株主総会に提案する取締役や監査役の候補者の選任権と，代表取締役自らの人事である。

まず，株主総会に提案する役員人事についてである。委員会設置会社（以下，改正会社法の呼称である「指名委員会等設置会社」という）では，過半数の社外取締役から成る指名委員会が取締役候補者を決定することになるが，指名委員会等設置会社以外は，取締役や監査役の候補者を最終的に決定するのは代表取締役社長である。監査役選任候補者は，監査役に同意権の規

定がある（会社法343条1項）ものの，候補者を一次的に決めるのは，代表取締役であることに変わりはない。

　役員候補者を決定する人事権は，会社の中でも権力の源ともなる強力な権限である。このために，代表取締役社長がお手盛り的に人事権を行使し，自らの都合のよい役員候補者を決定することはあり得ないわけではない。すると，取締役会において，代表取締役の方針に異を唱えることが行われない取締役がメンバーとなることによって，取締役会の監督権限が機能しなくなる可能性も生じる。また，監査役についても，取締役の職務執行を監査する役割を十分に果たすことができない監査役候補者を決定することもあり得るところである。

　このように，役員候補者に関する代表取締役の人事権は，本来の会社機関が備えている機能を実質的に阻害し，形式的な会社機関に陥る可能性を秘めている。したがって，かかる人事権を，企業統治の観点から法により一定の制限を加えるという考え方はあり得るであろう。

　代表取締役自らの人事についてはどうであろうか。本来，会社が不祥事を起こして利害関係者（ステークホルダー）や社会全体に大きな損害を発生させた場合には，代表取締役社長が道義的責任をとって，自ら辞任する事例は散見される。また，報酬カットや賞与の自主返上などの対応によって，職を辞さないケースも存在する。他方，大幅な赤字や中期計画の未達により，投資家から批判を受けた場合でも，辞任することはせずに，代表取締役に居座るケースもないわけではない。

　この点については，特に投資家サイドからは，わが国のガバナンスの弱点であり，社外取締役の選任義務化の必要性とセットとして主張されることも多い[19]。確かに，代表取締役の経営の舵取りの失敗や，見通しの甘さを原因として会社業績の悪化や経営計画の計画未達が生じたとすれば，経営責任をとり，別の代表取締役に経営をバトンタッチすることが健全な姿であろう[20]。

19　企業業績と社長交代に余り関係がなく（法制審議会会社法制部会第2回会議（平成22年5月26日開催）議事録3-4頁［浜口大輔委員発言］，企業統治の悪さから，特に海外機関投資家が日本企業に魅力を感じなくなっている（同7頁［石田猛参考人発言］）との主張が行われた。

20　アメリカでは，1990年代から，イーストマン・コダック，GM，DEC，コンパック，IBM，

すると，代表取締役の選定・解職のうち，特に解職について必要とされるときに行うことがないケースが多いとすると，やはり企業統治の点からは何らかの規定が必要ということになる。

(3) 企業統治と役員報酬

　企業は，企業活動によって得た利益について，株主をはじめとして広く分配・還元する。その際，役員がその報酬を過大に受け取れば，たとえば，株主への配当財源が減少する。このために，取締役と監査役が会社から受け取る報酬その他の職務執行の対価は，定款又は株主総会の決議によって定めなければならない（会社法361条1項，387条1項）。具体的に定めるべき内容は，①金額が確定したものについては，その金額，②金額が確定しないものには，金額の具体的な算出方法，③金銭でないものについては，その具体的内容である。

　取締役が報酬を一方的に自分に都合の良いように決定することを防止するために，上記の規定が定められている。定款や株主総会での決議が必要ということから，代表取締役が一方的に決定する裁量の余地はないことから，企業統治と直接的には関係ないように思えるかもしれない。しかし，現実には，株主総会が定めた限度額の範囲で，取締役会が各取締役の報酬の分配を行ったり，取締役会において代表取締役に一任されているケースが多い。すると，代表取締役の意に添う取締役に報酬を過分に分配することが行われる可能性も無くはない。報酬の適正な分配もまた企業統治としては重要な点であることから，企業統治と報酬もまた関係があるということになる[21]。

　報酬の中には，月額報酬に限らず，賞与や退職慰労金さらにはストックオプションも含まれる。月額報酬以上に，これら賞与等は裁量の余地が大きいことから，企業統治の視点から報酬を考察することは重要であろう。

　なお，監査役の報酬については，取締役の報酬とは別に株主総会で決定さ

　　アメックス等の業績が悪かった会社のCEOが次々と解任された事実がある。岩原・前掲注(9)7頁。
21　指名委員会等設置会社では，代表取締役の意向による取締役や執行役への報酬決定の弊害を避けるために，社外取締役が過半数を構成する報酬委員会が個人別報酬の内容を決定する制度となっている。

れること，監査役が2人以上就任している場合で，定款または株主総会決議によって，各々の金額を定めていない場合には，定款又は株主総会決議の範囲内で監査役の協議によって定めるとの規定が存在する（会社法387条1項・2項）。更には，取締役の規定にない内容として，監査役は株主総会において，報酬について意見を述べることができる（会社法387条3項）。これらの規定は，代表取締役が一方的に監査役の報酬を決定することとなると，監査役の地位の独立性が危うくなることから，監査役の独立性を確保するためのものである。

このように，監査役の報酬決定を取締役の場合と異なる規定としていることは，企業統治の観点から，法に一定の役割を持たせているからである。この点からも，企業統治と役員報酬との間では相関関係があるといえよう。

(4) 監査等委員会設置会社の創設

会社法改正によって，新たに監査等委員会設置会社（要綱では，監査・監督委員会設置会社と仮称）が創設された（会社法2条11号の2)[22]。監査等委員会設置会社は，監査役の代わりに監査委員会を設置する会社であり，指名委員会等設置会社と異なり，指名委員会や報酬委員会は設置しない。もっとも，監査委員の独立性を確保するために，監査委員である取締役の選任や報酬の決議は，それ以外の取締役と区別して行われる（会社法329条2項，361条2項）。また，監査委員である取締役の任期は2年であり，それ以外の取締役の任期である1年とは別の規定となっている（会社法332条3項・4項）。

既に存在している指名委員会等設置会社は，経営の執行と監督の分離を図り，指名・監査・報酬の三委員会によるモニタリング機能を強めていること

---

[22] 監査等委員会設置会社の設置目的は，「取締役会の監督機能の充実という観点から，自ら業務執行をしない社外取締役を複数置くことで業務執行と監督の分離を図りつつ，そのような社外取締役が，監査を担うとともに，経営者の選任・解職の決定への関与を通じて監督機能を果たすものとするための制度」と説明されている（法制審議会会社法制部会「会社法制の見直しに関する中間試案」商事法務1952号（2011年）4頁。

もっとも，指名委員会等設置会社の設置の数が余りにも少なく，監査役設置会社との制度間競争となっていない現実問題もあると思われる。

を特徴とする企業統治機構である。しかし，必置の三委員会がいずれも過半数の社外取締役から構成されることから，とりわけ，取締役候補者を決定する指名委員会，取締役の報酬を決定する報酬委員会の設置を嫌って指名委員会等設置会社への移行は，極めて少ないものとなっている[23]。このような現状を踏まえて，会社法改正では，監査等委員会設置会社の創設を法制化した。

監査等委員会設置会社の創設に向けた検討の背景としては，「業務執行の委任を適切に限定するとともに，監査等を担う委員会の経営者からの独立性を適切に確保し得る仕組みを設けなければ，監査役や指名委員会及び報酬委員会を置かない新たな機関設計を導入することも考えられるのではないか」[24]ということである。言い換えると，監査等委員会設置会社は，企業統治の実効性をさらに高めるために，監査役には人事権がなく，適法性監査に限定されるという通説[25]にあるような監査役制度の弱点を補いつつ，指名委員会等設置会社への導入を阻害している要因を排除した制度設計を行ったものと理解できる。

監査役設置会社と指名委員会等設置会社の制度間競争が実質的に機能して

---

23 指名委員会等設置会社は，アメリカモデルと言われるが，取締役会が指名委員会・報酬委員会の決定を覆す権限がないことがわが国の特徴である。江頭・前掲注(10)6頁。
24 河合芳光「近時の会社法・商行為法制にかかわる動向」商事法務1920号（2011年）34頁。
25 適法性監査限定論の主な根拠は，取締役会が持つ合目的・能率的な経営方針の決定を妨害すること，妥当性監査まで拡大することは，監査役に困難すぎる任務を強いることなどが挙げられている。矢沢惇「監査役の職務権限の諸問題（下）」商事法務696号（1975年）3-4頁，同旨，大隅健一郎＝今井宏『会社法論中巻（第3版）』（有斐閣，1992年）304頁。また，決定権限も責任もない監査役が業務執行の当不当を云々するのは監査権限を逸脱する点の主張として，鈴木竹雄＝竹内昭夫『会社法（第3版）』（有斐閣，1994年）314頁，龍田節『会社法（第6版）』（有斐閣，1998年）124頁がある。

他方，適法性の範囲に限る旨がないことなどを理由として，妥当性監査まで及ぶとする主張もある。田中誠二『3全訂会社法詳論（上）』（勁草書房，1993年）723-724頁。

もっとも，会社法においては，内部統制システムの構築や買収防衛策に関する事業報告の記載事項に対して監査役が監査役(会)監査報告に相当性判断を行うこと（会社法施行規則129条1項5号・6号），代表訴訟における不提訴理由書制度の規定（会社法847条4項）は，監査役が妥当性監査に及ぶ一歩を踏み出したものとの主張も唱えられてきた。前田庸『会社法入門（第12版）』（有斐閣，2009年）496頁。また，監査役が取締役の善管注意義務の有無を監査することは，実際問題としては妥当性監査についても監査権限を有することとほとんど変わらないとの意見として，神田秀樹『会社法（第15版）』（弘文堂，2013年）223頁。

いない現状を考えると，監査等委員会設置会社の新たな創設により，自社に相応しい経営管理機構を改めて検討し，採用することは意義があるといえよう。企業統治の観点からは，監査役設置会社・指名委員会等設置会社・監査等委員会設置会社のどの経営管理機構を選択するかは法によって強制されるものではなく，自ら選択し必要とあれば変更することが可能であることは，企業統治そのものの姿である。

取締役会の活性化を目的として，社外取締役の選任義務化の可否を直接行うのではなく，経営管理機構の選択を通じて，各社の判断に任せていることは企業統治体制として健全な姿であろう。すなわち，社外取締役の選任を考えるならば，監査役設置会社でありながら，自主的に社外取締役を選任するか，指名委員会等設置会社や監査等委員会設置会社に移行して，必然的に社外取締役を設置するという選択をすることができる。社外取締役の選任義務化が法定化されると，各社の自主的な判断の選択の幅が狭められることとなる。

もっとも，企業統治の目的は，経営の監督機能と効率性が確保できることであることから，社外取締役の選任義務化によって，これらの目的が確保できるということが明確であれば，自律的な企業統治のある部分を制約的な方向とすることもあり得るであろう。

4. 企業統治において法が果たすべき役割

(1) 法規定と企業の機動的な活動

企業統治は，本来は外部から強制されるものではなく，企業の自律的な運営が尊重されるものである。たとえば，監査役設置会社が自主的に社外取締役を選任し，独自の指名委員会や報酬委員会のアドバイザリーボードを任意に設置し，自社に相応しい運用を行うことができる[26]。しかも，法によって

---

[26] たとえば，自主的な委員会を設けている会社として，三井物産（指名委員会，報酬委員会等），三菱商事（ガバナンス委員会，報酬委員会等），住友商事（報酬委員会），東京海上ホールディングス（指名委員会，報酬委員会等），帝人（指名・報酬委員会の機能を持つアドバイザリーボー

強制されたものではないことから，何らかの不都合が生じれば，直ちに改廃することも可能である。すなわち，各社が業容・業態・周辺の環境に即して，機動的な対応を行うことができるという点で，企業統治のように，もとより各社の自律性が求められる事項については，極力，法による一方的な規定は排除すべきであるということになる。それにもかかわらず，企業統治において法が果たすべき役割とは何があるであろうか。

第1の役割は，わが国の企業全体における企業統治のレベルの向上である。企業統治において，経営者の意識が高く，創意工夫を常に心がけている会社においては，特に心配することはない。世の中の状況を常にウオッチし，同業他社をはじめとした企業不祥事を他山の石とした上で，内部統制システムの整備をはじめとして自社としての対応を適切に行うような会社では，法による一律の規制は却ってマイナスともなる。

他方で，遵法意識が乏しい経営者が率いる会社では，企業統治のレベルは低いことから，法による規定により，強制的に企業統治のレベルを上げる必要性も出てくる[27]。すなわち，社会が求める一定水準以上の企業統治を実現するためには，放置していれば何ら向上が見込めない会社のレベル向上を目指すことによって，わが国の企業統治の平均水準を上げようとする役割である。確かに，最高水準の企業統治を実現している会社にとっては，選択の自由が制限されるマイナス面は存在するが，わが国の企業全体を見渡したときに，水準以下の会社の底上げを図ることは，全体としては望ましい方向であろう。最高水準の企業統治を実行している会社に企業不祥事が発生するとは考えにくく，企業不祥事が発生しやすい水準以下の企業を念頭に置いた対応をすることは，特に海外の投資家からわが国の資本市場への信頼の喪失を防止する意味でも意義があるといえるであろう。

第2の役割は，会社に対して，企業統治の点から望ましいと思われる制度を導入するインセンティブを与えるためのものである。すなわち，既に法規

ド）がある。太田順司「わが国の企業統治と監査役制度の課題」商事法務 2009 号（2013 年）9 頁，11 頁。
27　たとえば，独立取締役を入れれば効率性が上がると思われる会社ほど独立取締役の導入が進んでいない等の結果を示す複数の実証研究があるとの指摘がある。神作裕之「コーポレート・ガバナンスと取締役会のあり方」商事法務 1993 号（2013 年）11 頁。

定を超えて企業統治の視点から自主的な対応を積極的に行っている企業に対して，機動的な企業活動をすることを後押しする役割がある。

たとえば，重要財産の処分・譲受け，多額の借財は取締役に委任することができず，都度取締役会を開催し，承認・決議を行わなければならない（会社法362条4項1号・2号）。本来，重要財産の処分等については，当該会社にとって重要な意思決定となることから，各取締役が単独で決定することなく，取締役会という会議体で十分な審議をした上で決議すべきであるという立法趣旨によるものである。

一方で，取締役が6人以上の取締役会設置会社において，現在選任義務が法定化されていない社外取締役を自主的に1人以上置いている場合には，予め3人以上の選定した特別取締役が重要財産の処分・譲受け，多額の借財の決定を行うことができる（会社法373条1項2号)[28]。そして，この決定が取締役会の決議に相当することとなることから，重要財産の処分等について，取締役会を都度招集して，承認・決議する必要はなくなる。すなわち，企業統治の上で重要な役割を果たすと言われている社外取締役の選任を自主的に実施している会社に対して，重要な財産の処分等について，取締役会の決定を待たずに承認・決議することができるということは，当該会社にとっては，機動的かつスピーディな会社運営が可能となる。

この特別取締役制度は，明らかに社外取締役の選任に対してのインセンティブを目的とした制度であり，逆にいえば，未だ社外取締役を選任していない会社にとっては，社外取締役の就任を後押しする制度といえよう[29]。

第3の役割は，企業統治の効果を縮減させてしまうことを抑制するための

---

[28] 特別取締役制度は，平成14年の商法改正において重要財産委員会として，新たに法定化された制度を会社法が承継したものである。

[29] もっとも，特別取締役制度は必ずしも十分に活用されておらず，取締役会において相当に細かな付議基準によって取締役会での承認・決議が行われているようである。商事法務編集部編「取締役会の付議基準（上）」商事法務1868号（2009年）21-23頁。この点は，指名委員会等設置会社の取締役会においても，会社法で認められている権限委譲を十分に利用している会社は少なく，かなりの業務執行に係る決定事項について，執行役に委任せずに取締役会で決議されている実態があるとのことである。神作・前掲注(27)6頁。

このように，わが国の取締役会がそもそも，多くの事柄を意思決定する傾向にある特徴があることから生じた現象であろう。

法の役割である。

　企業統治は，会社経営の自治でもあるが，他方で一定の規律の保持は必要である。すなわち，経営者は，会社経営の自治が存在するからといって，会社の利害関係者の利益を蔑ろにし，社外的責任を負わないことは許されることではない。このため，経営者の暴走に歯止めをかけるために，一定の責任規定を設けたり，報告制度を規定することが挙げられる。

　たとえば，会社経営者へのチェック機能として，株主の監督是正権が存在する。株主の監督是正権は，株主の共益権の1つとして，株主が経営者を監督し必要に応じて会社経営の是正を求める権利のことである。たとえば，各種無効の訴え（会社法828条），株主総会関連の不存在確認・無効確認・決議取消の各訴訟（同法830条，831条），株主代表訴訟（同法847条），さらには，株主総会での質問権（同法314条），検査役選任請求権（同法358条），解散請求権（同法833条）などが該当する。

　このような株主の監督是正権が存在することによって，経営者の違法行為に対する抑止効果が働き，経営者が適切な企業統治による企業運営をすることにつながることになる。取締役らの経営者が違法行為によって会社に損害を及ぼせば，任務懈怠責任を会社に対して負うことになる（会社法423条1項）。しかし，会社役員間での仲間意識によって責任追及を怠ることも考えられることから，株主が会社に代わって役員の訴訟提起をすることが株主代表訴訟であるが，この制度があることによって，役員の遵法意識が働き，違法行為を行うことへの抑止効果があるわけである。自律的な企業運営は，機動的かつ効率的な企業経営をもたらすことから重要なことではあるが，他方で法の役割として一定の歯止めをかけることも大切なことである。経営者を萎縮させることなく自律的な企業運営を行うための法の役割は大きい。

　第4の役割は，評価の視点からの役割である。企業統治に対して，株主や債権者からの評価を受けるためには，適切な開示が必要である。特に，わが国の会社法は，定款自治の下で罰則規定を置いておくことによる事前規制の考え方を採用していないことから，事前に極力，会社関連の情報の開示を強化して，会社経営の評価を株主や債権者に委ねる方法をとっている。このために，適切な開示が行われるための法の役割が存在する[30]。

開示の目的としては，株主や投資家の投資判断に資するものと，株主が経営者を監督するために必要とされるものがある。前者であれば会社の売上や収益を含めた事業の状況の公表であり，後者であれば粉飾決算の防止を防ぐための計算書類の開示や，合併等の組織再編において法定化された情報が正しく開示された上で，承認手続きを取ろうとしているか確認するためのものがある。

たとえば，会社が社外監査役を選任する際には，社外監査役候補者とした理由を株主総会参考書類によって開示しなければならない（会社法施行規則76条4項2号）。さらに公開会社であれば，① 法令又は定款に違反する事実等並びに予防行為及び発生後の行為（会社法施行規則76条4項3号），② 他社における法令又は定款に違反する事実等並びに予防行為及び発生後の行為（同項4号），③ 社外監査役として職務を適切に遂行することができるものと会社が判断した理由（同項5号）も記載しなければならない。これらの記載によって，取締役の職務執行を監査する監査役の中で，とりわけ社外の目から見た監視機能が期待されている社外監査役候補者が適任であるかどうかを，株主が判断できるだけの情報の開示を法が定めているわけである。

なお，金融商品取引法上は，上場会社に対して詳細な情報開示を求めることによって，投資家の投資判断に役立つことを通じて市場における効率的な資源配分の実現と，結果として投資家保護の目的がある。たとえば，有価証券報告書による開示を通じて，会社法よりも詳細な開示を要求していることが特徴である。企業が適切な開示をする保証はないことから，法が一定の開示項目や内容を規定し，それに沿った開示を経営者が行うことによって，株主や債権者・投資家が正しい判断ができることになる点において，法の役割は大きいものといえよう。

第5の役割は，企業統治の効果を発揮させるためのものである。たとえば，公開会社である大会社（資本金5億円以上又は負債総額200億円以上）

30　もっとも，最適なガバナンス・システム（企業統治）は，各社各様であり，その内容について事細かに法律その他明文で規律することは不可能であるから，ガバナンス・システムに関する開示を充実させることを通じて，説明責任を果たさせるという意義があろう。和田・前掲注(12) 119-120頁。

では，監査役会と会計監査人を置かなければならないと規定されている（会社法328条1項）。これは，公開会社かつ大会社のように社会に影響力が大きく，利害関係者が多岐にわたっている会社では，企業統治の効果をより発揮させるためには，業務監査を行う監査役が3人以上で構成される監査役会と，会計監査を行う職業的専門家である会計監査人の必要性があると考えたからである。すなわち，法による規定は必ずしも抑止効果のみならず，企業形態に合わせて，企業統治の効果を一層発揮させるための役割がある。

(2) 監査等委員会設置会社の規定にみる企業統治と法の役割

　会社法制部会で審議され，最終的に新たな会社形態として創設されたのが監査等委員会設置会社である。

　監査等委員会設置会社の是非は，「企業統治の在り方」の中の重要な論点として取り上げられたことからわかるように，企業統治の方策の1つとして重要な意味を持つものである。そこで，企業統治と法の役割の中で，既に見てきたような法の役割が，監査等委員会設置会社において改正会社法の中でどのように活かされているか検証してみたい。

　監査等委員会設置会社は，従来の監査役設置会社と指名委員会等設置会社に対する第三の類型として新たに創設された会社形態である[31]。したがって，経営者にとってみると，新たな選択肢が増えたことを意味し，監査等委員会設置会社への移行の是非を含め，自社に相応しい会社形態を模索することになる。この点は，法による会社形態の一方的な強制ではない点で，平成14年商法改正時における監査役設置会社と委員会等設置会社との選択と同様の考えにあるといえよう。すなわち，会社形態という経営者にとっては重要な内容について，経営者が知恵を絞って検討し，自社に相応しい会社形態

31　必ずしも第三類型と位置付けるのではなく，指名委員会等設置会社の一類型と位置付ければよいとの主張もある。齊藤真紀「会社法改正の理論と展望　Ⅲ企業統治」商事法務1940号（2011年）25頁。監査役を設置しないこと，監査等委員会に社外取締役過半数の位置付けなど，指名委員会等設置会社の監査委員会と類似の性格に着目すれば，指名委員会等設置会社の一類型と位置付けることも可能であろう。

　　もっとも，監査等委員会の取締役の報酬や選・解任は，それ以外の取締役とは別建てとなることなどの監査等委員の独立性を確保した制度設計は監査役制度と同様であることを考えると，第三の類型と位置付けることでも問題はないように思われる。

を選択するという点では，法による強制を一定程度抑えたともいえる。

特に，監査等委員会設置会社は，監査役を置かずにすべて取締役となり，かつ監査委員会は過半数の社外取締役の選任義務化となっている（会社法331条6項）ことから，社外取締役の導入促進としての狙いもあったものと思われる。しかし，社外取締役の選任義務化は，経済界では反対論が強かったことから，社外取締役の選任義務化を強制するのではなく，会社形態の選択制の一環として，社外取締役の導入を図り，取締役会の監督機能の強化を図ったということができよう。

監査等委員会である取締役は株主総会では，それ以外の取締役とは別個に選任される（会社法329条2項）。この点は，監査役と同じである。また，監査等委員会の取締役の任期は2年であり，それ以外の取締役の任期の1年とは異なる規定としている。さらに，監査役制度に倣って，監査等委員会の取締役は，株主総会において自らの選任・解任または辞任について意見を述べることができたり（会社法342条の2第1項），報酬もその他の取締役とは別に定めなければならない（会社法361条2項）。そのほか，監査等委員会の取締役の選任議案の決定に関する同意権や議題及び議案の提案権を有している（会社法344条の2第1項・2項）ほか，解任については，特別決議となっている（会社法344条の2第3項，309条2項7号）。

監査委員の取締役とそれ以外の取締役とを区別した法規定は，監査等委員会の取締役の地位の独立性確保に基づくものであり，法の規定によって，監査等委員である取締役の責務をより効果的に発揮させる役割を持った規定である。

監査等委員会に特有の権限として，株主総会において監査等委員会以外の取締役の選任等及び報酬に関する意見を述べる場合の当該意見の内容の決定（会社法399条の2第3項3号）がある。監査等委員会設置会社では，指名委員会等設置会社のように指名委員会や報酬委員会が存在しないことから，それに代替する機能として，意見陳述権が規定された。

次に，同じ監査等委員会設置であっても，社外取締役の員数によって，代表取締役への委任が認められる範囲に差を設けている。取締役の過半数が社外取締役の場合には，指名委員会等設置会社が執行役に大幅な権限委譲をし

ているのと同様に，重要な意思決定を取締役に委任することができるとしている（会社法 399 条の 13 第 5 項）。これは社外取締役の員数増加のインセンティブであり，かつ監査等委員会設置会社の企業統治のレベルを上げる法規定の役割もあるであろう。

さらに，監査等委員会設置のみに認められている規定もある。従来の会社法では，利益相反取引行為によって会社が損害を受けたときは，当該利益相反取引を行ったり決定した取締役には，任務懈怠の推定規定が存在する（会社法 423 条 3 項）が，監査等委員会が承認した場合は，利益相反取引に関する任務懈怠の推定規定を適用しないとされている（会社法 423 条 4 項）。この規定は，明らかに監査等委員会設置会社導入のインセンティブを意図した法規定である。

以上のように，新たな会社形態である監査等委員会設置会社の創設は，選択制という点から企業統治の自治を広く認めたものであるが，具体的な規定内容を見ても，企業統治における法の役割が具体的に表れているといえよう。

(3) 企業統治における立法化の契機

わが国企業全体の企業統治水準を向上させて，信頼にたる企業経営を行うための立法化は重要なことであり，たとえば基本法である会社法がその大きな役割を担っている。立法化によって，企業は法の遵守に向けて体制を整備することとなり，特に企業統治の水準が劣位にある企業の水準向上を図るためには，最も効果的かつ実効性が期待できる。それでは，企業統治における法の役割として，立法化を検討する契機としてどのような点があるであろうか。

第 1 は，企業統治水準が劣位にある企業とそうでない企業との相対的な量的比較である。企業統治水準が劣位にあると思われる企業数が，企業統治水準が問題ないと評価を受けている企業数よりも多いようであれば，新たな法規制を導入することにより劣位の企業の企業統治水準を上げようとするものである。

他方で，会社法のようなハードローによる厳しい規制は，企業の機動的な

活動を阻害するリスクも存在する。すなわち，自律的な企業統治が浸透し，世の中の変化やグローバル化の進展，業態・業容の変化に対応すべく常に最善の企業統治の在り方に向けて日々精進している企業にとっては，ハードローである法による一律の制度化は，かえって支障となる可能性がある。

さらには，法制度に適合するために，形式的な会社機関設計を行ったり，開示とは名ばかりの抽象的かつわかりにくい表示を行う対応の企業も考えられる。すなわち，企業統治の視点から考えると，立法化が行われた場合には，どうしても強制されるという意識が働くことから，企業の中には，表面的・形式的な対応となることもあり得るわけである。しかも，問題となるのは，かかる表面的・形式的な対応となる企業の多くは，むしろ本来的には企業統治水準を上げなくてはならない企業であることが考えられる。

この点の原因として考えられることは，企業統治レベルが十分でない企業の代表取締役を筆頭として経営者の企業統治に対する意識が必ずしも高くないこと，人材確保も含めて内部統制システムによる企業内インフラが十分に整備されていないため，たとえ企業統治の水準を上げようという意識があっても，実態としてフォローできないことが考えられる。しかし，企業不祥事の発生の確率は，企業統治水準が劣位にある企業の方が高いことが想定されることから，企業統治に関する立法化の目安は，最先端の企業統治水準を確保しているグループと未だ十分な水準を確保していない劣位グループの数の相対的な比較によって，前者より後者が多いと判断された場合には，後者企業の水準を向上させることに法の役割を求めて，立法化することが考えられる。

第2は，企業不祥事による立法事実を契機とするものである。企業統治が十分であると思っていたところ，社会の信頼を揺るがす大きな企業不祥事が発生することによって，企業統治の在り方が問われるときである。近時の不祥事として食材・産地・賞味期限の偽装表示，反社会的勢力への融資，経営者が大きく関わった粉飾決算等がある。いずれもマスコミで大きく報道され，社会の関心も高まった事件である[32]。当該企業は社会的信頼が大きく

---

32 食品偽装事件の概要については，原正雄「食品偽装問題のリスクマネジメント」ビジネス法務14巻2号（2014年）74-78頁，反社会的勢力への融資事件の概要については，竹内朗「反社会

失墜したことから，経営トップが道義的責任を認めてマスコミの前で謝罪した上で，報酬削減や辞任に追い込まれている。

企業不祥事は，個別企業が起こしたものであるが，それを例外的な企業と扱うのか氷山の一角と考えるかによって，法の役割・対応は変わってくる。氷山の一角と考えれば，内外の機関投資家からわが国の企業統治水準全体へのマイナス評価となる。すると，わが国企業の全体の企業統治レベルが問題視され，それを契機に新たな立法化についての議論や主張が提起されることとなろう。たとえば，企業不祥事が発生した大きな要因は，社外の目から見たチェック機能が働かないために発生したものであるとの主張をもとに，社外取締役の選任義務化の議論が活発となる。

もっとも，一企業の不祥事があくまで例外的な事象なのか，全体としてみて氷山の一角であるかの判断は困難であり，論者によってその見方が異なる点には注意が必要であろう。

第3は，世の中の企業統治レベルへの期待や水準そのものが上がってくることによるものである。これは，国民からの期待値でもあり，また国内にとどまらず，世界レベルでの比較ともなり得る。

企業不祥事のリスク管理として，内部統制システムが機能していることは重要である。この内部統制システムの構築義務は，平成14年商法改正によって当時の委員会等設置会社に初めて規定された（旧商法特例法21条の7第1項2号，旧商法施行規則193条）が，その後，大会社である監査役設置会社にも適用範囲が拡大され，平成17年会社法にも承継された。内部統制システムの構築に関する法制化は，経営者の意識や体制整備にとって大きな役割を果たしたわけであるが，この契機となったのは，内部統制システムの重要性を説示した判例である[33]。

さらには，平成20年4月1日の事業年度から開始された金融商品取引法による財務報告による内部統制システムの規定は，アメリカで成立したサー

的勢力への対応」同80-85頁参照。
33　大阪地裁は，「代表取締役または業務担当取締役は，いわゆる内部統制システムを構築する義務を負うとともに，構築義務を履行しているか否かを監視する義務がある」と判示した（大和銀行株主代表訴訟事件（大阪地判平12・9・20判例時報1721号3頁））。

ベンス・オクスレー法（Sarbanes-Oxley Act，わが国では「米国企業改革法」とも言われる）[34]を参考に，わが国に導入されたものである[35]。このように，企業統治に係る判例や他国の状況を参考に，立法化されるという事実も存在する。

以上見てきたように，企業統治における法の役割を考える上では，立法化の契機となる点の見極めが重要である。そして，立法化においては，必ずしも立法事実が存在しなければ検討を開始できないということではなく[36]，上記の3つの状況が存在するときには，法の役割を再認識した上で，立法化の検証や検討が開始されることになろう。

(4) ハードローとソフトロー

もっとも，国が制定した規範である法（ハードロー）は，一度立法化した場合には，容易に改正するわけにはいかない。立法化に向けては，多くの有識者の英知を結集し，法制審議会の部会等で時間をかけて審議・答申されるのが一般的であり[37]，また法の安定化の視点も重要だからである。

他方で，会社法のようなハードローによる厳しい規制は，企業の機動的な活動を阻害するリスクも存在する。すなわち，自律的な企業統治が浸透し，世の中の変化やグローバル化の進展，業態・業容の変化に対応すべく常に最善の企業統治の在り方に向けて日々精進している企業にとっては，ハードローである法による一律の制度化は，却って支障となる可能性がある。

したがって，ハードローによる課題を勘案して，ソフトローによる対応と

---

34 米国企業改革法（SOX法）は，エンロン社の破綻（2001年12月2日），ワールドコム社の破綻（2002年7月21日）後の2002年7月30日におけるブッシュ大統領（当時）の署名により成立した。
　　なお，エンロン事件関連として，中田直茂「エンロン破綻と企業統治・ディスクロージャーをめぐる議論［上］［下］」商事法務1629号（2002年）27頁，同1630号（2002年）18頁参照。
35 このために，日本版SOX法（J-SOX）とも言われている。
36 会社法制の見直しにおける会社法制部会では，経済界出身の委員は個別項目の検討に際して，立法事実の存在を強く主張していたが，このような論調に対して疑問を唱える研究者は少なくないようである。たとえば，日本私法学会「シンポジウム会社法改正の理論と展望」私法74号（2012年）129頁［宍戸善一発言］，131頁［中東正文発言］。
37 たとえば，会社法制の見直しのために設置された法制審議会会社法制部会では，平成22年4月に審議が開始され，要綱案としてまとめられたのは平成24年8月であった。

いうことも考えられる[38]。ソフトローについては，一律定義があるわけではない。東京証券取引所における上場規則は，上場する会社はすべて遵守しなければならない点では強制力があるソフトローである。また，公認会計士協会が定めた公認会計士監査基準についても，公認会計士の登録が義務付けられている公認会計士協会が定めた基準であることから，実質的に遵守義務が強いものということができよう。他方で，日本監査役協会の監査実施基準や経済産業省が定めたMBO指針のようなソフトローは，会員をはじめ，ベストプラクティス的な行動指針になり得るという点において，強制力はないものの影響力が大きいといえよう。

　それでは，企業統治におけるソフトローの意義とはどのような点があるであろうか。

　第1の意義は，ソフトローでは，改廃が比較的容易であることから，世の中の実情に柔軟に対応できるという点である。ソフトローの改廃も一定の手続きの下で行われているが，国会の承認が必要とされる基本法とは異なり，遙かに手続き面でのハードルは低い。このために，世の中の変化を柔軟に取り込んだり，世間からの要請に対応するソフトローの作成を行うことができる。そして，一度制定したソフトローであっても，実情に合わなくなるような事態となれば，改廃することに大きな支障はないことから，常に世間や時代にマッチしたソフトローの制定が可能な点がメリットである。

　第2の意義は，ハードローの前段階として，実務の定着化の見極めをすることができるということである。いくら立法化を行ったとしても，その対応が容易ではなかったり，仮に対応したとしても，各企業が表面的・形式的な対応に終始するようなことがあるとすれば，その立法化には無理があったと

38　たとえば，実務家からは，社外取締役の選任義務や社外要件について，取引所の上場規則などのソフトローで決めるべきであるとの主張がなされている。阿部泰久＝神作裕之＝木下俊男＝高田明＝武井一浩＝柳川範之＝唐津恵一「(東京大学比較法制シンポジウム) 会社法制の見直しに関する中間試案について」[高田発言] 商事法務1962号（2012年）8-9頁，同旨[阿部発言] 16頁。研究者からも，証券取引所のように，継続的に規制内容を見直していくインセンティブを持つ主体に規制を委ねることが妥当であるとの主張がある。加藤貴仁「証券取引所と上場企業の管理」黒沼悦郎＝藤田友敬編『(江頭憲治郎先生還暦記念) 企業法の理論［下巻］』（商事法務，2007年）691-692頁。他方，あくまで会社法で行うべきとの意見として，阿部ほか・同注(38)[武井発言] 16頁。

言わざるを得ない。一方で，立法化が失敗であったことを理由として，当該の規定を元に戻すということも現実的には困難である。

　しかし，ソフトローの場合には，ソフトローによる規定に対して，各社の実務対応がどの程度か，その進捗度合いや内容の精査を通じて推測することが可能である。その結果，実務の定着化を見極めることが可能となり，その上で立法化に向けた本格的な検討をすることができる。すなわち，ソフトローによる実務対応がかなり浸透した段階であれば，その規定を立法化したとしても実務上の大きな混乱が生じることは基本的にはないであろう。むしろ，ソフトロー段階での課題や問題点が明確になっていれば，ソフトローの改訂を通じて，より実務に定着を図る段階に持っていくこととなり，ある一定の見極めが可能となった段階で，立法化に踏み切ることができよう。

　この点，立法側からの要請もあると思われる点として，今般の会社法改正要綱の中の附帯決議事項として，「社外取締役に関する規律については，これまでの議論及び社外取締役の選任に係る現状等に照らし，現時点における対応として，本要綱に定めるもののほか，金融商品取引所の規則において，上場会社は取締役である独立役員を一人以上確保するように努める旨の規律を設ける必要がある」とされた[39]。ここでいうところの金融商品取引所の規則とは，東京証券取引所の上場規則が念頭にあると思われ，事実，この後この点に対応して上場規則は改正された[40]。

　もっともソフトローには，前述したような意義はあるものの留意すべき点もある。それは，ソフトローの手続きの問題である。ソフトローについては，基本的にはソフトローを管轄する内部の組織において，その制定及び改廃が行われる。しかし，内部組織であるからこそ，外部からの透明性についてはやや課題が残ることとなる。

---

[39] 会社法制部会の場で附帯決議を行ったのは，社外取締役の設置強制の問題については，上場会社につき金融商品取引所の上場規則の形で規律を設けることが望ましいという判断を行ったためと説明されている。岩原紳作「「会社法制の見直しに関する要綱案」の解説［Ⅰ］」商事法務1975号（2012年）11頁。

[40] 東京証券取引所は，有価証券上場規程を改正し（平成26年2月5日公表），上場会社は，独立した社外取締役を少なくとも1名以上確保するよう努めなければならないとした（有価証券上場規程445条の4）。

法制審議会の部会では，議論の様子が基本的には議事録で公開され，さらには中間段階ではパブリックコメントが広く行われた上で，さらにその内容も踏まえて審議・決定するというプロセスが行われるのが通常である。かかるハードローの場合と比較すると，ソフトローの場合は，審議の時間を必ずしも十分にかけるとは限らず，また審議過程そのものについても，ハードローの立法化の際のように議事録が公開されることは一般的ではない。中には，パブリックコメントの手続きを行ったり，有識者も委員として加えて議論の公平性や中立性を図っている場合もあるが，基本的には，ソフトローを策定する組織体の目的やソフトローそのものの趣旨に基づいて制定されることになる[41]。

5. おわりに

企業は，単に増収増益を目的とするだけでなく，不祥事を発生させず，かつ消費者・取引先・従業員等の多くの利害関係者を意識した経営を行い，また企業活動を通して広く社会還元を図ることにより社会的責任を果たすことである。この実現のためには，企業統治が有効に機能していることが重要である。企業統治とは，本来各企業が自社の業態・業容や置かれた環境等を総合的に勘案して，自主的にその在り方を議論し体制の整備を図り，結果として社会的責任を十分に果たしていると社会から評価されることが望ましい姿である。

しかし，現実的には，そもそも体制整備が不十分であったり，体制整備を行っていたとしても，世間の一般水準から乖離していたりするケースが無いわけではない。このために，会社機関設計や権限，役員構成・報酬・責任，各種開示等の一律の規定を通じて，企業統治の在り方を法整備の点から規制

---

[41] コーポレート・ガバナンスにおけるソフトローの役割について，親子会社上場，企業集団のコーポレート・ガバナンス，スクイーズアウト等の個別論点と個別論点に係るソフトローを紹介した上で，その役割を論じたものとして，小林秀之＝高橋均『コーポレート・ガバナンスにおけるソフトローの役割』（中央経済社，2013年）1-213頁参照。

している。言い換えれば，企業が社会的責任を果たすために，法が一定の役割を担っているともいえる。もっとも，法の規定は，企業の自由な統治を妨げることとなることから，法による強制を一方的に強化すれば済むというものではない。本稿で記述したように，企業統治における法の役割として，わが国の企業統治レベルの全体的な向上，企業統治から望ましいと思われる方向へのインセンティブの付与，企業統治の効果を縮減させてしまうことへの抑制，株主や債権者からの適切な評価，企業統治の効果の発揮がある。これらの役割を一方で念頭に置きながら，企業の機動的な活動を大きく阻害することがないような立法化が必要である。

　その際，基本法の改正はその影響力が大きいことも勘案すれば，やはりその効果を十分に検証した上での立法化が望ましいといえよう。とりわけ，企業統治と法の関係では，規制による強化の視点のみならず，規制緩和という視点からの立法化も併せて視野に入れておくことを考えるべきである。そして，立法化の検討に先立ち，ソフトローによる実務の定着化をある程度見極めるということも必要となる局面もあると思われる。

　いずれにしても，企業統治における法の在り方については，研究者及び実務家双方にとって重要な論点であると認識した上で，あるべき立法化を具体的に検討していくことが重要である。

　　　　　　　　　　　　　　　　　　　　　　　　（高橋　均）

第 2 章
企業のリスク管理とコンプライアンス

I．技術情報の流出における企業責任
―退職者の技術情報漏洩防止対策を中心に―

1. はじめに

　18世紀半ばからイギリスで起きた産業革命以降，人類は，技術によって大きな富を築き，豊かな生活を得ることができた。その意味において，技術は一部の者に独占されるべきものではなく，人類共通の財産としての価値を持つものである。

　しかし一方で，一部の者が苦労して開発した技術を不正に取得・使用し，技術を開発・保有する者の権利を侵害する行為も見られる。係る権利を保護するために，法規制として特許法をはじめとする知的財産法が存在するが，特許法が出願後に情報を公開し20年間の独占権を与える反面，ノウハウをはじめとする技術情報の多くは，営業秘密として企業が管理している。しかし，正当な対価を支払わず，係る秘密管理体制を突破し不正に技術情報にアクセスする者も存在する。

　企業の技術情報の不正取得・漏洩が後を絶たない[1]。特に，元従業員が退職後に営業秘密である技術情報を，不正に海外の競業他社へ流出させる事件の多発は，一企業の問題にとどまらず，わが国の技術立国としての地位を脅かす深刻な社会問題である。係る海外への技術情報の流出は，企業の国際競争力を弱体化させるだけでなく，わが国の知的財産戦略に関わる重大な問題であり，国家及び社会に大きな影響を与える企業責任の問題としてとらえることができよう。

　わが国では，平成14年の知的財産戦略大綱[2]の下，係る問題に対し，不正

---

[1] 代表的な事例としては，東京地判昭40・6・26判例時報419号14頁，東京地判昭62・9・30判例タイムズ535号522頁，東京地判昭62・9・30判例時報1250号144頁がある。

競争防止法の改正[3]や，経済産業省の営業秘密管理指針[4]，技術流出防止指針[5]をはじめとする一連のガイドラインの公表により，企業の秘密管理及び営業秘密の不正取得・使用防止に対して様々な対応及び企業に対する啓蒙活動を行ってきた。しかし，多くの企業がこれらを有効に活用し，適切な知的財産マネジメントを実践しているとは言い難い。

　特に，問題をより深刻化しているのが，企業における人的管理の脆弱さである。いくら技術的にシステム・セキュリティを強化しようとも，他社による技術者の引抜きやリストラ，早期退職のように人的な流動化が進む中，従業員又は元従業員が，企業内の秘密情報を不正に取得して他社に売却したり，新たに競業会社を設立してその技術情報を不正に使用することはまれではない。また，派遣社員，契約社員のような非正規雇用の増大も人的流動化に拍車をかけ，秘密情報の不正取得・漏洩防止対策は，企業のみならずわが国にとって重大な問題となっている。平成24年に訴訟が提起された新日鐵住金対ポスコ訴訟も，新日鐵住金の元従業員による技術情報の漏洩であるとされ，企業の営業秘密に対する人的管理の難しさを物語っている。

　技術情報の管理に関する企業責任として，企業は，技術情報の不正取得・漏洩防止対策を講じることは言うまでもないが，一方で，従業員に対してリストラや早期退職を強いることにより，自社の技術情報の漏洩を自ら推進しているという事実も否めない。

　本稿では，技術情報の流出における企業責任の観点から，不正競争防止法で保護される営業秘密，特に営業秘密の要件である秘密管理性の問題に焦点をあて，企業にとっての技術情報の秘密管理体制，中でも退職者による技術情報の漏洩対策について検討を加えたい。

2　平成14年7月，内閣の知的財産戦略会議において決定された知的財産立国の実現に向けた基本戦略。
3　近時，2，3年に一度のペースで改正が行われている。最近の改正は，平成24年に行われた。
4　平成15年公表，平成23年改訂，<http://www.meti.go.jp/policy/economy/chizai/chiteki/pdf/111216hontai.pdf>（2013年12月31日アクセス）。
5　平成15年公表，<http://www.meti.go.jp/policy/economy/chizai/chiteki/pdf/030314guideline2.pdf>（2013年12月31日アクセス）。

2. わが国における技術情報流出の実態

(1) 経済産業省の技術流出実態調査

経済産業省は、不正競争防止法の改正にあたり、平成19年に「我が国における技術情報の流出及び管理の実態について」と題する調査資料（以下「本調査」という）を公表した。本論に入る前に、本調査の内容を概観しておきたい。

本調査によると、従業員1000人以上の企業における転職者の割合は、平成3年に40％弱であったものが、平成16年には60％弱となり、年々増加している[6]。これに伴い、営業秘密に係る民事訴訟件数も増加し、平成7年では2件であったものが平成13年には13件になり、現在も増加傾向が続いている。このうち、退職者が関与しているものは、全体の60％を占め[7]、また「企業が保有する企業情報に関して従業員その他とトラブルになったケースはあるか」という問いに関して、約20％の企業が「ある」と回答している[8]。

企業が感じている技術流出のリスクに関して「どのようなリスクを感じているか」という問いに対して、人を通じた流出（技術提携契約違反、現役従業員・退職者による技術指導）が82％と最も多く、次いで技術データ（ワザ）を通じたリスク（図面・製造データの流出等）が72％であった。また、「国内又は海外で技術流出が発生したことがあるか」という問いに対して、35％以上の企業が技術流出があったと回答している[9]。さらに、「どこで（又はどこへ）技術流出が発生したか」という問いに対しては、中国が64％、韓国が34％、日本が30％、アメリカやヨーロッパが9％であった[10]。このように、わが国内よりも、国外、特に中国や韓国への技術流出が多い。また、

---

6 経済産業省「我が国における技術情報の流出及び管理の実態について」（平成19年）2頁（出典：雇用動向調査）。
7 経産省・前掲注(6) 3頁。
8 経産省・前掲注(6) 3頁。
9 経産省・前掲注(6) 5頁。
10 経産省・前掲注(6) 7頁。

「重要技術が流出した」と答えた企業は37％も存在し，技術情報流出の深刻さを物語っている。

　流出する技術を，①ヒトが修得した技術，②モノに化体した技術，③図面・書類・データで表される技術（技術データ），に分けると，ヒトが修得した技術のうち，退職者（日本人）による流出が最も多く全体の38％を占めている。次に多いのが，取引先の従業員による流出で28％である[11]。また，「コア人材（重要な人材）の引き抜きに脅威を感じているか」という問いに関しては，常に感じていると回答した企業が半数を占め，「どこの国からの引き抜きに脅威を感じているか」という問いに関しては，中国，韓国，日本が大半を占めていた[12]。

　以上の実態調査から，企業の半数以上が，コア人材の引き抜きに脅威を感じており，国内の他企業への技術流出の懸念と並んで，中国，韓国への技術流出について高い脅威を感じていることがわかる。

　これに対し，企業の技術流出に対する防止策について，過半数の企業で「進んでいる」と答える一方で，約4割の企業は「なお技術流出の不安がある」と回答し，「効果的な方法がわからない」という企業も約2割あった。さらに約2割の企業が「法律などの規制強化が必要」と主張している[13]。本調査公表後，不正競争防止法の改正や，経済産業省の営業秘密管理指針をはじめとするガイドラインが公表されたが，未だに技術情報の不正流出・漏洩事件が後を絶たないのが現状である。

(2) 人的管理が問題となった過去の技術情報流出事件

　人的管理が問題となった営業秘密不正取得・使用事件は，顧客情報やマーケティング情報の流出が圧倒的に多いが，ここでは，技術情報流出事件の過去の代表的な裁判例を挙げておきたい。

① 　フッ素樹脂シートライニング営業秘密事件[14]

11　経産省・前掲注(6) 9頁。
12　経産省・前掲注(6) 10頁。
13　経産省・前掲注(6) 11頁。
14　大阪地判平10・12・22 知的財産権関係民事・行政裁判例集30巻4号1000頁。

本件は，元従業員が，営業秘密であったフッ素樹脂シートの金口ノズルに関する溶接技術を，図利加害の目的で不正に取得し，退職後同業の会社を設立し，それを不正使用して営業した事案である。

　また本件では，元従業員に対して，競業避止義務を課する誓約書を出させたが，本競業避止義務の条項は，その対象が広範であり，場所的制限がなく，期間が長すぎること，さらに代償措置が不十分であることを理由に，公序良俗に反し無効であると判示された[15]。

② カートクレーン設計図営業秘密事件[16]

　本件は，譲渡人の代表取締役であった者が，その譲受人が保管しているカートクレーン設計図を無断コピーし，これを代表取締役であった者が新たに会社を設立し，これを不正使用した事案である[17]。

③ 半導体全自動封止装置コンバージョン等営業秘密事件[18]

　本件は，元従業員が，半導体全自動封止装置コンバージョンの生産方法に関する製造技術を，転職の際に不正取得し使用したと推認された事案である[19]。

④ セラミックコンデンサー積層機等電子データ営業秘密事件[20]

　本件は，元従業員が，在職中にセラミックコンデンサー積層機等に係る電子データを不正に取得して，新たに入社した会社に開示した事案である。開示を受けた会社の代表者は，不正取得を知っていたと推認された[21]。

⑤ 種菌営業秘密事件[22]

　本件は，元従業員が，営業秘密である生産菌の種菌を自己の利益を図るため無断で持ち出した事案である。その情報を取得した会社は，その

15　工藤莞司『不正競争防止法解説と裁判例改訂版』（発明推進協会，2012年）91-92頁。
16　東京高判平14・1・24知的財産権判決速報322－10571。
17　工藤・前掲注(15) 93-94頁。
18　福岡地判平14・12・24判例タイムズ1156号224頁。
19　工藤・前掲注(15) 94頁。
20　大阪地判平15・2・27知的財産権判決速報336－11490。
21　工藤・前掲注(15) 94頁。
22　東京地判平22・4・28知的財産権判決速報422－16468。

事実を知りながら不正使用したと推認された[23]。
⑥ PC樹脂営業秘密事件[24]

　本件は，元従業員が，営業秘密であるPC樹脂の製造装置に関する各図面及び図表に記載された情報を不正に取得し，その取得した情報を国内の会社を経由して外国の会社へ開示した[25]。

　第一審の東京地裁では，法律上の義務違反の元従業員及び不正な取得の介在を知って同人から取得し更に開示した会社のみが不正競争行為に該当するとされたが，控訴審の知財高裁では，元従業員と共同して取得・開示した会社も不正競争行為に該当するとされた。

　これらの裁判例の共通点は，いずれも在職中に元従業員が技術情報を不正に入手し，他社に開示又は退職後にそれを不正使用したことである。ただし，多くの裁判例は国内の事案に限られ，海外の会社を不正競争防止法違反で提訴したものはほとんどない。

　この理由は，海外の会社の場合，被害者（原告）が，営業秘密である技術情報が不正に取得され使用されたという事実をつきとめ，それを立証することが容易ではないこと，また，たとえ国内で提訴し勝訴したとしても，海外では法の執行に問題があることなど，海外の技術流出に関する裁判の難しさがある。特に，原告側に一方的に立証責任が課せられていることは，原告側にとって大きな負担となっている。

　たとえば，2014年に入り，ソニーは，10年連続の赤字が見込まれるテレビ事業を完全子会社化し，人員削減や賃金体系の見直しなどの大規模なリストラを行うことを発表した。この背景には，2004年に韓国のサムスン電子と技術提携し合弁会社を設立したことを発端に，ソニーの技術が相当程度流出し，サムスン電子に市場を奪われたのではないかという業界内の憶測がある。真偽の程はわからないが，仮に技術流出があったとしても，その立証は困難を極めることになろう。

---

[23] 工藤・前掲注(15) 96頁。
[24] 東京地判平23・4・26知的財産権裁判決速報434-17134；東京高判平23・9・27知的財産権決速報438-17303。
[25] 工藤・前掲注(15) 96-97頁。

(3) 近時の事例：新日鐵住金対ポスコ訴訟

　平成 24 年 4 月，新日鐵住金[26]が，提携関係にある韓国の鉄鋼大手ポスコ[27]に対して，新日鐵住金が保有する製造技術を不正に取得・使用したとして，不正競争防止法に基づく民事訴訟を東京地裁に提起した。退職者による技術情報の漏洩事件の近時の一例として，本訴訟について紹介しておきたい[28]。

　平成 24 年 4 月 19 日，新日鐵住金は，提携関係[29]にある韓国の鉄鋼大手ポスコ（韓国慶尚北道浦項市）及び日本法人ポスコジャパン（東京都中央区）並びに技術流出に関与したとされる新日鐵住金の元従業員に対して，新日鐵住金が保有する製造技術を不正に取得・使用したことを理由に，不正競争防止法に基づく民事訴訟を東京地裁に提起した。この訴訟は，本稿執筆中も係争中である。

　ポスコに不正に取得・使用されたという技術は，変電所や電柱にある変圧器に使用される方向性電磁鋼板の製造技術であり，通常の鋼板と異なり，結晶体を一定の方向にそろえて結晶化させることで磁化しやすい特性を持たせるものである。このため，電気が流れる際の電力損失（電力ロス）が極めて少なくなり，変圧器の効率向上のため変圧器の鉄心として広く使用されているほか，発電機やモーターの鉄心にも使用されている[30]。

　新日鐵住金は，この技術を，1950 年代に米鉄鋼大手アームコ社からライセンスの供与を受けたが，その後，製造技術の精度を上げ，大量生産の方法を考案し実現した。当該技術は，方向性電磁鋼板の製造方法に関する新日鐵

26　平成 24 年 10 月 1 日，新日本製鐵を吸収合併存続会社，住友金属工業を吸収合併消滅会社として経営統合し，新生新日鐵住金が発足した。

27　かつての浦項総合製鉄で韓国最大の鉄鋼メーカー。1973 年，日韓基本条約における対日請求権資金による資本導入と，当時の八幡製鐵，富士製鐵及び日本鋼管の 3 社の技術導入により，韓国慶尚北道浦項市に国営の浦項総合製鉄所を建設したのが始まりである。

28　本稿執筆中においても訴訟は係属中であり，断片的，部分的な情報に限られる。

29　新日鐵住金とポスコは，平成 12 年に戦略的提携関係を締結し，相互に株を持ち合っている。平成 18 年には，株式を追加相互取得し，新日鐵住金がポスコの筆頭株主にもなっている。原料調達の分野では提携関係にあるが，新日鐵住金とポスコの提携には製品の販売は含まれず，製品の販売には両社は厳しい競争を続けている。

30　新日鐵住金 HP「POSCO 等に対する訴訟について」，
　　<http://www.nssmc.com/news/old_nsc/detail/index.html/?rec_id=4267>　（2013 年 12 月 31 日アクセス）。

住金の独自技術であり，この製造技術を確立するために，新日鐵住金は約12年かかったとされる。係る技術を不正取得・使用することにより，ポスコは約1年半という短い期間で，方向性電磁鋼板の製造を立ち上げ，遅くとも平成15年から16年頃には製造を開始したとする。

方向性電磁鋼板の全世界生産量は年間約100万トンである。このうち新日鐵住金は平成2年頃から当該製品を市場に投入し，世界の約3割のシェアを握る最大手であり，当該技術を5社にライセンス供与している。本来ならば，新日鐵住金とライセンス5社で世界のシェアすべてを占めるはずのところ，ポスコへの技術流出により，ポスコ及びポスコが技術を流出させたとする中国の宝山鉄鋼が，世界の約3割程度のシェアを獲得したとする。このため，新日鐵住金は，なぜポスコに同じものが作れるのかという疑念が常にあったという。

新日鐵住金は，同社を退社後，新たに会社を設立してポスコと技術供与契約を結んだとされる元技術者（既に死亡）や，ポスコ出資の韓国の浦項大学に客員教授として招かれポスコとの共同研究を行った元従業員ら4人を，当該技術を不正に漏洩したとして特定することができた。

この結果，新日鐵住金はポスコに対し，不正競争防止法に基づく986億円の損害賠償と方向性電磁鋼板の製造及び販売の差止めを求め東京地裁に提訴した[31]。また，新日鐵住金は米国でも，平成24年4月24日，ポスコ及びポスコの米国現地法人（Posco America Corp.）に対し，米国特許侵害を理由に損害賠償と差止請求訴訟を提起した。

これに対し，ポスコは「当該技術はポスコの独自技術である」と反論するとともに，平成24年7月，新日鐵住金に対する営業秘密侵害を理由とする損害賠償債務に不存在，及び新日鐵住金のポスコに対する営業秘密侵害行為の禁止又は予防に関わる請求権の不存在の確認を求める訴訟を韓国大邱地方法院に提起した。

今回の新日鐵住金の提訴は，平成19年に起きた韓国の産業スパイ事件で，ポスコが方向性電磁鋼板の技術を中国の宝山鉄鋼に不正に売却したとして，

---

31 平成24年4月25日，新日鐵住金の発表による。

ポスコの元従業員が告訴されたことが発端である。その裁判の過程で，ポスコの元従業員が流出させたのはポスコの技術ではなく，新日鐵住金から入手したものと証言したことから，新日鐵住金のポスコに対する不正取得の疑念が確信に変わったことによる。

新日鐵住金は，ポスコに対して警告を行ったが，望ましい対応を得ることができず，その後，平成23年末にわが国の裁判所から証拠保全命令が出され，新日鐵住金の元技術者に対し証拠書類を差し押さえることができたため訴訟に踏み切った。

ポスコは東京地裁の裁判で自社の独自技術と反論し続けていたが，平成25年7月の非公開の準備手続きで，ポスコは元従業員らから技術情報を受け取ったことがあることを認めたという。また，ポスコに情報を漏らしたとする元従業員は，漏洩の関与を認めていないものの，死亡した元技術者がポスコに協力していたことは，元従業員の新日鐵住金在職中から，ほとんどの技術者が知っていたとする書面を提出し，当該技術情報を，秘密のものとして扱ってきたことはないと主張している。

これらの真偽及び事実認定は，裁判の判決を待たなければならないが，ポスコが，当該技術情報について，秘密のものとして扱ってきたことはないと主張していることから，当該技術情報の秘密管理性の有無が主な争点の1つになると思われる[32]。

3. 秘密管理性に関する学説と裁判所の判断

企業内には様々な情報があり，その中に企業秘密として管理される情報がある。秘密として管理される情報の中でも，法的に保護されるべき情報には一貫して秘密管理性が必要であると考えられているが，係る秘密管理性について，学説及び裁判所はどのようにとらえているのであろうか。

---

[32] 髙田寛「企業における技術情報の漏洩とその防止策―人的管理を中心に―」富大経済論集第59巻2号（2013年）137-139頁。

(1) 技術上の情報の意義

営業秘密は，秘密の中の営業に関する秘密であるが，営業秘密の特徴のうち，最も重要なものは「競業財産」としての特性であり[33]，秘密の中で財産的性格の強い社会的利益である[34]。産業構造審議会財産的情報部会報告書「財産的情報に関する不正競争行為についての救済制度のあり方について」は，財産的情報の客体要件として，①公然と知られていないこと，②秘密として管理していること，③経済的価値のある技術上又は営業上の情報であること，④秘密として保護されることに正当な利益があること，の4つを挙げている[35]。

その中でも，技術上の情報とは，工業技術に使用されるすべての知識であって[36]，その典型例は，製造技術，設計図，実験データ，研究レポート等のノウハウである[37]。その中には，特許化されていないもの，ある理由からそのままでは特許能力のある発明に属さないものがある。また，特許法上の要件である新規性が要求されないために，周知の工程を従前知られない方法で用いること，あるいは古いもの，刊行物に記載されたものを組み合わせた方法も工業上の秘密の対象となりうるし，ある企業において，ある方法を使用するようになったという，ただそれだけの事実ですら工業上の秘密となりうる[38]。このように，技術情報の客体の範囲は広く，秘密として管理されている技術であれば，不正競争防止法上の保護の対象となりうる。

---

33 小野昌延編著『新・注解 不正競争防止法［第3版］（上巻）』（青林書院，2013年）540頁［小野昌延執筆］。
34 小野昌延編著『新・注解 不正競争防止法［第3版］（下巻）』（青林書院，2013年）824頁［小野昌延＝大瀬戸豪志＝苗村博子執筆］。
35 経済産業省「財産的情報に関する不正競争行為についての救済制度のあり方について」（産業構造審議会財産的情報部会報告書）（平成2年3月16日）3頁。
36 経産省・前掲注(35) 3頁。
37 経産省・前掲注(35) 3頁；小野・前掲注(34) 825頁；コーラーは，①工業秘密すなわち経営及び製造秘密，②調査技術の秘密，③営業生活上の秘密に3分類した（Kohler, Der Unlautere Wettewert, (1914) S.255§51）；また，コールマンは，①特定の営業との関係よりまったく独立して別個に存在する秘密と，②広告計画や政府への契約受注の申込みといった特定の営業との関係と切り離した場合には独立した価値を有さない秘密の2種類に分けている（Callmann, Unfair Competition and Trade Marks, 3ed., (1967), p.792, p.802）（小野・前掲注(33) 544頁［小野昌延執筆］）。
38 小野・前掲注(34) 825頁；経産省・前掲注(35) 541頁。

また，ソフトウェアに関しては，プログラムの開発会社が開発した新聞販売店購読者管理システムのオブジェクト・プログラムが同社の企業秘密にあたるとされた裁判例がある[39]。しかし，近時，リバース・エンジニアリング[40]の進展により，オブジェクト・プログラムが，ソース・コードに比較的容易に変換することができ，ソース・コードを読めば，ソフトウェアの技術情報が入手できる。リバース・エンジニアリングによって，営業秘密に係る情報を探知する行為は，窃取，詐欺，強迫などの不正な手段により営業秘密に係る情報を取得したとは言えないので，不正競争防止法上適法となる[41]。しかしながら，ソフトウェア開発者としては，リバース・エンジニアリングを許した場合，すべての技術情報が開示されるので，製品の優位性が保たれなくなるという問題もある。

(2) 学説

　企業には秘密として管理すべき種々の企業内の秘密情報があるが，その中でも，不正競争防止法上の保護を受けるには，「営業秘密」に該当することが必要である。すなわち，秘密管理という成果開発のインセンティブを法的に担保するためには，開発者が相応の努力を払って秘密管理をしている場合に，当該秘密管理体制を突破しようという行為を禁止する必要があるという基本的な考え方がある[42]。しかし，どの程度の管理体制が必要であるかという問題に対しては必ずしも明確ではない。

　不正競争防止法は，営業秘密を「秘密として管理されている生産方法，販売方法その他の事業活動に有用な技術上又は営業上の情報であって，公然と知られていないもの」と定義しており[43]，不正利用行為に対して保護を受ける営業秘密の要件は，秘密として管理されている（① 秘密管理性）事業活

39　東京地判昭60・3・6判例タイムズ553号262頁，判例時報1147号162頁；小野・前掲注(34) 826頁。
40　営業秘密を利用して製造された市販の製品を分析する手法。
41　たとえば，特許法では，リバース・エンジニアリングを適法としている（特許法69条1項）。但し，著作権法には明文の規定がない。
42　田村善之『不正競争防止法概説［第2版］』（有斐閣，2003年）326頁。
43　不正競争防止法2条6項。

動に有用な技術上，営業上の情報であって（② 有用性），公然と知られていないこと（③ 非公知性）である[44]。これら 3 要件すべてを満たしていなければ不正競争防止法上，保護の対象にはならない。

　中でも訴訟上問題となるのが ① の「秘密管理性」の要件であり，営業秘密に関する訴訟では秘密管理性の有無が主たる争点になることが多い。すなわち，企業が営業秘密たる情報をどのように管理しているかが問われ，管理方法・体制が杜撰であれば当該要件を満たしていないとされる。このため，営業秘密を保有する者にとって，実務上どのような管理をすればよいのか，またその管理の程度はどのレベルなのかが重要な問題となる[45]。

　秘密管理性について，学説としての通説は，「秘密として管理されている」ためには，① 営業秘密に関して，その保有者が主観的に秘密を有しているという意思を持っていること（秘密保持の意思），及び ② 客観的に秘密として管理されていると認められる状態にあること（客観的な秘密管理性），の 2 つの要件が必要であるとする。

　また，② の「客観的な秘密管理性」は，客観的に営業秘密であるという認識可能性（客観的認識可能性），すなわち情報の利用者が「これは営業秘密である」と認識できるような管理体制[46]，及び営業秘密に対する「アクセス制限」，すなわち当該情報にアクセスするには制限がかけられており，誰でもが勝手にアクセスできないような管理体制が必要である。

　経済産業省の営業秘密管理指針では，係る通説を根拠に，秘密管理性が認められるには，その情報を客観的に秘密として管理していると認識できる状態にあることが必要であるとし，具体的には，① 情報にアクセスできる者を特定すること，② 情報にアクセスした者が，それを秘密であると認識できること，の 2 つが必要であるとしている[47]。

44　経済産業省「営業秘密管理指針」（2011 年）14 頁；田村・前掲注(42) 327 頁。
45　髙田寛「企業における営業秘密の管理はどうあるべきか－秘密管理性を中心に」ビジネスロー・ジャーナル 66 号（2013 年）111 頁。
46　厳密には，情報を利用する者から見て客観的に管理されていることが認識できる程度の管理がなされているかどうか，または誰が見ても客観的に認識できる程度の管理なのかどうか，の 2 つに分かれる。
47　経産省・前掲注(44) 15 頁；東京地判平 12・9・28 判例時報 1764 号 104 頁。

しかし，実際の裁判では，「客観的認識可能性」と「アクセス制限」の要件のうち，どちらに重きを置くかで判断が分かれる。すなわち，①情報を利用する者の客観的認識可能性を基準にする見解（相対説）と，②アクセス制限を含む情報の管理体制に一定レベルの基準を要求する見解（客観説），の2つの基準があり[48]，①の基準を重視すれば，多少秘密管理体制に問題があっても，情報を利用する者（不正取得者）が当該情報を客観的に秘密情報として認識している状況にあれば，秘密管理性の要件を満たす可能性が高くなる。

一方，②の基準を重視すれば，営業秘密に対するアクセス制限を含む管理体制がどのようなものであるかが主に問われ，その管理の程度によって判断が分かれる。これは，営業秘密を法的に保護するためには，保有者はそれ相応の管理をしなければならないという考え方に重きを置くもので，その結果，営業秘密を不正に取得した者が，いかに当該情報を営業秘密であることを認識していようとも，保有者の情報の管理が杜撰であれば，法的保護に値しないとして秘密管理性が否定されることになる[49]。

(3) 裁判所の判断

以下，裁判所における判断の変遷を年代とともに追ってみたい。

(ア) 2003年頃まで

人口歯事件[50]までは，情報を利用する者の認識可能性を重視し，事案ごとに総合的・合理的・相対的に判断するアプローチ（相対説）が主に採られていたようである。たとえば，男性用かつら事件[51]では，顧客名簿の収納に施錠がなかったにもかかわらず，秘密管理性が肯定された。また，開成教育セミナー事件[52]では，講師の退職時に生徒の住所，連絡先の欄がある生徒一覧

---

48 石田晃士「不正競争防止法上保護される秘密情報－『秘密管理性』要件と『示された』要件の検討」判例タイムズ1356号39頁。
49 髙田・前掲注(32) 140頁；髙田・前掲注(45) 111-112頁。
50 京都地判平13・11・1判例不正競業法1250ノ174ノ22頁。
51 大阪地判平8・4・16判例時報1588号139頁。
52 大阪地判平7・6・27判例不正競業法1250ノ231頁。

表を記した教務手帳の返還を求めていなかったにもかかわらず，秘密管理性が肯定された。さらに，ハンドハンズ事件中間判決[53]及び同終局判決[54]では，秘密表示がなく，情報の一時持ち出しが認められていたにもかかわらず，秘密管理性が肯定された。この他にも，フッ素樹脂シートの溶接技術事件[55]，セラミックコンデンサー事件[56]など，このアプローチを採り，事案ごとに総合的・合理的・相対的に判断した裁判例が続いた。

これらに共通するのは，内部者であった情報の利用者が，当該情報が秘密として管理されていることを認識していることである。保有者の情報の管理が多少杜撰であったとしても，不正取得者の秘密情報の認識度が高ければ，裁判所は秘密管理性を肯定していた傾向がある[57]。

(イ) 2003年頃から2007年頃まで

ところが，2001年の人口歯事件判決以降，保有者の厳格な営業秘密の管理を要求する裁判例（客観説）が増えてくる。人口歯事件では，人口歯の原型について，保管場所が担当者の任意に委ねられ，収納する入れ物にも「部外秘」の表示がなく，外部の専門家に預ける際にも秘密保持契約が締結されていないことから客観的に認識し得る秘密管理がなされていないとして，秘密管理性が否定された。この事案は，人口歯の原型管理について，ほとんど管理されていなかったという極端な例であるが，この傾向を強めたのがノックスエンタテイメント事件[58]である。

同事件判決では，顧客リストに「社外秘」及び「持出厳禁」とのラベルが貼付されたキャビネットの引出しに保管されていたが，キャビネットが営業時間中に施錠されておらず，データも全従業員が閲覧可能なパソコンにパスワードの設定もなく保存されており，プリントアウトした紙媒体も元従業員に配布され，保管も各人に委ねられていたとして秘密管理性が否定された。

---

53 東京地判平14・12・26 裁判所HP。
54 東京地判平15・11・13 裁判所HP。
55 大阪地判平10・12・22 知的財産権関係民事・行政裁判例集30巻4号1000頁。
56 大阪地判平15・2・27 裁判所HP。
57 高田・前掲注(45) 112頁。
58 東京地判平16・4・13 判例タイムズ1176号295頁。

この事案で特筆すべき点は，対象が総勢4名の小規模な会社であり，この規模の会社に高度な情報の管理を要求すれば，企業活動を過度に硬直化させてしまうおそれがあるにもかかわらず，裁判所はこれを考慮に入れた判決を下さなかったことである。

その後，特に秘密表示がないものについて秘密管理性を否定する裁判例が続いた。たとえば，メディカルサイエンス事件[59]，ペットサロン事件[60]，高周波電源装置事件[61]，データファイル事件[62]など，2007年頃までこの傾向が続く。

このように裁判所のアプローチの仕方が変わった理由の1つには，営業秘密の不正取得の事案が多発し，その原因が，企業の秘密管理があまりにも杜撰であり，これが営業秘密の不正取得事件を助長しているという当時の事情があげられる。もう1つは，2003年の不正競争防止法の改正にあると考えられる。2003年の改正では「営業秘密侵害罪」が不正競争防止法に導入され，営業秘密侵害行為のうち，特に違法性の高い行為類型に限定して刑事罰の対象とされた。不正取得者に刑事罰を与えるには秘密管理性の厳格な認定を行うべきとする裁判所の認識があったのかもしれない。すなわち，営業秘密の取得者に刑事罰を科すだけの管理がなされていることを求めたため，民事裁判でも秘密管理性を厳格にとらえたのではなかろうか[63]。

(ウ) 2007年頃以降

2007年以降になると，相対説に基づくアプローチが再度採用される傾向が見られる。水門開閉装置事件[64]では，無施錠の棚に保管されて誰でも閲覧・コピーでき，電子データの扱いも特段のアクセス権者の制限がなかったにもかかわらず，裁判所は，秘密とする旨を社内的に認識させる措置をして

---

[59] 東京地判平15・5・15裁判所HP。
[60] 東京地判平16・9・30（1審）裁判所HP；東京高判平17・2・24（2審）裁判所HP。
[61] 大阪高判平17・2・17公刊物未搭載。
[62] 東京地判平17・3・30裁判所HP。
[63] その後，平成17年，18年改正において「営業秘密侵害罪」の罰則強化が行われている。高田・前掲注(45) 112-113頁。
[64] 大阪地判平19・5・24判例時報1999号129頁。

いたとして秘密管理性を肯定した。産業用ロボット事件[65]では，電子データのパスワードの管理が不徹底で，かつ紙媒体に社外秘の表示もなく，施錠された場所に保管されておらず，廃棄などの管理がなされていなかったにもかかわらず，不正取得された情報そのものが重要であることが明らかであるとして秘密管理性を肯定した。

さらにイープランニング事件[66]では，サーバーにアクセスするためのIDとパスワードを書いた紙を机に入れていたり，ログインした状態で離席することがあっても，アクセスできる従業員を制限していることには変わりはないとして秘密管理性を肯定した。近時の事案としては，不正取得者の認識可能性に加え，当該秘密情報が稀有なものであり希少価値があることを重視して秘密管理性を認めた裁判例もある[67]。

このように，2007年以降，客観説に基づくアプローチを修正し，相対説に基づくアプローチを採る裁判所が増えたような傾向がある。これらにほぼ共通して言えることは，不正取得者の客観的認識可能性に加え，秘密情報の性質，会社の規模，外部からの不正取得防止の対策の程度，情報管理のコストや必要性などを重視していることである。

また，厳格な管理体制を企業に要求するあまり，不正取得者が営業秘密であることを認識していたにもかかわらず企業が救済されず，その結果，不正取得・使用を助長する危惧が裁判所にあったのではないだろうか。このような背景から，一律な厳格管理の基準を緩和させ，柔軟な判断をするようになったのではないかと推察される[68]。

65　名古屋地判平20・3・13判例タイムズ1289号272頁。
66　同様の裁判例として，イープランニング事件（大阪地判平20・6・12裁判所HP），プライスリスト事件（名古屋地判平20・3・13判例時報2030号107頁）がある。
67　知財高判平23・9・27裁判所HP。
68　髙田・前掲注(32) 141-144頁；髙田・前掲注(45) 113頁；営業秘密に関する裁判例の詳細な研究は，石田晃士「『営業秘密性』要件と『示された』要件の検討」判例タイムズ1356号37-49頁，白木裕一「秘密管理性の肯否の基準とその実務的対応」パテント64巻7号（2010年）49-56頁，近藤岳「秘密管理性要件に関する裁判例研究―裁判例の『揺り戻し』について」知的財産法政策研究（北大）25号（2009年）159-234頁，津幡笑「営業秘密における秘密管理性要件」知的財産法政策研究（北大）14号（2007年）191-213頁，以上の論文がある。

以上のように，裁判所は秘密管理性に関する判断の傾向は見られるものの，明確な判断基準は存在しない。特に，2003年頃から2007年頃までの裁判所の判決の傾向は，事業者の秘密管理体制を厳格にとらえ過ぎるあまり，不正取得者にとって有利な結論が導かれたことは否めない。諸外国においても，事業者の秘密管理体制にこのような厳格さを求めるものはほとんど見られない[69]。

 近時の相対説に基づく判断は当然の帰結であり，新日鐵住金対ポスコ訴訟においても，相対説に基づくアプローチが採られるのではないかと推察される。しかし，ポスコとの間の技術的交流は，ポスコ設立時から行われており，当該技術情報の漏洩がいつ頃から行われたのかにもよるが，漏洩が断続的かつ継続的に長期間行われており，初期の営業秘密管理体制が不十分で秘密管理性がないと判断される可能性があり，仮にそうだとすれば新日鐵住金に不利になることも予想される[70]。

4．米国の営業秘密に関する法令

 営業秘密に関する米国の法令としては，1979年に作成された統一営業秘密法（Uniform Trade Secret Act）[71]と，1996年に制定された連邦経済スパイ法（Economic Espionage Act of 1996）[72]がある。統一営業秘密法はモデル法であり，これを基に各州は独自の州法[73]を作成している。このほかにも，法令ではないが，コモン・ローの集大成である1993年に策定された

---

69 経済産業省「諸外国における営業秘密管理について」（経済産業省参考資料1）（2009年）1-8頁；高田・前掲注(45) 113-114頁；諸外国の営業秘密に関しては，TMI総合法律事務所「諸外国の訴訟手続における営業秘密保護の在り方等に関する調査研究報告」（報告書）（2010年）に詳しい。
70 高田・前掲注(32) 144頁。
71 <http://www.uniformlaws.org/shared/docs/trade%20secrets/utsa_final_85.pdf>（2013年12月31日アクセス）。
72 <http://www.law.cornell.edu/uscode/text/18/1831及び/1832>（2013年12月31日アクセス）。
73 たとえば，California Code Chapter 4: Unfair Trade Practices [17000-17001]。

第三次不正競争リステイトメント（Restatement of the Law Third, Unfair Competition 1993）があり，各州はこれも参考にしている[74]。

統一営業秘密法は，1979年に，州統一法委員会全国会議[75]が作成したもので，モデル法としてカリフォルニア州など46州が採択している。同法は，民事上の営業秘密について規定しており，営業秘密の要件として，① 非公知性，② 独立した経済的価値，③ 秘密性保持のために当該状況の下で合理的な努力の対象となっている，という3要件を規定している[76]。

一方，連邦経済スパイ法[77]は，デジタル化の進展とともに物理的な侵害行為を伴わない形での営業秘密の窃取が容易になったことを背景に，行為者が外国政府等を利することを知って営業秘密を窃取したり，正当な権限なく複製を作成，あるいは媒体を持出したりする行為等や，これ以外の図利加害目的でなされた窃取等の行為が刑事罰として規定されている[78]。

営業秘密の要件に関しては，統一営業秘密法とほぼ同じであり，① 秘密性維持のための合理的措置，② 独立した経済的価値，③ 非公知性，の3要件が必要とされる。但し，統一営業秘密法では，営業秘密の非公知性について，「その開示及び使用によって経済的利益を得ることができる第三者」に知られていないことが要求されているが，連邦経済スパイ法は，一般公衆に知られておらず，また容易にアクセスできないものであれば足りるとし，営業秘密管理性の要件を若干緩めている[79]。

連邦経済スパイ法1831条[80]は，外国政府機関が関係するスパイ行為について規定しており，外国政府，外国の関連団体，又は外国の代理人を利することを目的とし，又はこれを知って，一定の禁止行為によって営業秘密を窃

---

74 経産省・前掲注(69) 1頁。
75 National Conference of Commissioners on Uniform State Law.
76 統一営業秘密法1条4項。
77 同法は連邦捜査局（FBI）や産業界の強い要望で成立したもので，それまで民事法（州法）でしか対応できなかった秘密の不正取得に刑事罰を導入した。
78 連邦経済スパイ法1831条及び1832条。
79 クイン・エマニュエル・アークハート・サリバン外国法事務弁護士事務所「米国の最も重要な資産を保護する経済スパイ法」（2001年） <http://www.quinnjapan.com/news/articles/100701_03.html>（2013年12月31日アクセス）。
80 18 U.S.C. § 1831.

取等することを禁じている。法定刑は，50万ドル以下の罰金もしくは15年以下の懲役又はその併科である。さらに，両罰規定として，団体に1000万ドル以下の罰金を科している。なお，罰金額については，不正取得者の得た利益，又は被害者の被った損失額の2倍以下の額のいずれかを選択可能としている。

一方，同法1832条[81]，個人又は企業を利するための営業秘密の窃取等を禁じている。すなわち，営業秘密の保有者以外の者の経済的利益のために窃取等する目的，又は保有者に損害を与えることを目的とし，又はこれを知って，一定の禁止行為によって営業秘密を窃取等することを禁じている。法定刑は，25万ドル以下の罰金もしくは10年以下の懲役又はその併科である。さらに，両罰規定として，団体に500万ドル以下の罰金を科している。その他，連邦経済スパイ法は，没収[82]，秘密保護[83]，民事手続きの仮処分[84]，合衆国外の行為への適用[85]を規定している。

このように，米国は，連邦法と州法により営業秘密に関して規定しており，連邦法が刑事法，州法が民事法の役割を担っている。特に，連邦経済スパイ法は，外国政府等を利する行為について規制しており[86]，特定秘密保護法案が現在検討されているものの，わが国には，現在のところ，これに該当する法令はない[87]。

同法の特色は，その適用範囲が極めて広いことから，営業秘密不正取得・使用に関して，その規制が強力であることである。たとえば，不正行為が実際に外国政府に利益をもたらしたかどうか，あるいはその意図があったかどうかは問われず，不正取得者が，その行為によって，外国政府等が利益を得

81　Id. at § 1832.
82　Id. at § 1834.
83　Id. at § 1835.
84　Id. at § 1836.
85　Id. at § 1837.
86　Id. at § 1831.
87　わが国でもこれに類似したスパイ防止法案「国家機密に係るスパイ行為等の防止に関する法律案」が議論されていた時があったが，同法の適用により，一般国民の人権が侵害された際の救済措置が不十分であるために廃案に追い込まれた。その後，再度検討がなされ，2013年秋に，特定秘密保護法案が国会に提出され可決・成立した。

る可能性があることを知ってさえいれば同法が適用される。また，秘密の対象も広く，同法1839条[88]では，形式や種類を問わず，金融，科学，技術，経済又は工学に関するあらゆる情報と定義している。

　このように，米国は，経済情報保護政策の下，厳密な法理論による規制よりも，実際に米国内で行われている経済スパイ活動を防止するため，実効性のある立法措置を採っていると言える。この背景には，米国における中国系米国人による産業スパイ事件が後を絶たないためである[89]。但し，同法は，取締り当局の裁量を大きく認めているため，捜査による個人のプライバシーの侵害等のおそれが多分に残る。

　現在，産業スパイ行為については，わが国には同様な法律がないため，不正競争防止法，個人情報保護法，不正アクセス禁止法などの法律を使うことになるが，特に，海外からの技術情報の不正取得に関しては，十分な法的対応ができているとは言い難い。世界レベルで経済スパイが増加している中，このままわが国の技術情報の流出が続けば，わが国の国際競争力を取り戻すことは不可能に近くなるであろう。これを考えれば，連邦経済スパイ法1832条などを参考に，不正競争防止法のさらなる強化，又は統一的な産業スパイ法などを考えてもよいのではないだろうか。

5．人的管理体制と企業責任

　営業秘密の管理に当たっては，物理的管理，技術的管理及び人的管理の具体的な管理方法により，営業秘密をその他の情報と区分し，権限に基づきアクセスを許された者が，それを秘密であると認識して取り扱うために必要な措置を講じるとともに，権限のない者にアクセスされないような措置を講じることが必要である。また，具体的な管理方法による管理を適切に機能させ

---

[88] 18 U.S.C. § 1839.
[89] たとえば，2010年，中国出身の元技術者が，同社が手掛けるスペースシャトルの開発に関する技術資料を30年に亘り中国に不正に漏洩したとして連邦経済スパイ法違反の罪に問われ有罪となった事件がある。

るために，組織的管理を行うことも重要である[90]。

技術情報の管理に関する企業責任として，企業は，技術情報の漏洩防止対策を講じることは言うまでもないが，一方で，従業員に対してリストラや早期退職を強いることにより，結果として自社の技術情報の漏洩を自ら推進しているという事実も否めない。すなわち，安易なリストラや早期退職制度の導入により，コア人材の流出を加速させ，他社にその者が持つ技術情報を容易に移転させる環境及び結果を自ら作り出していると言える。企業は，まずそのことを認識すべきであろう。

新日鐵住金対ポスコ訴訟では，技術情報の漏洩が元従業員により行われたとすることから，新日鐵住金の物理的管理，技術的管理及び組織的管理がいかに行われていたかという点と共に，特に，元従業員に対してどのように人的管理を行ってきたかを問題とされる可能性がある。ここでは企業責任としての人的管理体制[91]，特に退職者の技術情報漏洩防止策について検討することにしたい。

(1) 営業秘密と個人の知識・創作との関係

元従業員が退職後に他社に再就職した場合，元従業員の持っている技術やノウハウを再就職先の企業で利用できるか否かが，実務上，大きな論点となる。再就職先の企業としては，再雇用した元従業員の技術力を最大限に引き出したいと思うのは当然であり，また再就職した元従業員も自分の技術を思う存分活用したいと考えるであろう。現実問題として，元従業員の頭の中にある知識や技術情報が，前企業の営業秘密であるという認識は元従業員にとって薄いと考えられるが，一方で，係る技術情報が営業秘密という理由で，元従業員の技術の活用に厳しい制限を加えることは，元従業員の再雇用の機会を奪うことにもなりかねない。

新日鐵住金対ポスコ訴訟では，元従業員が当該技術情報を不正取得しポスコに漏洩したとするが，不正取得した情報が文書であったり，CDやUSB

90　経産省・前掲注(44) 33頁。
91　営業秘密管理指針で意味する「人的管理」は，ISMS認定基準Ver.2.0附属書「詳細管理策」の「6．人的セキュリティ」に相当する。

メモリのような電子媒体に記録された有体物を不正取得したような場合は，これらを証拠として不正取得の立証が行われることになると思われるが，元従業員が在職中に創作したような無形の技術情報はどう判断すべきであろうか。

また，元従業員の記憶の中にある知識やノウハウを競業他社に開示することも考えられる。特に，競業他社に再就職した場合，個人の記憶の中にある知識やノウハウを自由に使うことは当然あり得ると考えられるし，再就職先である雇用主は，それを目的に優秀な技術者を雇用しようとすることも否めない。係る元従業員の記憶の中の知識やノウハウは，営業秘密に該当するものなのであろうか。

これに対し，営業秘密管理指針は，営業秘密の管理主体は事業者であることが前提であるとし[92]，係る情報の創作者が誰であるかを問わず，事業者が当該技術情報を秘密として管理している場合には，営業秘密に該当するとしている[93]。

たとえば，元従業員が記憶している知識やノウハウが，事業者にとって営業秘密として管理される対象であれば，これらは営業秘密として取り扱わなければならない。また，元従業員が創作したものであっても，その情報を事業者が営業秘密として管理しているならば，係る技術情報の不正な使用行為又は開示行為は処罰や差止めの対象となり得る。技能・設計に関して元従業員が体得したノウハウやコツも同じである。一方，事業者が係る情報を営業秘密として管理していない場合には，元従業員の記憶の中にある技術情報は営業秘密としての属性はない[94]。

このように，従業員又は元従業員の頭の中の知識やノウハウの秘密管理性は，事業者が秘密情報として管理しているか否かが判断の基準となる。このため，新日鐵住金対ポスコ訴訟における不正取得・使用されたとする当該技術情報の営業秘密該当性の有無の判断は，新日鐵住金の秘密管理体制の程度の度合いが，極めて重要な判断材料となると思われる[95]。

---

92 不正競争防止法2条1項7号。
93 経産省・前掲注(44) 15頁。
94 経産省・前掲注(44) 15頁。
95 髙田・前掲注(32) 145頁。

(2) 技術情報のデータベース化と秘密保持誓約書

　従業員が退職する際に，事業者は，退職する従業員がどのような技術情報を保有しているかを知っておかなければならない。そのためには，従業員の持つ技術情報をあらかじめデータベース化しておく必要がある。

　退職者であっても就業中に得た情報が営業秘密に該当するときには，不正競争防止法上，それを不正開示してはならない義務が課せられている[96]。また，退職者には，就業中得た事業者の重要情報については，信義則上の秘密保持義務が課せられており[97]，必ずしも退職時に合意がなくても，悪質な不正開示事案は不法行為ともなり得る。しかし，従業員の退職時には，できるだけ秘密保持誓約書に署名を求める努力が必要であろう[98]。

　秘密保持誓約書は 2 部用意し，一方を事業者側が保管するとともに，退職者にも謄本を保管させるようにすべきである。なぜなら，多くの不正開示は，退職者の営業秘密であるとの認識の欠落から起きるものなので，秘密保持誓約書を元従業員に保持させることで，営業秘密の不正開示が許されないことを認識させることが必要であるからである。なお，秘密保持誓約書を取るだけでなく，秘密保持誓約書の意味を退職者に理解させる日頃の教育・研修も必要であろう[99]。

　さらに，秘密保持誓約書には，秘密保持の対象となる具体的な営業秘密情報を記載することが必要である。特に，重要な技術情報に関与したと思われる退職者については，秘密保持誓約書の別紙として，過去に従事してきた技術開発等の具体的な技術情報[100]を詳細にリストアップして，秘密保持誓約書に添付することが望ましい。

　そのためには，日頃，業務日誌や報告書，従事した開発プロジェクトの記録の保持が必要である。技術者及び関連する技術情報並びにプロジェクトごとに，それらの情報をデータベース化し，営業秘密として扱う技術情報が特

96　不正競争防止法 2 条 1 項 7 号。
97　大阪高判平 6・12・26 判例時報 1553 号 133 頁。
98　苗村博子「営業秘密侵害事件の侵害事実の立証，秘密管理性の程度─技術流出にどう対処するか─」知財管理 62 巻 10 号（2012 年）1454 頁。
99　秘密保持契約書の内容及び手続については，営業秘密管理指針 54-66 頁に詳しい。
100　たとえば，開発プロジェクト名，開発製品名やその内容。

定できるような管理体制を構築し実施する必要がある。

しかしながら，技術情報のデータベース化には注意が必要である。やみくもに技術情報を営業秘密として登録することは避けるべきであり，営業秘密として管理すべき技術情報の特定は厳密に行い，どの製品やサービスにそれが含まれているか，またアクセス権者の特定も厳密に行わなければならない。さらに，営業秘密として管理すべき期間には，有期のものと無期のものがあるが，技術的革新の速い分野の技術は，早晩陳腐化することが予想されるので，期間の設定は合理的期間の範囲内に定めるべきであろう。

なお，就業規則に秘密保持の規定を設ける場合には，労働関連法規に反しないよう注意する必要がある。たとえば，就業規則に，営業秘密を不正に取得又は使用若しくは開示した従業員に対する制裁規定を新たに制定し，又はその内容を変更する場合には，労働基準法の規定に従い，使用者は，労働組合又は労働者の過半数を代表する者の意見を聴き，その変更を労働基準監督署に届ける必要がある[101]。また，作成された就業規則が法的規範としての性質を有するものとして，拘束力を生じさせるためには，事業所の従業員に対して周知されていることも必要である[102]。

(3) 退職者の競業避止契約の有効性

競業他社に営業秘密である技術情報を流出させないために，退職者と競業避止義務契約を締結することがある。退職者に競業避止義務を課すことは，秘密保持誓約書よりも効果があると思われるが，係る義務は従業員の職業選択の自由の侵害になり得ることから，限定的にしか有効にならない[103]。過去の裁判例は競業避止義務について，「権利者の利益，債務者の不利益及び社会的利害に立って，制限期間，場所的職種的範囲，代償の有無を検討し，合理的範囲において有効」であるとしている[104]。

競業避止条項を有効とするためには，競業避止の期間，地域，職種等が合理的に限定されており，競業避止義務を課すことに対する対価が必要であ

101　経産省・前掲注(44) 53頁；労働基準法89条及び90条。
102　経産省・前掲注(44) 53頁；最判平15・10・10裁判所HP。
103　苗村・前掲注(98) 1454頁。
104　奈良地判昭45・10・23裁判所HP。

る[105]。過去の裁判例は，競業避止義務契約の具体的な内容について，① 守るべき事業者の利益はあるか，また，① を前提として競業避止義務契約の内容が目的に照らして合理的な範囲に留まっているかという観点から，② 従業員の地位が，競業避止義務を課す必要性が認められる立場にあるものといえるか，③ 地域的な限定があるか，④ 競業避止義務の存続期間や，⑤ 禁止される競業行為の範囲について必要な制限が掛けられているか，⑥ 代償措置が講じられているか，といった項目について判断を行っており，規定自体の評価及び当該競業避止義務契約の有効性判断を行っている[106]。

競業避止義務について就業規則に規定を設けている例と，個別の誓約書に規定を設けている例があるが，就業規則に規定を設け，かつ当該規定と異なる内容の個別の誓約書を結ぶことは，就業規則に定める基準に達しない労働条件を定める契約の効果を無効とする労働契約法 12 条との関係が問題となり得る。実務上は，就業規則に，個別合意をした場合には個別合意を優先する旨を規定し，これによって労働契約法 12 条に抵触しないようにしていることが多い[107]。

しかし，実際には，退職する従業員に対し，半ば強制的に競業避止義務契約を締結させる事業者も見られ，その有効性に対しては疑問が残る。実際に，多くの技術者の再就職先のほとんどは競業他社であり，特に専門的な技能を有する技術者は，同じ業界でしか自分の技術力を活かせないという特性を持つことを考慮すべきであろう。

たとえ過去の裁判例により有効性が肯定されるような競業避止義務契約であったとしても，退職者に競業避止義務を課した場合，不況時の退職者は，再就職という点で多大な不利益を被る可能性があるのは否めない。事業者の一方的なリストラや早期退職制度を強要するような会社都合による従業員の望まない退職であれば，なおさら競業避止義務を退職者に課すことは，退職者の再雇用の機会を大幅に減じることになりかねない。このように，退職者

---

105 東京地判平 7・10・16 判例タイムズ 894 号 73 頁。
106 三菱 UFJ リサーチ&コンサルティング「人材を通じた技術流出に関する調査研究報告書」（平成 24 年度経済産業省委託調査）(2013 年) 11 頁。
107 三菱 UFJ リサーチ&コンサルティング・前掲注(106) 11 頁。

に競業避止義務を課すことは，職業選択の自由の侵害の観点から限定的かつ制限的に行われるべきであり，また慎重に対応すべきである。

(4) 退職金規程・就業規則と競業避止義務

有能な技術者であればあるほど，事業者は競業他社からの引抜きに注意すべきである。技術者の中には，他社から提示された高額な報酬に魅力を感じる者も多い。しかし，それ以上に自己の技術力が高く評価され，その技術力をもって製品の開発ができるという自己実現に魅力を感じている技術者も多いのも事実である。

有能な技術者を社外に流出させることは，事業者にとって大きな損失であり，社内に留まらせておくために，退職金規程で一定の競業避止義務を課し，その違反があった場合に退職金を減額するというペナルティーを科すことが考えられる。たとえば，従業員に係る義務違反があった場合には，自己都合退職の際の退職金を2分の1にするというような規定である。

このような退職金規程は，直ちに無効とされるものではないとした最高裁判例がある[108]。最高裁は，退職金規程に，競業他社へ再就職したときは自己都合退職の2分の1の乗率に基づいて退職金が計算されるという趣旨の規定があったが，従業員が入社の際，競業避止義務を認める誓約書を提出し，退職金受領時にも，退職金の半額を返還する旨の誓約をしていたところ，退職後の同業他社への再就職をある程度の期間制限することをもって，直ちに従業員の自由を不当に束縛するものではないとした。但し，全くの無制限の競業避止義務を課すことは無効であるとした裁判例もある[109]。

なお，退職金規程の改訂に関して，係る競業避止義務に関する退職金の減額についての変更は，従業員の不利益となるため注意が必要であり，事業者の一方的な変更は許されず，従業員に対して合理的な理由を説明しなければならない。

さらに，退職金規程を変更することができないからと言って，個々の従業

---

108 最判昭52・8・9労働経済判例速報958号25頁。
109 東京地判平13・2・23労働判例804号92頁。
110 苗村・前掲注(98) 1455頁。
111 労働契約法12条。

員との労働契約において，このような競業避止義務違反の場合の退職金の支給条件を定めることは基本的に許されない[110]。なぜなら，労働条件は，就業規則の条件を下回らないことが求められているからである[111]。

但し，特殊な技術を有する技術者を雇用する場合，賃金その他の労働条件を他の従業員よりも厚遇する代わりに，一定の競業避止義務の負担，退職金不支給条件を課す，というような工夫により，労働条件が直ちに就業規則以下とならないようにすることは可能である[112]。しかし，若干の賃金の厚遇の代わりに，無条件の競業避止義務の負担や退職金不支給のような多大なペナルティーを科す場合には，無効とされる可能性が高く，合理的に妥当と思われる基準を示し，それに基づいた厚遇を提示しない限り，労働契約法12条に抵触する可能性がある[113]。

(5) 営業秘密侵害罪の告知

平成15年，不正競争防止法に，特に違法性が高いと認められる侵害行為について刑事罰（営業秘密侵害罪）が導入された。その後，平成17年には，退職者処罰規定が導入され，平成18年には，法定刑の引き上げが行われた。さらに，平成21年には，営業秘密侵害罪の対象範囲の拡大が行われた[114]。このように，不正競争防止法に営業秘密侵害罪が導入され，徐々にその強化がなされているが，これらの規定は，技術情報の漏洩に対して抑止力になるのではないだろうか。

退職者の営業秘密の不正取得・使用に関しては，平成18年の改正で，営業秘密の開示を受けた役員や従業員が，開示の申込みや請託を受け，不正競争の目的をもって退職後に開示する行為を刑事罰の対象とした[115]。現職の役員及び従業員については，事業者との委任契約又は雇用契約において，一般的に課せられた秘密を保持すべき義務を課せられていることから，営業秘密を不正に使用又は開示する行為を刑事罰の対象としているが[116]，一方で，元

---

112 最判平6・1・31労働判例648号12頁；苗村・前掲注(98) 1455頁。
113 髙田・前掲注(32) 148-149頁。
114 不正競争防止法21条1項1号〜7号。
115 不正競争防止法21条1項6号；小野・前掲注(33) 527-528頁 [苗村博子執筆]。
116 不正競争防止法21条1項5号。

役員及び元従業員については，営業秘密を保持する義務の有無は一義的に明確ではないため，原則として刑事罰の対象としていない。しかし，在職中に営業秘密の不正開示の申込みや，不正使用行為又は不正開示行為の請託の受託等の準備行為がなされた上，その後，営業秘密の不正使用又は不正開示が行われた場合には，在職中の段階で負っている守秘義務に違反しているため，当罰性が認められる[117]。

したがって，就業規則や営業秘密管理規程で不正取得に対する厳しい懲戒処分（たとえば，解雇，退職金不支給）を明記したうえで，企業は営業秘密を不正取得した者に対し，刑事告訴する可能性があることを明言することも効果があるのではないだろうか[118]。

また，平成23年には，営業秘密の内容を保護するための刑事訴訟手続の整備が行われた[119]。これにより，仮に企業の営業秘密が侵害され刑事告訴を行った場合でも，刑事訴訟手続において営業秘密の内容が適切に保護されるようになった。このため，事業者が不正取得者を刑事訴追した場合でも，事業者の秘密情報が公にされる心配はなくなったといえる。事業者が，不正取得者に対して刑事訴追をする可能性があることを明言することにより，安易な営業秘密の不正取得は減るのではないだろうか[120]。

(6) 技術を革新させる力と経営合理性

完成された技術を除き，技術は時間とともに必ず陳腐化し技術革新するところに新たなビジネスチャンスが生まれる。企業は，技術流出防止もさることながら新たな技術を生み出す力を重視すべきであろう。技術を生み出す力の源泉はヒトであり，有能な技術者である。これら技術者を失うことは，技術者の保有する技術情報よりも，将来に向けての技術革新の力を失うことになりかねない。企業は，経営合理性の観点から，従業員の雇用及び退職によ

---

117 経済産業省知的財産政策室編著『逐条解説　不正競争防止法（平成23・24年改正版）』（有斐閣，2012年）192-193頁。
118 労働関連法規に反しないように留意する必要がある（たとえば，労働基準法89条・90条）；高田・前掲注(45) 116頁。
119 不正競争防止法13条。
120 高田・前掲注(32) 149-151頁；高田・前掲注(45) 113頁；苗村・前掲注(98) 1449-1459頁。

る企業の損失を客観的に評価しなければならない。

　長引く不況の中，企業の業績悪化により，リストラ，早期退職等により職を失う者が増えている。その中には，自分を解雇した元の会社に恨みを抱く者も少なくない。そうした者が，少なからず営業秘密の漏洩に関与することも否定できない。また，海外の競業他社からすれば，これらの優れた技術者を自社に採用する絶好の機会となる。職を失った技術者にとってみれば，競業他社からの再就職の誘いは，自分の技術力を高く評価してくれた証であると思うものも無理はない。わが国の製造業の過去を振り返れば，このような形式・態様で，わが国の優れた技術が，これらの技術者と共に海外に流出してしまい，最終的には，わが国の国際競争力を失わせている原因の1つになっているのではないだろうか。

　技術者の流出に対する有効な防止策はないが，企業の経営層は，「技術は人である」ということを再認識し，安易なリストラや解雇を止めるべきであろう。いくら優れた技術が社内にあっても，それを活用し進展させる有能な技術者がいなければ，技術を発展させることはできず，また技術革新もありえない。優れた技術者であればあるほど，厚遇し働きやすい職場環境を整備することが望まれる[121]。

　企業の経営者は，経営合理性の観点から，技術情報流出の防止策とともに，定年退職する技術者の再雇用も含め，いかに有能な技術者の雇用を維持し，将来の技術革新に向けた長期的な展望に立つ経営戦略を練る必要がある。これが最終的には，技術情報漏洩の防止策につながることになるのではないだろうか。

6. 結びにかえて

　技術情報の多くは，特許を取得できるにもかかわらず，営業秘密として管理していることが多い。その背景には，特許取得・維持に費用がかかること

121　髙田・前掲注(32) 152頁。

もさることながら，出願1年半後には技術情報が開示され，それが規制の緩やかな新興国で模倣されるという危険性があることも無視することができない。

　海外への技術情報の流出は，企業の国際競争力を弱体化させるだけでなく，わが国の知的財産戦略に関わる重大な問題であり，特に，退職者による技術情報の漏洩は，わが国の技術立国としての地位を脅かす深刻な社会問題である。企業は，できる限り技術情報漏洩対策を行う必要がある。しかしながら，企業の採ることのできる技術情報漏洩防止対策には限りがあり，どれも十分な対策とは言えず，漏洩防止対策にも多大なコスト・労力がかかることが推測される。

　技術情報漏洩があったとしても，原告側（企業）に立証責任があることから，新日鐵住金対ポスコ訴訟のように確たる技術情報漏洩の事実を把握しないかぎり，不正競争防止法による訴えを提起することは難しい。たとえ，確たる証拠をつかみ訴訟に踏み切ったとしても，企業の秘密管理性を裁判所がどう判断するかによってその結果は変わる。また，訴訟に勝訴したとしても，被告が海外企業の場合，法の執行の面で困難が伴う。このように，退職者による技術情報漏洩に関しては，決定的な対策がなく，企業にとって技術情報漏洩対策の環境は極めて厳しいと言える。

　そのため，企業は技術情報漏洩に対し，経営合理性の判断から抜本的な見直しをする必要があろう。すなわち，技術の流出に対する有効な防止策はないということを認識し，技術情報漏洩防止対策以上に，新たな技術を生み出す力を持つ有能な技術者の技術力を客観的に評価し，企業が保有する技術情報と将来に向けての技術革新の技術力を比較考量する経営合理性を重視すべきである。安易なリストラや早期退職制度の導入は，企業が保有する技術情報の流出を招くだけでなく，将来の企業の技術革新の力をそぐことにもなりかねない。

　しかし，企業努力だけでは，技術情報漏洩防止対策にも限界があり，法的な整備も必要であろう。特に，不正競争防止法を根拠に提訴するにしても，原告にのみ立証責任が課せられることは，技術情報を不正取得・使用した者に有利に働くことは否めない。米国では，被告側にも情報の開示義務がある

ことを鑑みれば，わが国の現行法に問題があると言わざるをえない。

　また，不正競争防止法では，技術情報の流出先が海外であっても，国内の流出とその取扱いは同じであり，流出先が海外であることを想定していない。技術情報の流出先が海外であった場合，企業の国際競争力に影響を与え，わが国の技術立国としての地位を脅かす深刻な社会問題であることを思えば，技術情報流出に関する罰則の強化を図るべきであろう[122]。

　技術はいずれ陳腐化する。技術は人である。企業は，リストラや早期退職による一時的な利益の確保よりも，退職者による技術流出と潜在的な技術革新の技術力の喪失が，企業の将来にとって，どのような影響を与えるかを真剣に考えることが必要ではないだろうか。企業責任として，企業には，これらを客観的に判断できる経営合理性が求められる。さもなければ，いずれ，わが国の技術力がすべて陳腐化してしまい，新しい技術を生み出す力を失うことにもなりかねない。

（高田　寛）

---

[122] 経済産業省は，2014年中に，営業秘密の漏洩の罰則強化を図るべく，不正競争防止法の改正，又は新法の検討を始める。早ければ，2015年の通常国会に法案が提出されることとなろう。

II．パワーハラスメントとリスク管理

1．はじめに

現在，多くの民間企業，行政機関，教育機関，研究機関，医療機関等の様々な組織において,いわゆる「パワーハラスメント」（以下，「パワハラ」という。）の問題が生じており，その対応が大きな課題となっている。

組織は，複数の人間の集合体であり，そこに考え方や感情の違いが存在することは必然的なことではあるが，職場の人間関係が原因となって構成員の生命や健康が損なわれ，またその家族や関係者までもが大きな影響を受けるとしたら，組織自体も重大な責任を負うと同時に大きな損害を被ることになる。

そこで，一般企業を中心に近時の「パワハラ」に関する裁判において，企業の責任がどのように捉えられているかに焦点を当てて考察する。

2．「いじめ・嫌がらせ」の状況

厚生労働省の発表によれば，平成25年度の全国の労働局への民事上の個別労働紛争相談件数は，24万5783件で，前年に比べ3.5％減少しているものの，その内，「いじめ・嫌がらせ」に関する相談件数は，5万9197件（前年度比14.6％増）で，相談件数の19.7％を占めており，平成24年度に引き続き「解雇」に関する相談件数4万3956件（前年度比14.7％減）を超えて2年連続で最多となった。因みに，平成24年度の「いじめ・嫌がらせ」に関する相談件数は，5万1670件（前年度比12.5％増），平成23年度は，4万5939件（前年度比16.6％増），平成22年度は，3万9405件（前年度比10.2

％増）であり，10年前の平成15年度（1万1697件）と比較すると，10年間で約5倍になっている[1, 2]。

「いじめ・嫌がらせに関する全国調査」（20歳以上60歳以下，男女5000人を対象）結果によれば，職場で自分がいじめ・パワハラに遭っている（セクハラを含む）と思う者は，6％（17人に1人），職場でいじめ・パワハラに遭っている人がいる（セクハラを含む）と思う者は，15％（7人に1人）となっている[3]。

また，同調査で，「パワハラは企業にどんな損失をもたらすと思うか」との問いに対し，従業員の心の健康を害する（83％），職場風土を悪くする（80％），本人のみならず周りの士気が低下する（70％），職場の生産性を低下させる（67％）との回答があり，「パワハラ対策は企業にとって経営上重要な課題であると思うか」との問いに対しては，とても重要である（38％），やや重要である（44％）と，回答者のうち，80％以上がパワハラ対策の重要性を感じている。

3. パワハラの定義と態様

(1) 定義

厚生労働省によれば，「職場のパワーハラスメントとは，同じ職場で働く者に対して，職務上の地位や人間関係などの職場内の優位性を背景に，業務の適正な範囲を超えて，精神的・肉体的苦痛を与えるまたは職場環境を悪化させる行為をいう。」とされている[4]。

また，株式会社クオレ・シー・キューブ[5]は，「職務上の地位または職場

---

1 厚生労働省ワーキンググループ「職場のいじめ・嫌がらせ問題に関する円卓会議報告」（平成24年1月30日）。
2 厚生労働省プレスリリース「平成25年度個別労働紛争解決制度施行状況」（平成26年5月30日）。
3 厚生労働省ワーキンググループ・前掲注(1)。
4 厚生労働省ワーキンググループ・前掲注(1)。
5 企業組織におけるハラスメント防止に関するコンサル業務を事業内容としている株式会社で，代表の岡田康子氏によって「パワーハラスメント」の言葉が生まれたとされる。

内の優位性を背景にして，本来の業務の適正な範囲を超えて，継続的に相手の人格や尊厳を侵害する言動を行うことにより，就労者に身体的・精神的苦痛を与え，また就業環境を悪化させる行為」と定義し，「行為の継続性」を判断要素に含めている[6]。

(2) 成立要件[7]

上記の各定義に基づき，成立要件として次のように整理できる。
① 職務上の地位・権限や人間関係を背景としていること。
　一定の社会的環境内での「権力関係」の存在が必要で，一般的には，上司と部下，先輩社員と後輩社員，発注元と発注先，正社員と派遣社員，高学歴者と低学歴者等の関係などにおいて多く見られるところであるが，厚生労働省の定義では，「職務上の地位」のみならず「人間関係の優位性」という要素も加味されており，同僚間，部下から上司，後輩社員から先輩社員への行為についても対象になると考えられる[8]。
② 本来の業務の範囲（業務に付随する指導・命令等）を超えた権力の行使（Power）があること。
　指導・教育と称して業務上必要とは認めがたい不適切な言動を行っていること。
③ 繰り返し（継続的に）相手の人格や尊厳を傷つける言動を行っているこ

---

[6] 岡田康子他『パワーハラスメント』（日本経済新聞出版社，2011年）43-44頁。
　他に「行為の継続性」を重視している見解として，金子雅臣『職場でできるパワハラ解決法』（日本評論社，2011年）49頁，中央労働災害防止協会「パワーハラスメントの実態に関する調査研究報告」（2005年）があり，判例として，医療法人財団健和会事件（東京地判平21・10・15労働判例999号54頁），三井住友海上火災保険事件（東京地判平16・12・1労働判例914号86頁），誠昇会北本共済病院事件（さいたま地判平16・9・24労働判例883号38頁），長崎・海上自衛隊事件（長崎地佐世保支判平17・6・27労働経済判例速報2017号32頁）他がある。

[7] 岡田他・前掲注(6) 44-48頁。

[8] 部下から上司へのパワハラ行為として，部下の再三にわたる中傷ビラによる執拗なハラスメントを受けた上司が，自己に対する懲罰委員会の査問，重要取引先との関係悪化，他部門への異動等により，精神的に追い詰められてうつ病を発症し自殺したケースで，部下の行った事実無根の中傷による嫌がらせ行為，脅迫的言辞や当該上司が受けた人事上の処遇を心理的負荷要因と認定し，渋谷労働基準監督署長が行った遺族補償不支給処分を取り消した事例がある（小田急レストランシステム事件（東京地判平21・5・20労働判例990号119頁））。また，よく見られる事例として，IT機器の操作知識に疎い上司を小馬鹿にして部下が嫌がらせを行う場合等が考えられる。

と[9]。

　身体への暴力行為であれば1度であってもパワハラ行為に当たると考えられるが、言葉による暴力や嫌がらせは1度や2度では直ちにパワハラ行為に当たるとまでは言えず、その行為が日常継続的に繰り返し行われ、人間の人格や尊厳を違法に侵害していること。

④　その行為によって、被害者に身体的・精神的苦痛を与え、就業環境を悪化させること。

　仮に、上記の要件に該当する行為を受けていたとしても、被害者自身が全く気にしておらず、心身のダメージを受けていない場合は、パワハラとはならない。

(3) パワハラの行為類型と評価

　厚生労働省は、パワハラの行為類型として次のものを挙げている[10]。

① 行為類型

　a) 暴行などの「身体的な攻撃」（暴行罪（刑208），傷害罪（刑204））
　　（足で蹴る，胸ぐらを掴む，髪を引っ張る，火のついた煙草や物を投げる，頭をこづく，うつ病等の精神疾患を発症させる等）

　b) 暴言などの精神的な攻撃（名誉棄損罪（刑230），侮辱罪（刑231），脅迫罪（刑222）
　　（皆の前で大声で叱責する，人格を否定するような言葉をぶつける，同僚の前で無能扱いする等）

　c) 無視などの「人間関係からの切り離し」行為
　　（挨拶しても無視する，会話をしない，報告への返答をしない，部署の食事会に誘わない，同僚に業務上のサポートを拒否させる等）

　d) 実行不可能な業務の強制等の「過大な要求」
　　（終業間際に過大な仕事を毎回押し付ける，1人では無理だとわかっている仕事を1人でやらせる，休日出勤しても終わらない仕事を強要する等）

9　「行為の継続性」を重視する見解については、岡田他・前掲注(6)を参照。
10　厚生労働省ワーキンググループ・前掲注(1)。

e)　本人の能力からみて極端に程度の低い仕事だけを命じる「過小な要求」

　　（買物の使い走り，新聞の切り抜き，倉庫整理，草むしり等）

　f)　私的なことに過度に立ち入る等の「個の侵害」

　　（頻繁にプライベートなことを聞く，個人の信条や宗教に対する否定や批判等）

② 評価

　上記 a)〜c) については，誰が見ても業務の遂行に必要な行為とは考えにくく，「業務の適正な範囲」を超えるものと考えられるが，上記 d)〜f) については，それが「過大な要求」，「過小な要求」，「個の侵害」に該当するか否かの判断は，組織や現場での具体的な状況により一律に判断することは難しく，業務の適正な範囲を超えると判断される基準や態様について，当該組織においてルールを明確にしておく必要があろう。

⑷　パワハラ行為の具体例

① 第三者から見ても明らかな行為

　a)　無視したり，明らかに冷淡な態度をとる。

　b)　「役に立たない，価値がない」，「早く消えろ」，「給料泥棒」等と侮辱する。

　c)　嘲笑したり，馬鹿にしたり，からかいや皮肉を言う。

　d)　暴力を振るったり，強く小突いたりする。

　e)　攻撃的な態度で大声を出し，物に当たったりする。

　f)　相談や意見の具申を常に撥ねつける。

② 第三者から見て分かりにくいが，加害者の意図が明らかな行為

　a)　わざと孤立させる。

　b)　業務上必要なコミュニケーションを避ける（電話，メールを無視する）。

　c)　意図的に時間に間に合わないような過重労働に追い込み，時間通りに終わらないことを激しく非難する。

　d)　必要がないのに何度でもやり直しを要求する。

e）　他人のミスの責任を負わせる。
　　f）　プライベートな時間帯あるいは休日や病欠の日に自宅や携帯電話に不必要な電話をかける。
　　g）　不適切な業務分担を行う（明らかに多すぎる，または少なすぎる）。
　　h）　根拠のない噂を広める。
　　i）　他の従業員の前でわざと怒鳴りつける。
　　j）　不当に職位や権限を奪ったり降格させたりする。
　　k）　わざと失敗するような仕事をさせる。
③　第三者から見て分かりにくく，加害者自身も認識がない行為
　　a）　何度も一方的にミスを激しく非難する。
　　b）　必要な権限を与えず，責任だけを増やす。
　　c）　業務を常に監視する。
　　d）　業務遂行に必要な情報や知識，許可（決裁等）を与えず，サポートもしない。
　　e）　極端に低い評価を付ける。
　　f）　業績や貢献を無視したり，過小に評価する。
　　g）　病欠や有給休暇などを取らせないよう圧力を掛ける。
　　h）　残業や深夜労働を強要する。
　以上の観点から，次のいずれかに該当する場合は，「パワハラ行為」と認定される可能性が高いと思われる。
①　職場での優位性を背景にして業務と関連性のないことを行わせる行為。
②　業務との関連性は有するが，相当性を有しない行為。

4．パワハラ裁判に見る法的責任

　パワハラ裁判においては，(1)行為者個人の刑事責任が認められたもの，(2)行為者個人もしくは企業（使用者）の民事責任（不法行為責任もしくは債務不履行責任）が認められたものに大別することができ，客観的要件（加害行為の違法性，損害の発生と因果関係）及び主観的要件（加害者の故意又

は過失）の判断が重要である。

(1) 行為者個人の刑事責任

パワハラ行為による個人への身体的・精神的攻撃やプライバシーの侵害等が著しく社会通念を逸脱している場合は，暴行罪（刑208），傷害罪（刑204），名誉棄損罪（刑230），侮辱罪（刑231），脅迫罪（刑222）等の刑事責任が問われることになる。

因みに，傷害罪の成立が認められた事例として，会社を退職せざるを得なくなったのは当時の上司の策略によるものと思い込み，約7カ月にわたって上司宅に嫌がらせをしたことにより，上司がうつ状態に陥った事案について，被告人によって約7カ月の長期間，ほぼ連日にわたり元上司及びその家族に向かって威嚇的動作によりなされた行為は，元上司及びその家族の心理的ストレス，精神的障害を生じさせる危険性のある行為と社会通念上評価されるものであるから，傷害罪の実行行為に当たるとして，最高裁判決[11]を引用し，未必の故意も認定して精神的に過度なストレスを生じさせる等の無形的な行為による傷害罪の成立を認めた裁判例（元警備員による傷害罪認定事件）[12]がある。

(2) 行為者個人もしくは企業（使用者）の民事責任

行為者が，結果の発生を意図（故意）または予見していたか，本来予見すべきであったにもかかわらず不注意のため予見することができず結果を発生させた（過失）場合には，行為者は不法行為責任を負うことになる。また，企業におけるパワハラの実行行為は，実際には直属上司等の管理職や先輩社員によることが多く，リストラや不利益処遇等が客観的に見て，権限（業務命令権，人事権等）の範囲を逸脱していると解され，従業員の権利の侵害と結果（損害）の発生が認められる場合で，その行為が使用者自身の行為（い

---

11 傷害罪の実行行為にあたり，「生理的機能を害する手段については，物理的有形力の行使のみならず，無形的方法であっても差し支えない」とする（最二小判昭27・6・6最高裁判所刑事判例集6巻6号795頁）。
12 名古屋地判平6・1・18判例タイムズ858号272頁。

わゆる「企業ぐるみ」）と判断される場合は，実行行為者が不法行為責任を負うと同時に，企業自身も不法行為責任（民709）及び使用者責任（民715）を負うことになり，さらに労働契約上の安全配慮義務（労働契約法5）を怠ったとして，契約上の債務不履行責任（民415）をも負うことになる。

① 一般の不法行為責任（民709, 710）が認められた事例

　a) 業務と関連性のない行為による場合

業務との関連性がない，単なる私的目的による指示などが，権利侵害をもたらす場合は，不法行為を構成する場合がある。

（事案） 職場で大きな力を持つ先輩の男性看護師Bが，仲間とともに後輩の男性看護師Aに対して，私生活面においても絶対服従を要求し3年にわたり執拗ないじめを行った結果，Aが精神的苦痛により自殺した事案（誠昇会北本共済病院事件）[13]。

（判旨） Aに対するBらのいじめが長期間にわたり執拗に続き，「死ね」などの暴言を何度も繰り返し浴びせており，しかもBらはAの心身が極度に衰弱していることを認識していたのであるからAの自殺の可能性を十分予見し得たとして，Bらの不法行為責任を認め，またBらの使用者である病院に対しても，いじめを防止できなかったことによる損害賠償責任を認めた。

　b) 外形上業務と関連のある行為と見られる場合

パワハラとして問題となる行為の多くは，職務命令等の人事権行使の外形をとることから，業務との関連性の判断が難しく，また外形上，業務と関連性のある指示などの形態をとっていたとしても，不当労働行為や退職強要目的など，社会的に見て不当な場合には，権利侵害として違法となる。業務と関連のある行為による人格権の侵害の有無の判断に関して以下の裁判例を挙げることができる。

　ア) 叱責の相当性に関する判断事例

業務と関連性のある行為として，上司が部下の業務上のミスを叱責するケースが典型的な例と思われるが，管理監督者は権限の行使に際して部下の

13　さいたま地判平16・9・24労働判例883号38頁。

人権を侵害することのないよう注意すべき義務があり，部下の犯したミスの程度と注意・叱責の度合いが社会通念に照らして許される範囲のものでなければならず，これを逸脱した場合は，業務上の必要性を欠くことになり，違法となる。たとえば，ミスをしたことに対する制裁として，暴行を加える，土下座を強要する，罰金を徴収する等の行為が違法であることは明白であるが，きわめて些細なミスに対して必要以上に長時間強い口調で叱責する等の行為も人権侵害に当たる可能性が高い[14]。

ⅰ）叱責が違法とされた事例

（事案）従業員Aが，特定の役員や他の従業員に対して誹謗中傷を繰り返すため，人事課長らがAを別室に呼んで注意・叱責したところ，Aが反抗的な態度を示したため，人事課長らが大声で「もう証拠はあがっている，絶対に許さん，会社を辞めてもらう」等の発言を毎月数回にわたって繰り返し行った事案（三洋電機コンシューマエレクトロニクス事件)[15]。

（判旨）原審は，人事課長らがAに注意を与えた際の態様が，労働者としてのAの人格を否定するものであり不法行為を構成するとして，人事課長ら及び会社に対して連帯して慰藉料300万円の支払いを命じた。控訴審は，当該面談は人事課長が問題行動を起こした従業員に対する適切な注意，指導のために行った面談であって，その目的は正当であるとしつつも，人事課長らがAの人間性を否定するかのような表現を用いてAを叱責した点については，従業員に対する注意，指導として社会通念上許容される範囲を超えているものであり不法行為を構成するとしたが，一方，Aの不遜な態度にも問題があるとして原審が命じた金額より格段に低い10万円の慰藉料の支払いを命じた。

ⅱ）叱責が相当とされた事例

（事案1）病院の健康管理室に事務職として採用されたAが，試用期間中に患者情報の誤入力を繰り返したため，上司からミスを減らすよう厳しく指摘された結果，欠勤が多くなったため本採用を拒否されたことに対し，

14　水谷英夫「職場のいじめ・パワハラと法対策」株式会社民事法研究会（2013年）117-118頁。
15　鳥取地判平20・3・31労働判例987号47頁；広島高松江支判平21・5・22労働判例987号29頁。

本採用拒否の無効とパワハラを理由とする慰藉料を請求した事案（医療法人財団健和会事件）[16]。

（判旨） 本採用拒否については合理的な理由がないとして無効としたが，パワハラについては，Ａの事務処理のミスや不手際はより正確性を要求される医療機関においては見過ごせないものであって，これに対する上司らの注意，指導は必要かつ的確なものであり，一般に医療事故は単純ミスが原因の大きな部分を占めることは顕著な事実であることから，Ａの上司からの厳しい指摘や叱責があったとしても，それは健康を預かる職場の管理職が医療現場において当然になすべき業務上の指示の範囲にとどまるものであり，到底違法ということはできない，として上司及び医療法人の不法行為責任を否定した。

（事案２） 建設会社営業所長Ａが営業所に与えられたノルマが厳しいことから，架空売上データを報告するという不正行為を繰り返していたため，上司である工務部長が厳しい指導，叱責を繰り返し，年度末までに架空出来高の解消を迫っていたところ，Ａがうつ病を発症して自殺したため，Ａの妻らが会社に対し慰藉料等の損害賠償を請求した事案（前田道路事件）[17]。

（判旨） 原審は，上司がＡに命じた架空出来高を当期会計年度末までに解消することを内容とした事業計画の目標値は，営業所を取り巻く営業環境に照らして達成困難な目標値であり，また，上司がＡに対して「会社を辞めても楽にならない。」との暴言や執拗な叱責は，社会通念上許される業務の指導の範疇を超えるものと評価して，Ａの自殺と上司の叱責との間の相当因果関係を認定し，会社に対し安全配慮義務違反による損害賠償責任を認めた。これに対し，控訴審は，Ａは上司から指示された架空出来高の計上等の是正を１年以上も行わず，工事の原価管理に必要な工事日報も作成していないことなどを考慮すると，上司らがＡに対して不正経理の解消や工事日報の作成についてある程度の厳しい改善指導をすることはＡの上司らのなすべき正当な業務の範囲内にあるものというべきであ

---

[16] 東京地判平21・10・15労働判例999号54頁。
[17] 松山地判平20・7・1判例時報2027号113頁，労働判例968号37頁；高松高判平21・4・23判例時報2067号52頁。

り，社会通念上許容される業務上の指導の範囲を超えるものと評価することはできないから，上記のようなAに対する上司らの叱責等が違法なものということはできず，また，上司らにはAの自殺の予見可能性はなかったとして，上司及び会社の不法行為責任を否定した。

原審と控訴審とで結論が大きく異なっているのは，事実認定に対する評価の相違にあるように思われる。即ち，原審は，架空出来高の解消目標が達成困難な数値であり，かつ，叱責の態様が厳しい点に重きを置いたのに対し，控訴審においては，不正経理の是正改善が1年以上も全くなされなかったことを重視し，そのような状態のもとではある程度の上司の厳しい叱責は「正当な業務の範囲内」との判断によるものと思われる。いずれにしても，指導・叱責の態様が社会通念上許容される範囲を超えている場合には違法とされる点では両判決の判断は一致している。

前述の「医療法人財団健和会事件」判決（前掲注16）及び前田道路事件控訴審判決（前掲注17）にあるように，叱責の対象となった部下に明らかに非違行為がある場合は，上司の指導・叱責が多少厳しいものになったとしてもパワハラと認定されないことがあり，パワハラ行為に当たるか否かの判断においては，叱責等の行為態様のみではなく，叱責に至った状況等も考慮し，「社会通念に照らして業務上許される行為であるか否か」が重要なポイントになると思われる。

イ）　名誉を侵害したとされた事例

（事案1）菓子メーカーの契約社員であった女性Aが，男性店長から「頭がおかしい」，「遊びすぎだ」，「エイズ検査を受けたほうがよい」などと言われたショックにより，休職を余儀なくされそのまま退職した事案（風月堂事件）[18]。

（判旨）原審は，店長の言動につき，適切とは言い難い部分はあるものの，職務上の注意・指導・叱責であって雑談の域を出ず，損害賠償を発生させるような言動ではないとして違法性を否定したが，控訴審は，許容される限度を超えた違法な発言であり，徒に控訴人であるAの人格をおとしめ，

18　東京地判平20・3・26労働判例969号13頁；東京高判平20・9・10労働判例969号5頁。

他の従業員も同席する場において発言されたことによって控訴人の名誉をも公然と害する行為であって明らかに違法であるとして，男性店長と会社の不法行為責任を認めている。

なお，原審判決に対して，「正常な社会的感覚を欠落した不当な判決と言わざるを得ない。」との批判がある[19]。

(事案2) 損保大手会社の職場の上司が，原告Aの業績等に対して「意欲がないなら会社を辞めるべきだ。あなたの給料で業務職が何人雇えると思いますか。当SCに迷惑をかけないでください。」とのメールを原告と同じ職場の十数名に送付した事案（三井住友海上火災保険事件)[20]。

(判旨) 原判決は，メールによる伝達はニュアンスを介在しない直接的な伝わり方であるから，退職の働きかけやほのめかしに当たらず，一時的な叱責と理解できるとしたうえで，叱責としては強度であり部下は相当のストレスを感じることには間違いないが，直ちに業務指導の範囲を逸脱し違法であるとすることはできず，業務指導の一環として行われたものであってAの人格を傷つけるものとまではいえないとして，違法性を否定した。これに対し，控訴審判決は，メールの送信はAを叱咤督促する趣旨であることが窺えないわけではないが，その表現が退職勧告とも会社にとって不必要な人間であるとも受け取られかねない表現や侮辱的言辞と受け取られても仕方のない記載などとも相俟って，控訴人の名誉感情を毀損することは明らかであり，送信目的が正当であっても指導・叱咤激励として許容される限度を超え，著しく相当性を欠くものであるとして，名誉棄損を認定している。ただし，パワハラについては，被控訴人のメール送付の目的が控訴人の地位に見合った処理件数に到達するよう控訴人を叱咤し監督する趣旨であることが窺え，パワハラの意図があったとまでは認められないとした。

(事案3) 特定の政党員やその同調者であるとの理由で，会社が職制等を通じて職場内外で従業員Aを継続的に監視する体制をとったうえ，Aの思想を非難し，他の従業員に接触，交際しないよう働きかけてAを職場

---

19 水谷・前掲注(14) 98頁。
20 東京地判平16・12・1労働判例914号86頁；東京高判平17・4・20労働判例914号82頁。

で孤立（いわゆる「村八分」）させ，さらに退社後に尾行したりロッカーを無断で開けて私物の手帳を写真撮影したり，会社行事からも排除した事案（関西電力事件)[21]。

(判旨) 上告審は，会社側は，いわゆる「村八分」を本人が認識するような方法で実施していなかったことから直ちに本人に精神的苦痛を生じさせるものではないが，これらの行為が職場における自由な人間関係を形成する自由や労働者の名誉，プライバシーを不当に侵害し，本人の人格権を侵害するものであるというべく，これら一連の行為が会社としての方針に基づいて行われたものとして，会社の不法行為を認定し，原審判決を支持した。

ウ）　公正な処遇を享受する権利を侵害したとされた事例

(事案1) 外資系銀行が，リストラに応じない勤続33年の管理職（課長）を従来20歳代女性社員の担当とされてきた総務課受付業務へ降格・配転させた事案（バンク・オブ・アメリカ・イリノイ事件)[22]。

働き甲斐を失わせるとともに周囲に違和感を抱かせ，結局は職場にいたたまれなくさせて退職に追い込む意図をもってなされたものであるとして，使用者に許された裁量権の範囲を逸脱したものであって不法行為を構成するとした。

(事案2) 私立高校の女性教諭が学校側から13年間にわたりクラスの授業担当を外されたうえ，職員室内で1日中机の前に座っていることを強制され，また他の教職員からも隔離されたり賃金を据え置かれる等の処遇を受けた事案（松蔭学園事件)[23]。

(判旨) 原審は，教師として労働契約を締結した原告に対し，長期間にわたって授業等の校務一切の仕事を与えず，一定の場所に1日中居ることを命じるのは，労働契約によって原告が供給すべき中心的な労務とは相容れないものであるから，特に原告の同意や就業規則での定めもなく，一般に

21　最三小判平7・9・5判例時報1546号115頁，労働判例680号28頁。
22　東京地判平7・12・4労働判例685号17頁。
23　東京地判平4・6・11判例時報1430号125頁，判例タイムズ795号140頁；東京高判平5・11・12判例時報1484号135頁，判例タイムズ849号206頁。

それを許容するような特別の事情がない以上，それ自体が原告の甘受すべき程度を超える著しい精神的苦痛を与えるものとして，業務命令権の範囲を逸脱し違法であると判示した。控訴審においても，被控訴人Aに対する控訴人（学校）の措置は，見せしめ的ともいえるほどに次々にエスカレートし，13年の長きにわたって被控訴人の職務を一切奪ったうえ，その間に職場復帰の機会も与えずに放置し，今後も職場復帰も解雇も考えておらず，このままの状態で退職を待つという態度に終始しているのであって，見方によっては懲戒解雇以上に過酷な処遇と言わざるを得ないと判示し，学校に不法行為による損害賠償責任を認めている。

（事案3） 上司らの配転の打診を受けてこれを拒否した女性従業員に対して，会社がその上司を通して，以後1年間にわたり仕事をさせず，同僚たちに命じて仕事の話をさせなかったり，会社の施設の利用を制限したり，ことあるごとに繰り返し嫌味を言ったり電話を取り外してしまう等の圧力を加えた事案（ネスレ配転拒否事件）[24]。

（判旨） 判決は，労働者の配転拒否に対して翻意を促すために説得ではなく嫌がらせ等の行為をなすことは許されるものではなく，また，業務の指示をしない措置が不法な動機に基づき，又は相当な理由もなく雇用関係の継続に支障をきたすほど長期にわたるなど，信義則に照らして合理的な裁量を逸脱したものと認められる場合は，違法性を帯び，不法行為を構成するものと解せられるとして，使用者である会社の不法行為責任を認めた。

（事案4） 大手貨物運送会社の社員Aが自社が加担したヤミカルテルを結んでいたことを新聞社等に告発したところ，運輸省（現国土交通省）から厳重注意を受けた会社が告発に対する報復として，長期間（約28年間）にわたりAを昇進させず，不利益な異動を命じて6畳間の個室に隔離したうえ，草取り等の雑務に従事させ，毎日のように退職勧奨を行った事案（トナミ運輸事件）[25]。

（判旨） 判決は，人事権の行使は使用者の裁量に委ねられるものの，それは合理的な目的の範囲内で，法令や公序良俗に反しない限度で行使される

---

[24] 神戸地判平6・11・4判例タイムズ886号224頁。
[25] 富山地判平17・2・23判例時報1889号16頁，労働判例891号12頁。

べきであり，また，従業員は，雇用契約の締結・維持において配置，異動，担当職務の決定及び人事考課，昇格等の人事権が公正に行使されることを期待しているものと認められ，このような従業員の期待利益は法的保護に値するから，正当な内部告発をしたことによってこれを理由に差別的な処遇をした会社の行為は人事権の裁量の範囲を逸脱する違法なものであり，また人事権の行使における信義則上の義務に違反しているとして，使用者である会社の不法行為責任及び債務不履行責任を認めた。

(事案5) 医薬品・化粧品販売を業とする外国法人に勤務し，市場調査を担当していた社員が上司からの退職勧奨を拒否したところ，自主的に退職するよう追い込む目的で仕事を与えず降格するなどを内容とする「スペシャルアサインメント」（特別任務）を通告されるなどの嫌がらせを受け，更に単純作業を担当する部署に異動命令を受けたため，これを拒否したことにより賃金の支払いを停止された事案（プロクター・アンド・ギャンブル・ファー・イースト・インク事件)[26]。

(判旨) 判決は，当該配転命令が不当な動機・目的をもってなされた場合，もしくは従業員に対し通常甘受すべき程度を著しく超える不利益を負わせるものである場合等は，人事権の濫用に当たり当該配転命令は無効となる。濫用か否かの判断は，業務上の必要性と従業員が受ける不利益との比較衡量によるべきであり，スペシャルアサインメントを与えた時点で原告がなすべき職務がなかったとはいえず，実質的に仕事を取り上げ，原告に不安感，屈辱感を与え，精神的に圧力を掛けて任意退職に追い込もうとする動機・目的によるものであると推認できるとして，配転命令を無効とし，被告会社が原告に対して負っている労働契約上の配慮義務（原告を適切に就労させ，不当な処遇をして人格の尊厳を傷つけないよう配慮すべき義務）に違反しているとして，会社の債務不履行責任及び上司の原告に対する不法行為責任を認定した。

② 使用者責任（民715）が認められた事例

直属の上司等の管理職が業務上でのパワハラ行為により不法行為責任を負

26　神戸地判平16・8・31判例タイムズ1179号221頁，労働判例880号52頁。

う場合は，企業は，自身の不法行為責任を負わない場合であっても，使用者責任を負う可能性が高い。

（事案1） 被告会社の従業員であったAが被告会社の取引先である文書部長から賃借していた建物の明け渡しに応じなかったため，当該文書部長より明け渡しに応じるよう被告会社の役員にAの説得の依頼があり，役員の意を汲んだAの直属の上司が人事権・考課権をたてに明け渡しを強要したがAが拒否したため不当な処遇がなされたとして，Aが損害賠償と慰藉料を請求した事案（ダイエー事件）[27]。

（判旨） 判決は，企業内において上司や序列上位にある者が部下あるいは下位職位にある者の私生活上の問題につき，一定の助言，忠告，説得をすることも一概に許されないものとすることはできず，それが一定の節度をもってなされる限り部下に多少の違和感，不快感をもたらしたからといって，直ちに違法とすることはできないが，Aが自主的解決には応じないことを決断しているにも関わらず，会社における優越的地位を利用して自主的解決ないしは明け渡しに応じるよう執拗に強制することは，上司として許された説得の範囲を超え部下の私的問題に関する自己決定の自由を侵害するものであって，不法行為を構成する。また，その不法行為が会社の事業の執行に関してなされたことは明らかであるから，被告会社は民法715条に基づき，使用者としてAの上司と連帯して損害賠償責任を負うと判示した。

（事案2） 海上自衛隊員であったAが護衛船乗船中に直属上司である班長らから「馬鹿かお前は，三曹失格だ。」などと厳しい叱責を継続的に受けて自殺した事案（長崎・海上自衛隊事件）[28]。

（判旨） 原審は，班長らの言動は全体としていじめと評価されるものではなく，指導・教育等として許される範囲にあったといえるとしたが，控訴審は，一般に，人に疲労や心理的負荷等が過度に蓄積した場合には，心身の健康を損なう危険があり，他人に心理的負荷を過度に蓄積させるような

27　横浜地判平2・5・29判例時報1367号131頁。
28　長崎地佐世保支判平17・6・27労働経済判例速報2017号32頁；福岡高判平20・8・25判例時報2032号52頁。

行為は，原則として違法であり，例外的に，その行為が合理的理由に基づいて一般的に妥当な方法と程度で行われた場合には，正当な職務行為として違法性が阻却される場合があるとして，当該行為について，指導教育等の行き過ぎを認めて使用者責任を認定している。

他に使用者責任を問われた事例として，誠昇会北本共済病院事件（前掲注13）三洋電機コンシューマエレクトロニクス事件（前掲注15）等がある。

③ 安全配慮義務違反により企業の債務不履行責任（民415条，709条，労働契約法5条）が認められた事例

使用者である企業は，労働契約に付随する義務として，労働者の生命・身体等の安全を確保するために必要な配慮をする義務（安全配慮義務）[29]に基づき，物的にも精神的にも良好な職場環境を保持する義務（職場環境保持義務）を負っているから，労働者の就労を妨げる障害を除去し，非違行為が発生した場合には直ちに是正措置を講ずべき義務があり，義務に違反して漫然と事態の発生を放置した場合は，労働契約上の債務不履行責任または不法行為責任を負うことになる。実際は，企業自身が故意によりパワハラ行為を行って不法行為責任を問われるケースより，企業の職場環境保持義務が尽くされていないとして安全配慮義務違反により責任を問われるケースのほうが圧倒的に多いと思われる。近年は，企業の安全配慮義務を認めた裁判例が非常に多くなり，労災認定の緩和の動きとも相俟って企業にとっては大変重要な課題となっている。

ア） 物理的な安全配慮義務違反による企業の責任

(事案) 宿直中であった従業員が窃盗目的で侵入した元従業員に殺害され，被害者の両親が当該会社に対し損害賠償を求めた事案（川義事件）[30]。

(判旨) 判決は，「通常の場合，労働者は，使用者の指定した場所に配置され，使用者の供給する設備，器具等を用いて労務の提供を行うものであるから，使用者は右の報酬支払義務にとどまらず，労働者が労務提供のために設置する場所，設備若しくは器具等を使用し又は使用者の指示のもとに労務を提供する過程において労働者の生命及び身体等を危険から保護する

---

29 労働契約法5条。
30 最三小判昭59・4・10最高裁判所民事判例集38巻6号557頁，労働判例429号12頁。

よう配慮すべき義務（安全配慮義務）を負っているものと解するのが相当である。もとより，使用者の右の安全配慮義務の具体的内容は，労働者の職種，労務内容，労務提供場所等安全配慮義務が問題となる当該具体的状況等によって異なるべきものであることはいうまでもない。」と判示し，企業の安全配慮義務を認めている。同趣旨の判決として，三菱重工業神戸造船所事件判決[31]がある。

イ）パワハラ行為を放置したことによる企業の責任

過去の裁判例においては，川義事件判決のように職場の施設や機械設備等の物理的な安全配慮義務に関する事案が多く見受けられたが，近時においては，従業員の心身の安全に対する企業の配慮義務を認めた裁判例が増えており，企業の安全配慮義務を根拠に，パワハラ行為の発生が予見できたにもかかわらず，使用者である企業がそれを漫然と放置していたり，事後の適切な対応を怠った場合には，使用者自身の債務不履行責任が問われることになる。

(事案) 川崎市水道局工業用水課に配属されたAに対して，配属1カ月後位から，課長，係長，主査らがAの風体や性格に対して揶揄嘲笑するような行為を続け，また職員旅行の際には脅迫行為も行ったことからAは次第に欠勤をするようになり，医師により心因反応と診断された。その後，Aは入退院を繰り返す中で統合失調症ないし人格障害，心因反応と診断され，自殺をほのめかす言動や自殺未遂を繰り返すようになり，上司らを恨むという内容の遺書を残して自殺した事案（川崎市水道局事件)[32]。

(判旨) 原審及び控訴審ともに，上司らの行為をAに対する不法行為（いじめ）と認定したうえで，Aはいじめを受けたことにより心因反応を起こし自殺したものと推認し，いじめと精神分裂症の発症・自殺との間に事実上の因果関係を認め，さらに，Aが精神疾患に罹患しており，自殺の可能性を予見することができたのであるから，直属課長及び職員課長の安

---

[31] 神戸地判昭59・7・20労働判例440号75頁；大阪高判昭63・11・28労働判例532号49頁；最一小判平3・4・11労働判例590号14頁。
[32] 横浜地川崎支判平14・6・27判例時報1805号105頁，労働判例833号61頁；東京高判平15・3・25労働判例849号87頁。

全配慮義務違反とAの自殺との間には相当因果関係があると認定した。
また，使用者である川崎市の責任については，「一般に，市には市職員の管理者的立場に立ち，そのような地位にあるものとして，職務行為から生じる一切の危険から職員を保護すべき責務を負うものというべきである。そして，職員の安全の確保のためには，職務行為それ自体についてのみならず，これと関連して，ほかの職員からもたらされる生命，身体等に対する危険についても，市は，具体的状況下で，加害行為を防止するとともに，生命，身体等への危険から被害職員の安全を確保して被害発生を防止し，職場における事故を防止すべき注意義務（以下「安全配慮義務」という。）があると解される。」とし，川崎市に対して安全配慮義務違反による国家賠償法上の責任を認めた。

誠昇会北本共済病院事件（前掲注13）においても，従業員の不法行為（いじめ）を放置した病院（使用者）の責任を認めている。また，セクハラ事件に関して，使用者（企業）が企業内で生じた不法行為を放置した責任を問われた裁判例として，次のものがある。

(事案1) 雑誌の編集出版会社に勤務していた独身の女性編集者が男性編集長から「遊び好きだ，夜の仕事に向いている，この業界に向いていない」等の風評を社内外に流されて退職を求められたことから，専ら会社幹部に救済を求めたものの，同社専務らの対応は，当事者間でよく話し合うようにというに止まり，喧嘩両成敗的な態度に終始したことから退職を余儀なくされた事案（福岡セクハラ事件）[33]。

(判旨) 判決は，「専務らは，編集長と原告との確執の存在を十分認識し，これが職場環境に悪影響を及ぼしていることを熟知していながら，あくまでも個人的問題として捉え，職場環境を調整するよう配慮する義務を怠り，また憲法や関係法令上雇用関係において男女を平等に取り扱うべきにもかかわらず，女性である原告に譲歩，犠牲を強いている点において不法行為が認められ，使用者責任を負うものというべきである。」と判示している。

---

[33] 福岡地判平4・4・16労働判例1426号49頁。

（事案2）土建会社に入社した女性従業員Aは，入社直後から上司2人から執拗に繰り返し交際を迫られたり支店の廊下や階段で抱きつかれたりし，これを拒否すると支店長と特別な関係があるかのような噂を流されたうえ解雇されたため，地位保全の仮処分決定を得たところ，会社は解雇を撤回してAを復職させたものの，ほとんど仕事のない状態に放置し，賞与も支給しなかった事案（沼津セクハラ事件）[34]。

（判旨）判決は，「会社は，原告Aや支店長に機会を与えてその言い分を聴取するなどしてAと支店長とが特別な関係にあるかどうかを慎重に調査し，人間関係がぎくしゃくすることを防止するなどの職場環境を調整すべき義務があったのに，十分な調査を怠り，上司らの報告のみで判断して適切な措置を執らず，しかも本件解雇撤回後も被告上司の下で勤務させ仕事の内容を制限するなどしたものであり，この点に不法行為があるというべきである。」と判示している。

他に，主な裁判例として，風月堂事件（前掲注18），トナミ運輸事件（前掲注25），長崎・海上自衛隊事件（前掲注28）等がある。

ウ）履行補助者以外の者によるパワハラ行為に対する企業の責任

使用者の履行補助者に当たらない外部の取引先の従業員等がパワハラ行為を行った場合は，行為者は当然に不法行為責任を負うが，行為者は使用者の履行補助者の立場にないことから，それらの者の行為が「事業の執行につき」なされたことにはならないので，企業（使用者）は不法行為法上の使用者責任を問われるものではないが，使用者が不法行為を放置したことにより被害が発生又は拡大した場合は，企業が安全配慮義務違反による債務不履行責任を問われる場合がある。

（事案1）トヨタ自動車に出向していた同社グループ会社デンソーの従業員が，厚生労働省の過労死認定基準の月間100時間を超える長時間労働に加えてトヨタ内での暴言等のパワハラ行為によりうつ病を発症したとして，両社に対して休業補償等を請求した事案（トヨタ自動車事件）[35]。

（判旨）判決は，トヨタの部内会議で仲間の前で公然と「使い物にならな

---

[34] 静岡地沼津支判平11・2・26労働判例760号38頁。
[35] 名古屋地判平20・10・30労働経済判例速報2024号3頁。

いからうちには要らない。」となじられて叱責されたことについて,「その表現は,過酷でパワーハラスメントと評価されても仕方のないものである。」として行為の違法性を認定し,また,トヨタ社員の叱責や長時間労働を理由にデンソーへの復帰を願い出たが受け付けてもらえず,精神的に追い詰められてうつ病を発症したことについて,トヨタ自動車とデンソーの双方に対し,労働者の勤務状態や健康状態に対する安全配慮義務不履行を理由として賠償責任を認めた。

　出向や派遣の場合,出向先や派遣先で生じた不法行為については,第一義的には出向先や派遣先使用者が責任を負うことになるが,本判決は,出向元であるデンソーも出向労働者に対する注意義務(安全配慮義務)を怠ったとして,デンソーに対しても責任を認めたものである。因みに,「男女雇用機会均等法」2条においては,セクハラ防止を派遣元・派遣先双方の責任としている。

　(事案2) 男性顧客からストーカー行為を受けていた女性従業員が会社に対応を願い出たにもかかわらず放置されていたため,会社が入居しているビルのエレベータ内で当該顧客によって負傷させられ,その後も脅迫が続いたため退職を余儀なくされた事案(バイオテック事件)[36]。

　(判旨) 判決は,従業員が顧客から暴行,傷害,脅迫等の被害を受け,また,受けることが予見される場合は,使用者は,それを防止するために必要な措置を執るべき義務(安全配慮義務)を負うとするのが相当であり,傷害事件発生後は,その後の危害防止のために必要な措置を執るべき義務が生じていたと認めるのが相当である旨判示して,女性従業員の使用者である企業の安全配慮義務違反を認めた。

　この場合,会社にはストーカー行為を止めさせる直接の義務があるとまではいえないが,従業員の就労の安全を確保するために可能な防衛手段(たとえば,警察への通報と警備依頼等)を講じることは必要であろう。

　エ)　長時間労働と企業の安全配慮義務
　使用者は,労働契約に基づく信義則上の義務(職場環境整備・安全配慮義

---

[36]　東京地判平11・4・2労働判例772号84頁。

務)を負っており,使用者がこの義務を怠ったときは債務不履行責任を問われることになる。昨今,長時間労働を原因とするうつ病の発症や自殺,過労による突然死が大きな社会問題になっている。企業が従業員の労働時間について全く配慮しなかったため,企業の不法行為責任が認められ,さらに,平成25年には(事例2)のように取締役個人に対して,会社法上の任務懈怠による損害賠償責任が認められた事案が起きている。

(事案1) 広告代理店業を営む被告会社に入社した男性社員A(24歳)は,ラジオ局に配属されて企画立案等の業務に携わっていたが,長時間残業,深夜勤務,休日出勤等の過重労働が続いた結果,うつ病を発症して自宅で自殺した事案(電通過労死事件)[37]。

(判旨) 上告審判決は,「使用者は,その雇用する労働者に従事させる業務を定めてこれを管理するに際し,業務の遂行に伴う疲労や心理的負荷等が過度に蓄積して労働者の心身の健康を損なうことがないよう注意する義務を負うと解するのが相当であり,使用者に代わって労働者に対し業務上の指揮監督を行う権限を有する者は,使用者の右注意義務の内容に従って,その権限を行使すべきである。」としたうえで,被告会社及びB(Aの上司)は,Aが業務遂行のために徹夜まですることもあり,同年7月頃にはAの健康状態が相当悪化していることに気づいていたにもかかわらず,Aの業務量の調整をすることをしなかったため,かえってAの業務量は増加することとなり,その結果,Aは同年8月頃うつ病を発症し,同月27日に自宅の風呂場で自殺するに至ったと認定し,「Aの上司であるB及び被告会社には,Aが恒常的に著しく長時間にわたり業務に従事していること及びその健康状態が悪化していることを認識しながら,その負担を軽減させるための措置を執らなかったことにつき過失がある。」と判示して,被告会社に損害賠償責任を認めたもので,差戻審での和解による賠償金額は,遅延損害金を含め1億6857万円にのぼった。

この電通事件判決は,過労死自殺に対して,企業に安全・健康配慮義務違反による過失責任があることを最高裁が初めて認めた画期的判決といわれ,

---

[37] 最二小判平12・3・24最高裁判所民事判例集54巻3号1155頁,労働判例779号13頁。

労災申請件数，労災認定件数の増加や厚生労働省の過労自殺の労災認定基準制定の契機となった。

（事案 2） 居酒屋チェーンを運営する被告会社の店舗に勤務していた従業員 A が急性左心機能不全により死亡したことにより，A の相続人である両親が，A の死亡原因は長時間労働にあるとして，被告会社に対し，不法行為責任又は債務不履行責任（安全配慮義務違反）により，また，被告会社の代表取締役ら 4 名の取締役個人に対し不法行為責任又は会社法 429 条 1 項の任務懈怠により，それぞれ損害賠償責任を請求した事案（大庄過労死事件）[38]。

（第一審判旨）

(1) 被告会社の責任について

① 使用者は，その雇用する労働者に従事させる業務を定めてこれを管理するに際し業務の遂行に伴う疲労や心理的負荷等が過度に蓄積して労働者の心身の健康を損なうことがないよう注意する義務を負い，この義務に違反した場合は，債務不履行責任を構成するとともに不法行為を構成するものであり，被告会社はこの義務を負っていたといえる。

② しかるに，A の労働時間は，死亡前の 1 カ月間では，総労働時間約 245 時間，時間外労働時間約 103 時間，2 カ月目では，総労働時間約 284 時間，時間外労働時間約 116 時間，3 カ月目では，総労働時間約 314 時間，時間外労働時間約 141 時間，4 カ月目では，総労働時間約 261 時間，時間外労働時間約 88 時間となっており，恒常的な長労働時間であった。

③ 厚生労働省の基準[39]に照らしても，死亡原因となった心疾患は，業務に起因するものと評価でき，被告会社の安全配慮義務違反と A の死亡との間の相当因果関係を肯定することができる。

---

[38] 京都地判平 22・5・25 労働判例 1011 号 35 頁；大阪高判平 23・5・25 労働判例 1033 号 24 頁；最三小決平 25・9・24 労働判例 1078 号 96 頁。

[39] 脳血管疾患及び虚血性心疾患等について，「発症前 1 ヵ月間に概ね 100 時間又は発症前 2 ヵ月ないし 6 ヵ月間にわたって，1 ヵ月当たり概ね 80 時間を超える時間外労働が認められる場合は，業務と発症との関連性が強いと評価できる。」としている（「脳・心臓疾患の認定基準の改正について」（平成 13 年 12 月 12 日発表）。

④　被告会社では，給与体系において最低支給額に80時間の時間外労働を前提として組込み，三六協定においては1ヵ月100時間を6ヵ月を限度とする時間外労働を許容し，繁忙期でもない4月から7月までの時期においても100時間を超える時間外労働がなされており，被告会社が労働者の労働時間について配慮していたとは全く認められない。

⑤　Aの入社後，健康診断は行われておらず，被告会社の就業規則にも定められていなかった。また，被告会社の他の店舗では，1ヵ月300時間を超える異常ともいえる長時間労働が常態化しており，休憩，休日も取らせていない状態であった。

⑥　以上のことからすると，被告会社がAの生命，健康を損なうことがないよう配慮すべき義務を怠り，不法行為上の責任を負うべきことは明らかである。

(2)　被告取締役らの責任について

①　会社法429条1項は，株式会社内の取締役の地位の重要性に鑑み，取締役の任務懈怠によって当該株式会社が第三者に損害を与えた場合には，第三者を保護するために法律上特別に課した責任であるところ，労使関係は企業にとって不可欠なものであり，取締役は，会社に対する善管注意義務として，会社の使用者としての立場から労働者の安全に配慮する義務を負い，それを懈怠して労働者に損害を与えた場合には，同条項の責任を負うと解するのが相当である。

②　被告会社においては，勤務時間を管理すべき部署は，管理本部の人事管理部及び店舗本部であり，従って，人事管理部の上部組織である管理本部長であった被告Bや，店舗本部長であった被告C，その下部組織である第一支社長であった被告Dも労働者の心身の健康を損なうことがないような体制を構築すべき義務を負っていたといえる。

③　被告Eは，被告会社の代表取締役であり，経営者として，労働者の心身の健康を損なうことがないような体制を構築すべき義務を負っていたといえる。しかるに，時間外労働として1ヵ月100時間を6ヵ月を限度とする三六協定を締結しており，厚生労働省の基準で定める業務と発症との関連性が強いと評価できるほどの長時間労働であることからする

と，労働者の労働状態について配慮していたものとは全く認められないし，また，労働者の生命，健康に配慮し，労働時間が長くならないよう適切な措置をとる体制をとっていたものとはいえない。
④ 厚生労働省の基準からして一見不合理であることが明らかな体制をとって，それに基づいて労働者が就労していることを十分に認識していたのであるから，被告取締役らは，悪意又は重大な過失によりそのような体制をとっていたということができ，任務懈怠があったことは明らかであり，その結果，Aの死亡という結果を招いたのであるから，会社法429条1項に基づき，被告取締役らは，責任を負う。
⑤ なお，被告取締役らは，被告会社の規模や体制等からして，直接，Aの労働時間を把握・管理する立場ではなく，日頃の長時間労働から判断して休憩・休日を取らせるなど，具体的な措置を執る義務があったとは認められないため，民法709条の不法行為上の責任を負うとはいえない。

（控訴審判旨） 第一審判決を支持。
(1) 被告会社の責任について
　Aの労働時間が恒常的な長時間労働となっており，Aの業務と死亡との間の相当因果関係が認められること，被告会社においては，恒常化していた長時間労働を抑制する措置が執られていなかったことをもって，被告会社は安全配慮義務に違反し，かつ，Aの生命，健康を損なうことがないよう配慮すべき義務を怠り，不法行為上の責任を負うべきことは明らかである。
(2) 被告取締役らの責任について
　被告取締役らは，当該店舗における労働者の労働状況を十分に把握しうることが容易な立場にあり，労働者の生命，健康を損なうことがないような体制を構築すべき義務を負っており，長時間労働が恒常化していたことを認識していたか，極めて容易に認識できたのに，その対策を執っていなかった。従って，会社が行うべき労働者の生命，健康を損なうことがないような体制の構築と長時間労働の是正方策の実行に関して，任務懈怠があったことは明らかで，会社法429条1項に基づく責任を負う。

(**上告審決定要旨**）控訴審判決を支持。

　上告審である最高裁は，控訴審判決を支持し，被告会社，被告取締役らの上告を棄却して，上告申し立てを不受理とした。これにより，被告会社及び被告取締役らの損害賠償義務が確定した。

　本件は，最高裁が控訴審判決を支持する形で，安全配慮義務違反による企業の不法行為ならびに債務不履行責任を認めるとともに，さらに，企業が長時間労働を前提とした勤務体系や給与体系をとっており労働者の生命，健康を損なわないような体制を構築する義務に違反していたことは会社法429条1項にも違反するとして，会社の代表取締役及び担当取締役ら取締役個人に対する損害賠償責任を認めたことは，上場大会社に対しては初めての判断であり，これからの企業経営にとって大きな警鐘を鳴らした画期的な判決であって，本判決の持つ意義は大きいといえる。

　なお，第一審判決要旨中の（被告らの主張）によれば，被告取締役らは，労働時間の管理は適正であり，従業員の健康管理には全く落ち度はなく，むしろAの死因は慢性的な睡眠不足，過度の飲酒等Aの生活態度が原因であるとして，あたかもAに非があるかのような主張を行っており，自らの安全配慮義務違反及び任務懈怠を否認している。しかしながら，第一審，控訴審において事実関係は十分明らかにされており，第一審判決がなされた時点で被告会社及び被告取締役らの任務懈怠は明白であるにもかかわらず，Aの遺族に多大な精神的・経済的負担を強いてまで最高裁に持ち込んだ理由は何であったのか。被告会社にとっても多額の費用と労力を掛けたにもかかわらず，会社の信用を失墜させ，世間から「ブラック企業」のイメージをより一層強く持たれた結果に終わっただけのことではなかったのか。改めて，企業経営の在り方が大きく問われる事例であると考える。

　また，直近の事例として，過重労働によりうつ病に罹患し解雇された工場の従業員が，解雇無効（控訴審で確定）と損害賠償を求めた訴訟において，当該従業員が体調不良を上司に伝え，1週間以上の欠勤を繰り返していたことから，会社は過重な業務と認識しうる状況であったと判断した上で，過去の精神科通院履歴などについて従業員からの会社への申告がなくても，会社は，労働環境などに十分な注意を払うべき安全配慮義務を負うと判示し，精

神科通院履歴を会社に申告しなかったことを従業員の過失と認定して損害額を減額した控訴審判決を破棄した最高裁判決が出されている[40]。

(3) パワハラ行為の違法性の判断

① 大方のパワハラ行為は，業務上の命令や人事権の行使に関連して発生するため，動機，目的の正当化，パワハラ行為自体の隠蔽，偽装工作等が行われやすい。また，パワハラに該当するか否かの判断が加害者・被害者それぞれの主観により異なり，さらに第三者の認識とも異なる場合があるので，精神的被害に対する違法性判断については当該行為の目的，手段，態様や双方の関係等を総合的に考慮して判断されることになる[41]。

② 「違法性」の判断は，何を基準とすべきか。

長崎・海上自衛隊事件控訴審判決（前掲注28）において，福岡高裁は，「心理的負荷を過度に蓄積させるような言動かどうかは，原則として，これを受ける者について平均的な心理的耐性を有する者を基準として客観的に判断されるべきである。」とし，「ある行為が正当な職務行為であって違法性が阻却されるかどうかの判断に当たり，当該行為に合理的な目的があったかどうかを考慮すべきであることは当然であって，違法性の判断においても，およそ行為者である上官らの主観を考慮しないということはできない。もっとも，違法性は原則としては客観的に判断されるべきであって，上記のとおり，部下本人を基準とするのではなく，平均的な者を基準とすべきである。」と判示しているが，一方で，「なお，例外的には，行為者においてその言動を受ける者の心理的耐性が平均的な者に比較して劣ることを知り，又は知り得べきであった場合は本人を基準とすることもあり得るが・・・」として，例外的な判断がなされる場合があることを認めている。

パワハラは，加害者が被害者に対して一方的に苦痛を与えるものであることから，パワハラの有無・程度等の判断基準としては，パワハラの被害者がどのように受け止めたかという「主観性」を前提としつつ，第三者の判断等の「客観性」を加味することによって判断されるべきであるとし，また，人

---

40 最二小判平26・3・24裁判所時報1600号77頁。
41 水谷・前掲注(14) 93-96頁。

事院規則がセクハラ判断基準として,「性に関する言動に対する受け止め方に個人間や男女間で差があり,セクシュアルハラスメントに当たるか否かについては,相手の判断が重要である。」として,被害者側の主観を基準としている点は,パワハラの判断に際しても参考となるものであるとの見解が示されている[42]。

(4) パワハラと労災認定
① 労災認定基準の緩和

厚生労働省は,2009年4月に「心理的負荷による精神障害等に係る業務上外の判断指針」(以下「判断指針」という。)の一部を改正し,労災認定基準を見直した[43]。この結果,「職場における心理的負荷評価表」に新たにパワハラ行為(退職の強要,ひどい嫌がらせ,いじめ,暴行等)の項目が追加され,心理的負荷(ストレス)の強度が「Ⅲ」という最高レベルで評価されることになり,労災認定のハードルが緩和された[44]。

職場でのいじめや嫌がらせといったパワハラ行為は,重度の病気や怪我を負うことと同じくらいダメージが大きく,企業にとっては工場内で起こった重大事故と同じくらい深刻な災害として認識すべきであり,労災と認定されることは,パワハラ行為により発生した結果が「企業の責任である」と立証されることとほぼ同じであると言っても過言ではない。

② 精神障害と企業の安全配慮義務

厚生労働省は,「判断指針」において,次の要件のいずれをも満たす精神障害は,労働基準法施行規則別表1の2第9号に該当する疾病として取り扱うとしている[45]。

ア) 対象疾病に該当する精神障害を発病していること。

イ) 対象疾病の発病前,概ね6ヵ月の間に,客観的に当該精神障害を発症させるおそれのある業務による強い心理的負荷が認められること。

---

42 水谷・前掲注(14) 96頁,「人事院規則10-10の運用について(通知)別紙1」。
43 厚生労働省「心理的負荷による精神障害等に係る業務上外の判断指針」(2009年4月6日基発第0406001号)。
44 厚生労働省・前掲注(43)「判断指針」別表1「職場における心理的負荷評価表」。
45 厚生労働省・前掲注(43)。

ウ) 業務以外の心理的負荷・個体要因により対象疾病を発病したとは認められないこと。

　従って，パワハラ行為によって従業員がうつ病などの精神疾患に罹患し，またはそれが増悪した場合には，使用者の安全配慮義務違反が成立する可能性が高い。使用者は，職場においてパワハラが生じる可能性があることを前提に，結果回避義務の一環として，パワハラ防止に関する方針の明確化及びその周知・啓発，苦情への対応，パワハラが生じた場合の事後の迅速かつ適切な対応が必要となる。

③　パワハラ行為により精神障害を起こして自殺に至った事案につき管轄労働基準監督署長が行った労災不適用処分を取り消した裁判例として次の事例を挙げることができる。

（事案1）電力会社で現場の技術職に従事していたAが，デスクワーク中心の業務に異動して主任に昇格したが，長時間労働と上司の叱責によるストレスによりうつ病を発症し心神耗弱状態となり焼身自殺したため，Aの妻がAの死亡は業務に起因するものであるとして労災保険申請をしたが不支給認定を受けたため，その取り消しを求めた事例（名古屋南労基署長（中部電力）事件）[46]。

（判旨）判決は，上司がAに対して，能力不足を認めさせて業務について全面的に責任を負う旨の文章を提出させたり，結婚指輪をしているから仕事に集中できないとの理由を付けて指輪を外すよう強制した等の事実を踏まえ，「仕事の範疇を超えた感情的な叱責であって，他の職員にも聞こえる場でこのような叱責が行われるのであれば，その指導は人格の否定とみるべきであり，指導に問題があったと言わざるを得ない。」として，遺族補償年金不支給処分の取り消しを命じた。

（事例2）製薬会社の営業所に勤務していた医療情報担当者（MR）Aが，上司から営業成績や仕事の進め方について頻繁に厳しい叱責を受け，さらに，Aの人格や存在を否定されるような暴言を浴びせられたこと等によりうつ病を発症して自殺に追い込まれた事案について，遺族補償年金の不

---

[46] 名古屋地判平18・5・17労働判例918号14頁；名古屋高判平19・10・31労働判例954号31頁。

支給認定の取り消しを求めた事案(静岡労基署長(日研化学)事件)[47]。
(判旨)判決は,上司である係長の叱責は,「過度に厳しく,キャリアを否定し人格・存在自体を否定するものである。」,「態度に嫌悪の感情があり,社会通念上,客観的に見て精神障害を発症させる程度の過重なものである。」と判示し,遺族補償年金の不支給処分の取り消しを命じた。

(事案3)従業員Aが社長ほか多数の役員,社員が出席していた研究会の場で,当時,東京本部長であった上司に無能呼ばわりされたり,プライベートな情報までが口外されたことがきっかけでうつ病を発症し自殺に追い込まれた事案で,Aの遺族がAの死亡は業務に起因するものであるとして労災保険申請をしたが不支給認定を受けたため,その取り消しを求めた事例(奈良労基署長(日本ヘルス工業)事件)[48]。
(判旨)判決は,上司の発言は,「酔余の激励とはいえ,公表されることを望まないようなプライベートな事情を社長以下役員や多数のサービスセンター長の面前で暴露するものである以上,本人が無能呼ばわりされたことのショックは大きく,言われた者にとってはにわかに忘れることのできない困難,かつ明らかなストレス要因となる発言であり,社会通念上精神障害を発症ないし増悪させる程度に過重な心理的負荷を有するものと解される。」と判示し,結果として,業務と死亡要因となった精神疾患との間に相当因果関係が存在することを認め,遺族補償給付等の不支給処分の取り消しを命じた。

5. パワハラと指導・教育との境界線

(1) 実態として,パワハラを個人の感覚で捉え,判断しているケースが多いため,職場において,パワハラと指導・教育との境界線を明確に認識できず,部下の指導に当たって悩みを抱えている管理職が非常に多いと思われる。その結果,管理職の立場にある人間が自信を失って,部下の教育・指導

---

47 東京地判平19・10・15労働判例950号5頁。
48 大阪地判平19・11・12労働判例958号54頁。

を放棄する,あるいは消極的になることが多くあるのではなかろうか。

(2) 上記裁判例に見られるように,行為者の言動に法令違反や相手に対する人格否定の要素がなく,かつ,本来の業務の適正な範囲内であれば,その行為はパワハラとはならず,正当な教育・指導であり,厚生労働省の見解においても,業務上必要かつ適正な範囲を超えない指示,注意,指導等は,たとい相手が不満に感じたとしてもパワハラにはならないことを明確にしている。どのような行為が「業務の適正な範囲」を超えるものになるのかは,業種や企業文化あるいはその行為が行われた具体的状況にもよるから,個々の企業・職場で全体的な認識を揃え,その範囲を明確にすることが望ましいとされ[49],厚生労働省によって,指導とパワハラの明確な境界線が示されるものではない。

6. パワハラ防止と適切な対応のために

(1) パワハラ防止のための法規制の必要性

いじめ・パワハラに関する相談件数や訴訟件数の増加とともに,それによるうつ病,PTSD 等の精神障害や自殺の発生等,パワハラが大きな社会問題になっている現状において,使用者のパワハラに対する認識・対応は必ずしも十分とは言い難い。セクシュアルハラスメントに関しては,「男女雇用機会均等法」において,使用者に防止義務が明記されているが[50],パワハラについては,厚生労働省,人事院からの指針[51],通知[52]が公表されているものの,直接,使用者に対して防止義務等を課している規定はない。従って,使用者及び労働者のパワハラ行為に対する防止措置・事後対応(労働協約・就業規則への記載,苦情・相談対応手続の整備,役員・従業員教育,事実調

---

49 厚生労働省・前掲注(1)。
50 男女雇用機会均等法 11 条。
51 厚生労働省指針「メンタルヘルスケア指針」(平成 18 年 3 月 31 日)。
52 人事院通知「パワーハラスメントを起こさないために注意すべき言動例について(通知)」(平成 22 年 1 月 8 日)。

査・回復措置，制裁措置等）の明確化を図り，パワハラ防止に対する認識を高めていく必要があるのではなかろうか。

(2) 使用者（企業トップ）の認識と施策の実行

① 法的措置を講じたとしても，それだけではパワハラをなくすことは不可能である。企業がパワハラ問題に適切に対応していくためには，まず，企業のトップが労働環境の変化（雇用の流動化，非正規従業員の増加，各種支援団体によるサポート活動の積極化等），価値観の多様化（企業への忠誠心や内部告発への抵抗感の弱まり等）等の実態をよく理解するとともに，パワハラ行為は，従業員の人格・尊厳を傷つける重大な人権侵害となる組織上の問題であることを十分認識する必要がある。

　a) 使用者は，職場において従業員が安全に就労できるよう配慮する義務（職場環境整備義務）を負っていること。

　b) パワハラ行為による被害の発生・拡大を放置していた場合は，使用者である企業（場合によっては取締役個人にも）に損害賠償責任が課せられること。

　c) パワハラ対策を怠ったことにより，いわゆる「ブラック企業」として社会的批判を浴び，大きなダメージを被るおそれがあること。

② 企業が執るべき具体的な施策

次のような具体的施策を講ずる必要がある。

　a) パワハラ行為の防止に対する経営トップの発信

　b) 関連諸規則（就業規則，パワハラ防止に関する規程，パワハラ相談規程等）の整備

　c) パワハラ相談・内部者通報窓口の設置及び相談体制（理解のある担当者の設置と担当者教育）の整備

　d) 従業員への定期的なアンケートの実施

　e) 役員・従業員に対するコンプライアンス・パワハラに関する教育の実施

(3) 使用者（企業）の取るべき事後措置

職場のパワハラは，使用者の安全配慮義務や民法715条の使用者責任などを根拠に，使用者にも責任が生じる場合が大半であり[53]，従業員のパワハラ行為により，他の従業員や第三者の人格権，職場秩序が侵害された場合は，使用者は，誠実かつ適切な是正措置を講ずることが必要で，漫然と事態の発生を放置したり不適切な対応を行った場合は，使用者が安全配慮義務違反による債務不履行責任を問われることになる[54]。従って，パワハラの申告・相談があった場合には，虚偽申告であることが一見して明白な場合を除き，その申告を放置せず迅速・適切な調査及び処遇の決定を行うべきで，申告者が不利益処遇を受けないような措置を講じるとともに[55]，下記事項・要件を踏まえて，事後の措置を行うことが必要である。

a) 公正・公平な手続きにより事実関係を調査し，加害行為（パワハラ）の事実確認と事実の評価（法的責任，社内規定違反の有無）を行うこと。

b) 被害拡大の回避に努めること。
　　放置や被害者への不利益処遇による被害の拡大（自殺，精神障害，退職等）の防止

c) 再発防止に努めること。
　ア）パワハラ行為者に対する懲戒処分の実施
　イ）メンタル・ヘルスケア（主としてメンタルヘルス不調者への対応)
　ウ）役員・従業員を対象にした教育等

d) 職場復帰支援に努めること。
　　うつ病等の精神疾患に陥った従業員について，配置可能な業務への復職を認める判例が出されている[56]。

53　水谷・前掲注(14) 158頁，誠昇会北本共済病院事件・前掲注(13)。
54　水谷・前掲注(14) 228頁，小山博章「上司からパワハラされたと相談を受けた」『ビジネス法務』(2012年8月号) 55-59頁。
55　水谷・前掲注(14) 228頁。
56　配置可能な業務への復職を認める判例として，片山組事件（東京地判平5・9・21判例時報1475号151頁，労働判例643号45頁；最三小決平12・6・27労働判例784号14頁)，JR東海事件（大阪地判平11・10・4労働判例771号25頁）他がある。

① パワハラに該当する事実が認められた場合

　従業員は，労務を提供するに当たり，企業秩序・職場秩序を遵守する義務（職場秩序遵守義務）を負っており，事実調査の結果，パワハラ行為が認められた場合は，企業は，裁量の範囲内で服務規律違反を理由に当該従業員に対する懲戒処分を行うことができるが，極めて重大な違反の場合以外は，いきなり懲戒処分を行うのではなく，実務上は，まずは書面で警告文を本人に手交し，それでも改善が認められない場合に，あらかじめ定められた手続き（「懲罰委員会」の開催等）を経て懲戒処分を行うのが一般的であろう。

　a）　パワハラ行為者（加害者）に対する処遇

　　ア）　懲戒処分の検討と実施

　　　　懲戒処分の種類については法定されていないため，戒告・譴責，減給，出勤停止，降格，諭旨解雇，懲戒解雇等に区分するのが一般的だと思われるが，懲戒処分を行うに当たっては，罪刑法定主義の原則に則り，懲戒の種類及び事由（限定列挙）をあらかじめ労使間の合意を前提として就業規則に明示し，その内容を従業員に周知させること[57]及び懲戒処分の内容・程度が，客観的合理性を有し，社会通念上相当であると認められること[58]が必要である。

　　イ）　人事異動（配置転換）を行う場合

　　　　明確な懲戒処分とはしないが，被害者への報復の危険性や職場環境等を考慮し，定期人事異動時に行為者の配置換えを行う等の処遇が考えられるが，配転により住居の移転の必要が生じるなど，パワハラの内容・程度に対して，受ける不利益の程度が著しく重大な場合は，懲戒処分と同様，配転の相当性が問題になる[59]。

　b）　被害者に対する処遇

　　　被害者が他の職場等への配置換えを希望するのであれば，職場環境や組織の状況を考慮しつつ可能な範囲で本人の要望に配慮した対応が求め

---

[57] フジ興産事件（最二小判平 15・10・10 判例時報 1840 号 144 頁，労働判例 861 号 5 頁）。
[58] 労働契約法 15 条。
[59] 水谷・前掲注(14) 273 頁，東亜ペイント事件（最二小判昭 61・7・14 判例時報 1198 号 149 頁，労働判例 477 号 6 頁），小山・前掲注(54) 55-59 頁。

られ，場合によってはカウンセラーの紹介等も検討すべきであろう。
  c) 行為者の上司に対する処遇
    管理監督責任を十分果たしていなかったとして，懲戒処分の対象になり得る（特に精神疾患によるPTSDや自殺を招来するような重大な被害が発生した場合は，重い処分を検討すべきであろう）。
② パワハラに該当する事実が認められなかった場合
  a) パワハラを行ったとされた者に対する処遇
    パワハラを行ったとされた者と申告者を同じ職場で就労を続けさせることは必ずしも適当とは言えないため，当事者の要望や職場状況等によりどちらか又は双方の配置換えを検討することが必要となる場合があろう。全くの虚偽申告でない限りパワハラに近い言動がなされた可能性もあり得るので，パワハラを行ったとされた者に対する十分な監督が必要である。
  b) 申告者に対する処遇
    全くの虚偽申告でない限り，会社に迷惑を掛けたとして申告者を懲戒処分にすることは妥当ではない。ただし，適切な指導であってもパワハラだと訴えてくる従業員も現実には存在するので，他の従業員以上に十分な監督が必要になる。
  c) パワハラを行ったとされた者の上司に対する処遇
    部下の行為がパワハラとは認められなかったとしても，パワハラに近い言動がなされた可能性もあり得るので，当該部下を十分監督・指導させることが必要である。
③ パワハラへの対応は，「適切な職場環境の保持」が目的であり，その後の職場が安全・快適な環境になっているか，パワハラの発生が繰り返されないような環境になっているかという観点から，事後措置の在り方を考える必要がある。

7. おわりに

　以上見てきたとおり，パワハラ行為は，働く者の生命・心身を傷つけ，本人や家族の人生を破壊しかねない重大な人権侵害行為である。企業にとって最大の財産は「人」であり，それだからこそ企業には従業員が安心して誇りをもって働くことができ，能力を最大限に発揮することができるよう，職場環境を保持する義務が課せられているのである。

　パワハラを個人的な事情によって起こるものと考えている限り，その本質は見えないし，職場環境が改善されない限り，パワハラの発生を防止することはできない。企業は，パワハラを個人の問題としてではなく組織の問題として捉え，事後的に対応するのではなく，パワハラを発生させない土壌・職場環境作りを目指した「リスクマネジメント」を行うべきであり，それが取りも直さず健全な企業経営の推進に資することになると考える。

（中村宏明）

参考文献
水谷英夫『職場のいじめ・パワハラと法対策』（株式会社民事法研究会，2013 年）。
財団法人 21 世紀職業財団『増補版　わかりやすい　パワーハラスメント裁判例集』（2013 年）。
岡田康子他『パワーハラスメント』（日本経済新聞出版社，2011 年）。
金子雅臣『職場でできるパワハラ解決法』（日本評論社，2011 年）。
小山博章「上司からパワハラされたと相談を受けた」『ビジネス法務』（中央経済社，2012 年）8 月号。

III. 企業の環境リスク管理
—CSRからの考察—

1. はじめに

　有害物質として取扱いに大きな注意が払われている水銀，鉛，カドミウム，クロム，及びイオウは，有害性が発見されるまでは特に安全配慮が払われないまま使用されていた。このため，これら有害物質は家庭やもの作りの現場の環境に種々に存在していたと予想される。したがって，生活，労働活動の中で知らぬ間に体内に摂取され，原因不明なまま，多くの人々が健康被害に見舞われていたと考えられる。ハザードさえ不明である現状であることから，原因と結果の因果関係について全く予見できず，病状だけから所謂たたりなど全く非科学的な知見の立場からおっけんに苦しめられていた。

　これら環境汚染物質は，プリミティブな技術でも使用されており，古代より社会的に広く普及している。金メッキ（アマルガム）や金分離などに水銀，顔料（白色）やはんだ付けなどに鉛，顔料（黄色）や合金などにカドミウム，コーティングや合金にクロム，塗料（硫化イオウ：朱色［しんしゃ］）やマッチなどにイオウが使用されている。近年でも工業技術にはなくてはならない物質となっている。しかし，最初の4物質は，EUでは，RoHS指令[1]

---

[1] RoHS指令（DIRECTIVE 2002/95/EC OF THE EUROPEAN PARLIAMENT AND OF THE COUNCIL of 27 January 2003 on the restriction of the use of certain hazardous substances in electrical and electronic equipment）は，EUでは2006年7月1日から施行され，市場に上市（国内生産，輸入含む）された電気電子製品に鉛，水銀，カドミウム，六価クロム，ポリ臭化ビフェニール（PBB），ポリ臭化ジフェニルエーテル（PBDE）の6物質を使用することを原則禁止（最大許容濃度は，カドミウムが0.01wt%，残りの5種類が0.1wt%）されている。その後，2011年6月8日欧州議会・理事会指令 2011/65/EU（Directive on the Restriction of the use of certain Hazardous Substances in electrical and electronic equipment<recast>）で改正され，対象機器が拡大された。

によって，市場での取引が原則禁止されている。また，イオウに関しては，金や白金以外の物質と硫化物（化合物：硫酸痕）を作りやすいため，環境中の様々な場所に存在しており，人間活動に被害を生じさせている。わが国における法律による対策としては，ばい煙中に含まれる微粒子，及び酸化物（気体）について，大気汚染防止法で発生源の排出抑制規制が実施されている。

環境を汚染または破壊した責任に関しては，1972年にOECD環境委員会が採択した「汚染者負担の原則（Polluter Pays Principle：PPP）」によって環境政策の指針原則として国際的なコンセンサスを得ている。この考え方では，環境責任である防止，修復費用は，原因者がこれを支払うべきであることを定めている。汚染者は，大量の鉱物，エネルギー資源を消費している企業であることが明白であることから，企業にとって環境責任は想定外のコストとなってしまった。当該コストを支払わなければ製品コストを低くでき，価格競争に有利に働くが，貿易においては不均等を生じてしまうため，OECDでは公平な国際競争力維持のためにも汚染者負担の原則は必要であるとしている。

他方，社会的費用の1つである環境コストは，被害が発生すると3次元に拡大し莫大になってしまう。未然防止が理想的であるが，実際には再発防止が中心となっている。特に，地球的規模での環境汚染及び破壊の問題は，国際的な研究によって科学的に解明されつつあるにもかかわらず，経済政策上成長の妨げになることが理由で被害の未然防止は困難な状況にある。問題となっているのは，地球温暖化による気候変動等や生物多様性の喪失であり，加害者が人類の活動全体に及ぶことから企業が行う環境リスクの管理は未だ発展の途中段階である。

このような状況の中，人為的に環境へ与える影響が極めて大きい企業活動に説明責任は重要となっている。近年では，生産される製品の使用時，及び処理処分（リユース，リサイクル，最終処分）までに責任が拡大している。情報公開の手段としては，CSRレポート（以前は，企業環境レポート，サスティナブルレポートとされていた）が国際的に普及し，環境のみならず社会，経済の面からも評価する上で重要な情報源となっている。しかし，情報

公開に対しての姿勢に企業間の格差が生じており，公表内容にもばらつきがあり，データの再現性も疑問視されることもある。これらは，企業間の比較を困難にしており，環境リスク低下の障害になっている。

　本論では，企業のステークホルダーを広く捉え，情報提供の視点から環境リスク管理の在り方を検討した。

2. リスクコミュニケーション

(1) リスク評価
① 人工化学物質の増加

　一般的に環境汚染の原因は，環境中に放出された化学物質の何らかの性質によって引き起こされている。現在では，化学物質の原子単位での構造及び性質が解明されつつ有り，分子の構造から有害性を推定する研究も進んでいる。化学物質は，米国化学会の情報部門である Chemical Abstracts Service[2]に登録されたもので 8,900 万物質を超えており（2014 年 7 月現在），そのほとんどが人工的に合成されたものである。その製造の再現性も正確になってきており，ナノテクノロジーの進展により原子レベル（ナノメートルレベル）で操作されている。しかしそのほとんどの化学物質について環境中での挙動等知見が整備されていない。

---

[2] 米国化学会（Chemical Abstracts Service）に登録された化学物質は，化学文献等（応用化学，分析化学，生化学，高分子化学，化学工業分野などの政府刊行物，学位論文，単行本，特許など）に記述されたもので，CAS ナンバー（CAS No.）または CAS RN（CAS Registry Number）が付けられている。この番号により，国際的に化学物質の同定（特定）ができる。"CAS registry" には 1957 年から現在までの科学論文で確認された化学物質のほとんど全部を収録しており，CAS RN に登録されるものは，有機化合物，無機化合物，金属，合金，鉱物，配位化合物（錯体化合物），有機金属化合物，元素，同位体，核子，タンパク質と核酸，重合体（ポリマー），構造を持たない素材（構造不定物質［Nonstructucturable materials：UVCBs］）である（2014 年 7 年現在で，CAS の Web サイト "CAS Database Counter" に公開された化学物質の登録数は，約 8,900 万種類の無機及び有機化合物，約 6,500 万種類の遺伝子配列がある。さらに，1 日あたり約 1 万 5,000 の物質が新規に追加登録されている：A division of the American Chemical Society ホームページアドレス http://www.cas.org/content/chemical-substances［2014 年 7 月］より）。

バイオテクノロジーも飛躍的に向上しており，DNAの組換え，化学合成なども高い再現性を持って可能になっている。DNAなど遺伝子情報においては，2003年9月に発効した「バイオセーフティに関するカルタヘナ議定書（cartagena protocol on biosafety）」[3]においてその価値の国際的な配分が重要な検討項目になっている。バイオテクノロジーによって生み出される生体に作用する物質（生命現象に関わる機能を持ったタンパク質など）は，近年，新たに合成されることが多い。環境中に放出されると，生態系への影響が懸念され，環境リスクをもっている。

これら化学物質は，人類にとって工業（生物工学も含む），医学等の分野での利用に極めて有用なものであるため，開発・実用化・普及が注目されている。しかし，環境影響などネガティブな部分が存在する可能性もあるため，工業段階になり市場に普及する際に十分にアセスメントを行う必要がある。この有害性等環境影響に関する試験を，どの段階で誰が実施するのかが問題となる。この情報の整理は，大きなコストを要するため，汚染者負担の原則に則り企業が行うこととなると，大きな負担となり製品の値段に付加しなければならない。この値段は環境コストも加えた真実な値であるが，これまでほとんど考えられなかったため社会的に受容されるにはまだ至っていない。

他方，原子に質量を持たせ，3次元で存在している現象を解明するために原子核（中性子，陽子）よりさらに微少レベルで解析されている素粒子の研究も進み，ナノメートルより小さな世界での物質のメカニズムが解明されてきている。今後は，化学物質単位や物理的現象に関した環境問題の発生源対

---

[3] 「バイオセーフテイに関するカルタヘナ議定書（cartagena protocol on biosafety）」は，「生物多様性条約（convention on biological diversity）」（1993年12月発効）に基づき，遺伝子組換え体の国際的な安全性を保つことを目的に検討され2003年9月に発効している。この議定書では，人の健康に対する悪影響も考慮し，遺伝子組換え生物等の使用による生物多様性への悪影響を防止することを目的としており，トランスジェニック生物（transgenic organism）が引き起こす環境変化や遺伝子組換え食品の安全性なども含めて規制されている。さらに遺伝子の知的財産の面からも国際的な公平性が議論されている。遺伝子組換え食品に関して，わが国では「農林物資の規格化及び品質表示の適正化に関する法律」（加工食品の表示）及び「食品衛生法」（遺伝子組換え食品の安全性審査）で規制している。今後は，遺伝子の利用に関した「遺伝資源へのアクセスと利益配分（ABS：Access and Benefit-Sharing）」の国際的枠組みに関する議論が，各国政府，企業にとって極めて重要なテーマとなっていくことが予想される。

策や再発防止を検討するのではなく，企業が提供するものやサービスそのものの情報を整備し，無駄無理なく最も効率的なシステムが必要となると予想される。1981年には，IBMチューリッヒ研究所のゲルト・K・ビニッヒとインリッヒ・ローラーが走査型トンネル顕微鏡を開発し，探針を使って原子サイズで部分的に化学反応を起こすこともできるようになり，超微細な電子素子の開発への応用が進められている。所謂，物質製造においての無駄な物質やエネルギーが格段に減少し（理想的には0），自然の物質循環に近いリサイクルが理想的には可能となる。

環境中に存在する化学物質の種類は科学技術の進展に伴い，今後も急激に増加していくことが確実であり，環境汚染，破壊など環境問題は一層複雑化していくと考えられる。したがって，この環境リスクの根源である企業活動そのものについて新たな管理が必要になっているといえる。

② 環境リスクの考え方

リスクの定義は，一般的にハザードとそのハザードに曝露される量又は確率で表されている。国際標準化機構（International Organization for Standardization：ISO）及び国際電気標準会議（International Electrotechnical Commission：IEC）（以下，ISO／IECとする。）が1999年に発表した「安全面－規格に安全に関する面を導入するためのガイドライン（ISO／IEC GUIDE 51：1999）["Safety aspects – Guidelines for their inclusion in standards", Second edition]」では，「危害の発生確率と危害のひどさの組合せ」としており，世界各国の企業の国際的な規格となっている。その後，2002年に発表された「リスクマネジメント－用語集－規格において使用するための指針（ISO／IEC GUIDE 73：2002）["Risk management – Vocabulary – Guidelines for use in standards", First edition]」では，「事象の発生確率と事象の結果の組合せ」と示されている。

2011年3月に発生した東日本大震災による津波で被災した東京電力福島第一原子力発電所では，放射性物質が広域に拡散し放射線の環境リスクが問題となった。この事件について当該ISO／IECによる「安全面－規格に安全に関する面を導入するためのガイドライン」の規格定義にあてはめて企業が

提供する商品の環境リスクの考察を行うと，エネルギーによるサービスを企業が提供する商品と位置づけられる。核反応における「危害のひどさ」はエネルギーの発生が巨大であること及び放射線による医学的ダメージが深刻であることから極めて大きい。しかし，内部事象である発電過程における「危害の発生確率」を著しく低くするように対処していたため，政府および電力会社では環境リスクは低いと考えていたといえる。しかし，外部事象である自然災害については，十分な対策を施していなかったため，実際には環境リスクは高かったといえる。したがって，事前対処は不十分であったこととなる。

一方,「リスクマネジメント規格」では,「事象の結果」の大きさは未だ正確に把握できず，国際原子力事象評価尺度（International Nuclear Event Scale : INES)[4]では，最悪なレベル7と深刻な事故と評価されている。ゆえに，環境リスクは，結果的には巨大であったといえる。経済面でのダメージは，わが国経済全体へ極めて大きなものとなっており，国による支援がなければ当該事故で電力会社は存続不可能であったと考えられる。

東京電力福島第一原子力発電所事故は，電力提供サービスにおける事故発生確率の検討不足が，莫大な環境リスクを低く見積もってしまったため発生したといえる。ハザードが大きい企業活動，商品は，事前対処が重要といえる。

また，環境省では，「化学物質の環境リスク」について，「環境中に排出された化学物質が人の健康や動植物の生息または生育に悪い影響を及ぼすおそれのあることをいい，その大きさは，化学物質の有害性の程度と，呼吸，飲

---

4 国際原子力事象評価尺度は，国際原子力機関（International Atomic Energy Agency : IAEA）及び経済協力開発機構原子力機関（OECD／NEA）において検討され，1992年3月にオーストラリア，ウィーンで採択され，各国へ提案されたものである。評価は,「安全上重要ではない事象」とされるレベル0から，1986年に旧ソ連で発生したチェルノブイリ事故に相当するレベル7まで8段階に分類されている。一般公衆へのわかりやすさを配慮して作成されたものである。具体的には，影響の対象範囲を，基準1：事業所外への影響，基準2：事業所内への影響，基準3：深層防護の劣化に分け，マトリックスでレベルを，（対象外：安全性に関係しない），0：安全上重要でない事象，1：逸脱，2：異常事象，3：重大な異常事象，4：事業所外への大きなリスクを伴わない事故，5：事業所外へリスクを伴う事故，6：大事故，7：深刻な事故，に分類し評価している。

食，皮膚接触などの経路でどれだけ化学物質を取り込んだか（暴露量）で決まり，概念として"化学物質の環境リスク＝有害性の程度×暴露量"と表している[5]。有害物質の濃度規制は，ハザードである有害性の程度から曝露量である濃度規制を定めていることとなる。総量規制も一定地域の有害物質や環境破壊物質の総量上限を定めることによって曝露の閾値を定めていることとなる。ただし，これら規制の数値には自然科学的な根拠が必要で有り，ハザード及び曝露に関する科学的な情報は極めて重要である。

これらを総合的に検討すると，企業の環境リスクは，企業活動全般のハザードとその曝露（汚染等の確率，または排出量）を考査しなければ，正確な管理は望めないと考えられる。環境リスク管理の目標としては，製品の原料採取から最終処分に至るまでの環境負荷をそれぞれ算出し，LCA（Life Cycle Assessment）の情報に基づき次の対処が必要である。

 ⅰ）研究開発，生産，移動，廃棄処理（リユース・リサイクルを含む），最終処分工程の環境負荷低減
 ⅱ）商品（物，サービス）の消費時，使用済後の処理（リユース・リサイクルを含む），処分時の環境負荷低減

このLCAによる総環境負荷量の低減を図ることによって，環境リスク管理の成果（環境パフォーマンス評価）が期待でき，環境リスクの減少に繋がっていくと考えられる。

地球温暖化原因物質を減少させるために実施された「気候変動に関する国際連合枠組み条約（United Nations Framework Convention on Climate Change）」に基づく「京都議定書（Kyoto Protocol）」で世界各国の足並みが揃わなかった理由として，国際的な経済または政治の影響が大きかったことと，自然科学的な情報であるLCAの再現性のある正確な現象・評価が粗雑であったことがあげられる。このような世界情勢の中で企業は，地球環境リスク対策のための管理に関しては，慎重にならざるを得ないと思われる。

5 　環境省ホームページ「化学物質フアクトシート」，アドレス：http://www.env.go.jp/chemi/communication/yougo/11.html（参照 2014 年 3 月 7 日）。

(2) ハザード情報の公開
① SDS

有害物質のハザード情報としては，1985年に米国の労働安全衛生法で危険有害性周知基準が制定[6]され，物質の有害性・危険性，物理的・化学的性質，環境中での反応，汚染したときの対処などを一覧表にしたMSDS (Material Safety Data Sheet) 情報について事業者に対し作業者に提供が義務づけられている。その後，一般環境に関しても1986年にスーパーファンド改正再授権法 (Superfund Amendments and Reauthorization Act of 1986：以下 SARA とする)[7]で義務づけられている[8]。その後，MSDS は SARA に規定されていた「事故計画及び一般公衆の知る権利法 (Emergency Planning and Community Right to Know Act：以下，EPCRAとする)」に基づき，一般公衆の環境汚染に関する潜在的な化学物質のハザードについての知る権利として国際的に注目を集めた。そして，EPCRA では，地方公共団体への報告義務[9]及び一般公衆の当該情報に関する「知る権利」[10]が定められ，MSDS が普及することとなる[11]。

企業にとって MSDS の整備には，大きな環境コストとなるが，これまで不明確だった化学物質のハザードが解明される機会を広げ，環境リスクの把握に大きく貢献している。ただし，国家間で取り組みに温度差がある。1972年の「国連人間環境会議 (United Nations Conference on the Human Environment：以下，UNCHE) とする。」では，有害物質における排出に

---

[6] 29 CFR1910.1200 (Hazard Communication Standard：HCS)。1985年に米国労働安全衛生局 (Occupational Safety and Health Administration：OSHA) により，危険有害性周知基準 (Hazard Communication Standard：HCS) が定められ，事業者に対し，作業者が MSDS を利用できることを既に義務づけられている。具体的には MSDS は，ハザードコミュニケーション (EPA Premanufacture Notice for New Chemical Substances Part1–GENERAL INFOMATION) の提供情報として添付書類として要求が定められた。

[7] Superfund Amendments and Reauthorization Act of 1986, 42 U.S.C. 11011, 11012, 11024, 11025, 11028, 11029.

[8] 40 CFR370.20 (Applicability), SARA Section 311 及び Section 312 に基づいて作成が義務づけられている。

[9] 40 CFR370.21 (MSDS Reporting).

[10] 40 CFR370.30 (Request for Information), 40 CFR370.31 (Provision of Information).

[11] 矢島幸生編集代表『現代先端法学の展開〔田島裕教授記念〕』勝田悟「化学物質に関する環境情報の調査義務」(信山社，2001年) 99–126頁。

よる環境汚染は主要な課題であったがその解決策まで議論されることはなかった。しかし，その20年後に開催された「国連環境と開発に関する会議(United Nations Conference on Environment and Development：以下，UNCEDとする。)」では，21世紀に向けた環境行動計画である「アジェンダ21」が採択され，その第19章「有害かつ危険な製品の不法な国際取引の防止を含む有害化学物質の環境上適正な管理」が示されている。具体的な対策プログラムとして次の6項目が示され[12]，各国の環境政策の方針となり，企業のリスク管理に大きな影響を与えた。

ⅰ）化学的なリスクの国際的なアセスメントの拡大と促進
ⅱ）化学物質の分類と表示の調和
ⅲ）有害化学物質と化学的リスクに関する情報交換
ⅳ）リスク減少計画の策定
ⅴ）化学物質の管理に関する国レベルでの対処能力の強化
ⅵ）有害及び危険な製品の不法な国際取引（輸送）の防止

国際連合等では，国際化学物質安全性計画（International Programme on Chemical Safety：IPCS）によって，簡易なMSDSであるICSC（International Chemical Safety Card）[13]の促進などが進められている。わが国は，厚生省（現 厚生労働省）国立衛生試験所（現 国立医薬品食品衛生研究所）が国際化学物質安全性計画に参加している。これと並行して国際連合環境計画（UNEP）では，「化学物質の人及び環境への影響に関する既存の情報を国際的に収集・蓄積すること」及び「化学物質の各国の規制に係る諸情報を提供すること」を目的として，国際有害化学物質登録制度（International Register of Potentially Toxic Chemicals：IRPTC）を実施している。IRPTCによる情報の収集，蓄積活動の主な成果は，数種の

---

12 環境庁，外務省監訳「アジェンダ21―持続可能な開発のための人類の行動計画―（'92地球サミット採択文書）」（海外環境協力センター，1993年）288-307頁。
13 ICSCは，途上国等へあまり化学物質のハザードの知見がない国の一般公衆へ情報公開するために，国連環境計画，国際労働機関（International Labor Organization；ILO），世界保健機構（World Health Organization；WHO）の共同の国連組織である国際化学物質安全性計画（International Programme on Chemical Safety；IPCS）が，1988年から作成が続けられている化学物質の安全性カードである。また，途上国へのリスク情報の提供手段やリスク対処トレーニングの際の教材にすることも意図されている。

データプロファイルとして刊行されている。

　OECDでは，1996年に参加各国への導入を勧告した「PRTR (Pollutant Release and Transfer Register）制度」で化学物質の環境管理を求めている。これをうけて，1999年に制定，2001年に施行された「特定化学物質の環境への排出量の把握等及び管理の改善の促進に関する法律」（以下，化学物質管理法とする。）でMSDS情報を文書または磁気ディスクでの提供が定められている（第14条）[14]。但し，一般公衆への提供の義務付けはなく，遵守しなくとも罰則規定がないため，ポジティブに取り組む企業とネガティブな企業で格差がある。これは，年を追う毎に広がっている。

　その後，2002年にUNCEDから10年後の点検等を目的として南アフリカ・ヨハネスブルグで開催された「持続可能な開発に関する世界サミット (World Summit on Sustainable Development : WSSD［リオ＋10］)」で，「化学品の分類および表示に関する世界調和システム（The Globally Harmonized System of Classification and Labeling of Chemicals）：以下，GHSとする。)」の検討が行われ，国際的な化学物質のハザード情報普及が図られた[15]。GHSの目的は，化学物質の有害性等について国際的に統一した情報伝達方法として，表示，SDS (Safety Data Sheet) を促すことである。このSDSは，前述のMSDSとほぼ同様の概念である。EUでは，SDS，中国ではCSDS (Chemical Safety Data Sheet : 化学品安全説明書)[16]とされているが何れも同様である。なお，米国労働安全衛生基準

14　「特定化学物質の環境への排出量の把握等及び管理の改善の促進に関する法律」第14条には，「指定化学物質等を他の事業者に対し譲渡し，又は提供するときは，その譲渡し，又は提供する時までに，その譲渡し，又は提供する相手方に対し，当該指定化学物質等の性状及び取扱いに関する情報を文書又は磁気デイスクの交付その他経済産業省令で定める方法により提供しなければならない。」と記載されており，経済産業省令で定める提出方法は，フアクシミリ装置を用いた送信その他の方法となっており，相手方の承諾が必要となっている。

15　「持続可能な開発に関する世界サミット」では，2008年までにGHSを完全に実施することを目指して，各国ができる限り早期にGHSを実施することが確認された。その後国連経済社会理事会では，2003年7月25日の決議2003/64及び2005年7月27日の決議2005/53で，GHSを整備していない国に対して法令整備など必要な対処をすることを勧告した。

16　中国では，2002年1月26日に中国国務院令第344号として公布された「危険化学品安全管理条例」を改定し，GHSに従って2011年12月1日より「危険化学品安全管理条例」が施行されている。第15条で「化学品安全技術説明書」及び「化学品安全ラベル」に記載する内容は，国家標準の要求を満たす必要があることが定められた。

(連邦規則，CRF1920:1200 App D）も GHS に調和するために改訂され，MSDS を SDS と名称を変更している。国際連合が示す SDS の情報として次の 16 項目が示されており，下に示す順序で記載するべきであることも定められている。

表 1　SDS（Safety Data Sheet）で示す情報内容と記載順序（国際連合）

1. 化学物質等および会社情報	9. 物理的および化学的性質
2. 危険有害性の要約	10. 安定性および反応性
3. 組成および成分情報	11. 有害性情報
4. 応急措置	12. 環境影響情報
5. 火災時の措置	13. 廃棄上の注意
6. 漏出時の措置	14. 輸送上の注意
7. 取扱いおよび保管上の注意	15. 適用法令
8. 暴露防止および保護措置	16. その他の情報

わが国では，「指定化学物質等の性状及び取扱いに関する情報の提供の方法等を定める省令（平成 12・12・22 通令 401，改正平成 24・4・20 経産令 36）」において，2012 年 6 月に GHS に準じた内容が追加され「化学品を事業者間で取引する際，化学品の譲渡・提供事業者に対し，SDS による有害性や取扱いに関する情報の提供を義務付けるとともに，ラベルによる表示を行うよう努めること」が定められた。規制対象となる化学品（製品）は，化学物質管理法施行令に定める対象物質（第一種指定化学物質，第二種指定化学物質）や，対象物質を 1 質量%以上（特定第一種指定化学物質の場合は 0.1 質量%以上）含有するものとなっており，他の事業者に譲渡又は提供するすべての事業者に規制が課せられる。さらに法で定めている指定化学物質等を譲渡し又は提供する相手方から当該指定化学物質等に関する情報の提供を求められたときは，提供しなければならないことも定められている。ラベル表示の努力義務で提供する情報は，次の内容が示されている[17]。

17　「指定化学物質等の性状及び取扱いに関する情報の提供の方法等を定める省令」（所管：経済産業省）は，2012 年 6 月 1 日より純物質について施行され，2015 年 6 月 1 日から混合物（混合製品）が施行される。指定化学物質等取扱事業者は，指定化学物質等を容器に入れ又は包装して，譲渡し又は提供する場合において，性状取扱情報を提供する際は，その容器又は包装に JIS Z 7253:2012 に適合する表示を行うよう努めなければならない。JIS Z 7253:2012 でラベルに必要な情報としては次が示されている。ⅰ. 危険有害性を表す絵表示，ⅱ. 注意喚起語，ⅲ. 危険有

ⅰ）指定化学物質の名称，又は指定化学物質を含有する製品である場合当該製品の名称
ⅱ）物理化学的性状，安定性，反応性，有害性及び環境影響
ⅲ）貯蔵又は取扱い上の注意
ⅳ）物理化学的性状，安定性，反応性，有害性又は環境影響に対応する絵表示
ⅴ）表示をする者の氏名（法人にあっては，その名称），住所及び電話番号
ⅵ）注意喚起語

また，事業者の自主管理のガイドラインとして当該省令と同時に環境省から「指定化学物質等取扱事業者が講ずべき第一種指定化学物質等及び第二種指定化学物質等の管理に係る措置に関する指針（平成12・3・30 環・通告一，改正平成24・4・20 経・環告7）」も告示され，「第四　指定化学物質等の性状及び取扱いに関する情報の活用に関する事項」で「「化学品の分類および表示に関する世界調和システム（GHS）」に基づく日本工業規格Z 7252及びZ 7253に従い，化学物質の自主的な管理の改善に努めること。」が定められた。化学物質管理法等で使用されていた用語もMSDSからSDSに統一が図られた。これら国際的な化学物質ハザード情報の管理の進展は，企業の環境リスク管理における対処の合理化を進める追い風となっている。

他方，企業では，産業界が運営する国際的なNGO組織であるISO（International Organization for Standardization：国際標準化機構）が定めた規格を国際標準として国内外の合理的な取引の際の自主基準を定めている。環境保護に関しては，1996年に環境規格であるISO140000シリーズが公表され，企業の社会的な責任の1つとして注目されている。特にISO14001（Environmental Management Systems：EMS）は，ISOが指定した機関によって認証が行われており，この取得の有無が取引の前提となっている場合が多い[18]。これにより，協力会社，下請け会社の選定が行わ

害性情報，ⅳ. 注意書き，ⅴ. 化学品（または製品）の名称，ⅵ. 供給者を特定する情報，ⅶ. その他国内法令によって表示が求められる事項。
18　企業が定める取引に関する環境自主基準は，グリーン調査基準と呼ばれ，多くの企業でインターネットホームページを公開している。

れ，企業の環境保護活動を誘導する強いインセンティブとなっている。

② 性状データの整備

ISO では，化学物質のリスク情報の公開に関して，ISO11014-1[19]で示しており，SDS を作成する際に整合性が図られている。ISO11014-1 も情報項目名称，番号，及び順序は変更してはならないとなっている。わが国ではこの規格を日本語に翻訳して日本工業規格の JIS Z 7250 として定められている。JIS Z 7250 は，GHS の項目と整合するようにさらに 2012 年 3 月に JIS Z 7253：2012 に変更された[20]。

しかし化学物質の性状データ等に関する調査が進んでいないことが非常に大きな問題で有り，GHS の SDS で記載すべき項目を示してもデータの記載が困難であるのが現状である。EU では，以前は指令 67/548/EEC に基づき，新規化学物質にのみ市場に販売される前に試験が必要だったが，既存化学物質には十分な事前審査が要求されなかったことが問題となり，そのリスク情報の整備が検討された。そして，2001 年新しい化学物質政策を導入するための『今後の化学物質政策のための戦略』が発表され，2003 年 10 月に規則案が作られ，欧州閣僚理事会及び欧州議会の審議を経て 2006 年に REACH 規制 (Registration, Evaluation and Authorization of Chemicals) が成立している。この規則は，2007 年 8 月に施行され，リスク評価が遅れている約 30000 物質の既存物質について安全性の事前調査（化

---

19 ISO11014-1 で MSDS に記載を要求しているものは次の 16 項目である（記載する際，これらの項目名，番号，及び順序は変更してはならない）。1.化学物質等及び会社情報，2.組成，成分情報，3.危険有害性の要約，4.応急措置，5.火災時の措置，6.漏出時の措置，7.取扱い及び保管上の注意，8.暴露防止及び保護措置，9.物理的及び化学的性質，10.安定性及び反応性，11.有害性情報，12.環境影響情報，13.廃棄上の注意，14.輸送上の注意，15.適用法令，16.その他の情報（備考 16 の項目名のもとに，それぞれ該当する情報を記載する。その情報が入手できない場合は，なぜ入手できないかを記載する。各項目は空白にしてはならない。ただし，16"その他の情報"のところは空白でもよい。MSDS では情報の出典については必ずしも記載しなくてもよい。）

20 JIS Z 7253：2012 は，GHS と整合性をとるために，2012 年 3 月に，従来の JIS Z 7250 と JIS Z 7251 を統合した。改正された新しい JIS Z 7253：2012 では，暫定措置として，2015 年(平成 27 年)12 月 31 日までの期間は，JIS Z 7250：2005 又は JIS Z 7250：2010 に従って SDS を作成してもよいとしている。また，2016 年 12 月 31 日までは，JIS Z 7250：2010 に従って SDS を作成してもよいと段階的な規定が設けられている。

学物質の有害性など各種データ）を民間企業に義務づけている。この規制により，EUへ輸出する国外企業も当該物質のリスク調査が必要となり，企業の環境リスク管理に関した新たな安全配慮義務が追加された。

その他規制システムには，ⅰ．規定で定める量の化学物質を製造・輸入する者に化学物質安全性評価（Chemical Safety Assessment：CSA）の実施とその報告書（化学物質安全性報告書／Chemical Safety Report：CSR）の作成を義務づけ，ⅱ．新規化学物質と既存化学物質を同一の枠組みで規制し，既に市場に供給されている既存化学物質についても新規化学物質と同様に登録を義務付け（規定で定める量の化学物質を製造，輸入する者が対象），などがある。この REACH 登録は，欧州化学物質庁（European Chemicals Agency：ECHA）に対して行うこととなっている[21]。また審査内容には次が定められている。

ⅰ）年間10トン以上の化学物質を製造・輸入する者に化学物質安全性評価書の作成を義務づける。
ⅱ）新規化学物質と既存化学物質を同一の枠組みで規制。既に市場に供給されている既存化学物質についても新規化学物質と同様に登録を義務付け（年間1t以上の化学物質を製造，輸入する者が対象。）。
ⅲ）既存化学物質に登録義務を課すことに伴い，既存化学物質について従来政府が担ってきたリスク評価の実施を産業界に移行。
ⅳ）リスク評価を，化学物質の製造・輸入者だけでなく，ユーザ業界にも義務付け。
ⅴ）通常の使用状態で放出が意図され，有害性を有する一定の化学物質を含有している成形品（article）についても，成形品の製造・輸入者に対し，含有化学物質についての登録を義務付け。
ⅵ）発がんなどの懸念が極めて高い一定の化学物質については，個々の用途毎に上市を認可するシステムを導入（産業界においてリスクが極めて小さいこと等が証明できない限り，原則上市を禁止）。

近年では，企業のサプライチェーンも含めた化学物質管理が重要となって

---

21 欧州化学物質庁（European Chemicals Agency：ECHA）訳：環境省『REACH における化学物質安全性評価（CSA）の要点』1-7 頁，38 頁。

きており，発注者は，納品に関する SDS 情報が不可欠となっている。仕様書に納品成分の化学物質の性状情報を要求する調達（グリーン調達）の必要性が高まっている。

したがって，製品に含まれる化学物質の性状データの分析情報は生産・販売においてこれから極めて重要となってきているといえ，製品コストにおける環境コストを明確に調査しなければならなくなっている。総環境負荷で生じるコストを知るには，まず前述の LCA の情報を整備する必要があり，環境リスク管理の基礎的な活動と考えられる。

他方，一般公衆にとっては，環境リスクに関わるハザードは，理解が困難なものが数多く存在する。有害であることを知ってもそのメカニズムまで理解することはさらに困難である。原子力発電所の事故で放出された放射性物質は，一瞬に大きな被害を発生させる核爆弾のような急性的な被害を発生させることは少なく，長期間の微量摂取で深刻な健康被害（癌など）を起こすことに注意すべきである。しかし，このような慢性毒性は，アスベストや有機溶剤のように人は感覚的に理解することは難しい。対して，放射性物質のように報道で有害性を強調されると，自然科学的に全く根拠がないこともまことしやかに広がってしまう。所謂風評被害である。たとえば，放射性物質は全く感染性がないが，福島第一原子力発電所事故により避難している周辺住民の方からうつってしまうという差別が発生している。過去の公害でも，妖怪や悪霊にとりつかれているといった卑劣な差別も発生している。農作物もハザードが理解できなければ，曝露すなわち含有量に関係なくすべてを拒否してしまうことになる。このような現象は，一般公衆及び関係企業等に大きな被害を生じることになる[22]。

---

22 原子力発電所から放射能物質が漏出し，食品への影響が問題となった事件は，1981 年に既に敦賀湾で発生している。この時，1 立方メートルの汚染水（3700 万ベクレル以上：数 10m キューリー）の廃液が誤って海に放出されている。当時の科学技術庁は，ホンダワラ，ムラサキイガイ，ナマコ，サザエ等を調査し人体に影響なしと結果を報告したが，風評被害が大きく，この地域の漁業関係者に補償金が支払われた。また，2011 年 3 月に発生した福島第一原子力発電所の被災により汚染された食品は，農作物，畜産物，水産物及び，食品衛生法（第 6 条）に基づき摂取制限も発せられた。制限解除後も風評被害が続いた。ホットスポット（放射能が異常に高い区域）も多くの地域で存在することから，安全性に疑問を持つ人が多かったと考えられる。ただし，政府により「原子力災害対策特別措置法」に基づく食品に関する出荷制限等により市場に

また，地球温暖化による気候変動に関しても，数十年または百年以上後に被害が明白になるため，自然科学的に予想されている原因との因果関係に関して一般公衆及び政治関係者はなかなか理解できない。環境被害の再発防止に関してのハザード対策は，一般公衆等の理解は得られるが，未然防止に関しての理解は容易には得られない。これには，ハザードがかなりの蓋然性をもって自然科学的に判明していても，曝露（発生の確率）の感覚的な価値観で決められてしまうことにある。企業では，このような曖昧な価値観に基づいてではなく（ハザードが判明したものについては安全性を安易に主張するのではなく），リスク対処を検討すべきである。

(3) 曝露の確認

　有害物質による環境汚染の曝露や環境破壊による被害に遭う確率は，一般的にその原因物質や物理的現象の放出量，濃度，発生頻度で求めることが可能である。「(1)リスク評価 ② 環境リスクの考え方」で示したが，環境リスクを知る場合，ハザードと曝露の組み合わせで考えられるもので，化学物質に関しては，積で求めることが一般的な考え方となっている。

　曝露の可能性に関しては，先進国を中心に，環境問題を発生させる化学物質等を抽出しネガティブリストいわゆる規制対象について法規制（場合によっては，産業界による自主規制）で把握している。濃度規制または総量規制で測定された数値によって，ハザード情報を考慮しリスク管理を行っている。したがって，ネガティブリストにある化学物質または物理的活動を避ければ法規制の対象から除かれ一時的にはリスク回避は可能である。しかし，ハザードが不明なネガティブリストに無い化学物質，物理的な活動を伴う企業の生産活動，生産物等は，環境リスクが不明であるため，曝露が大きくなればなるほど大きな被害が発生する可能性が高い。福島第一原子力発電所の事故は，その典型例である。

　2003年5月30日に公布された食品衛生法改正では，食品に残留する農薬，飼料添加物及び動物用医薬品のポジティブリスト（使用を認めるものに

は流通しないシステムになっている。低レベル放射性物質の摂取による被爆（内部被曝）は，慢性毒性物質（長期間を経て発症）の摂取と類似している。

ついてリスト化）制度が導入され，2006年5月29日から施行されている。この制度による規制では，ハザードが確認されているものについて，曝露量を定めるものであり，リスクをコントロールしている。規制の対象となる食品は，加工食品を含むすべてで，基準が設定されていない農薬等が一定量を超えて残留する食品の販売等が原則禁止となった。また，当該法施行以前は国内又は輸入農作物に関して，残留基準が設定されていない無登録農薬が一定基準以上食品に残留していることが判明しても規制できなかったが，ポジティブリスト制度によって法による規制の対象にできるようになった。したがって，これまで農薬等による環境汚染又は環境破壊のリスクが不明だったところについて，効果的に対処できるようになったと考えられる。今後，地球温暖化が悪化するに従い，農薬（殺虫剤等）の需要が拡大することも予想され，環境リスク面を考えたポジティブリストが作成されることが予想される[23]。ポジティブリストに限定されることからリスクを把握するための量（曝露の可能性）の管理が重要となる。

　他方，企業から排出される化学物質の情報を整理，公開を目的としたPRTR（Pollutant Release and Transfer Register：汚染物質排出移動登録）制度について，1996年2月にOECDによって参加各国へ導入勧告が行われている。この制度は，企業から排出又は廃棄される汚染の可能性のある物質の種類と量を記録し，行政がそのデータを管理規制するものである。1992年の国連開発会議で採択されたアジェンダ21の提案に従い，国際的に進められたものである。わが国では化学物質管理法でPRTR制度が導入されている。

　PRTR制度では，企業の自主的な活動を促すものであるが，ハザード情報と組み合わすことによって環境リスク管理が適切に実施できる可能性をもつ。燃焼に伴う大気汚染を取り上げた場合，従来の公害（地域環境汚染）で規制対象となったイオウ酸化物，ばいじん，有害物質から，地球温暖化原因物質である二酸化炭素や窒素酸化物まで含むことが考えられる。すなわち，PRTR情報により様々な環境汚染原因物質の排出・移動（下水及び廃棄物

23　勝田悟『環境政策』（中央経済社，2010年）145-147頁。

についての基礎的データが整備されることとなる。このデータは，汚染防止のための濃度規制，総量規制，排出権取引，及び疫学調査をはじめとする汚染原因追求研究に利用でき，環境保護に関する政策，企業の自主的活動，市民の活動に重要な情報を与える。但し，モニタリング情報と同等に評価できるほどのデータの信頼性は期待できない[24]。

3．CSR（企業の社会的責任）

(1) CSRにおける環境管理の概要

　環境リスク管理の目的は作業環境及び一般環境の保全であり，企業においては，研究・生産・販売・移動・処理処分活動すべてにおける汚染・破壊に関する事前対策と事後対策を考えなければならない。この検討で判明したリスク全般とその対処をすることは，主要な企業の社会的責任（Corporate Social Responsibility：以下CSRとする。）である。そして，このリスクに関しては，作業者，一般公衆には生活に大きく影響するような健康被害や損害であるため，企業はステークホルダーに公表する安全配慮義務があると考えられる。多くの個別企業のCSR活動の公表は，既に国際的に実施されておりCSRレポートとして冊子，インターネットホームページ，PDFファイル，CDなどで公開されている。企業の環境リスク管理の上で極めて重要である。

　原子力発電のようにハザードが莫大であることが判明していても曝露を低くすることでリスクが小さいと判断していた場合でも，そのハザードと曝露の可能性及びその対処方法について説明する責任がある。一定範囲の曝露を極めて小さくし安全であると安易に判断し公表することは，高いリスクを見失う虞がある。CSRレポートは，客観的に非意図的な視点で事実のみを公開する必要がある。

　2012年6月に開催された「国連持続可能な開発会議（United Nations

24　勝田悟『環境学の基本 第二版』（産業能率大学，2013年）165-166頁。

Conference on Sustainable Development：UNCSD（以下，リオ＋20とする。）」では，「持続可能な開発及び貧困根絶の文脈におけるグリーン経済」と「持続可能な開発のための制度的枠組み」が中心に議論された[25]。したがって，CSR には，環境問題と密接に関係する貧困問題及び持続可能な開発にも対処していくことが必要と考えられる[26]。また，CSR レポートにもこれら活動に関する情報の公開も要求されることとなる。「リオ＋20」では，環境を破壊することなく経済発展をするための「持続可能な開発目標」を2015年までに策定する予定となっており，この目標は企業の環境管理目標に大きな影響を与えると考えられる。

　CSR レポート作成のためのガイドラインとしては，国際的に参考にされているものに GRI ガイドライン[27]及び環境省が発行するガイドラインがあり，多くの企業がこれらの内容に則している。GRI ガイドラインは，「報告組織が持続可能な社会に向けてどのように貢献しているかを明確にし，組織自身やステークホルダーにもそのことを理解しやすくすることを目的としており，報告組織が活動内容や製品・サービスの経済・環境・社会的側面について報告するために自主的に活用するもの」となっている。また，環境省ガイドライン[28]には「事業者が経営の状況を利用者に理解してもらうために

25　2012年6月20日から22日まで，再度，リオデジャネイロで UNCSD が開催された。3日間で国連加盟国188カ国及び3オブザーバー（EU，パレスチナ，バチカン）から97名の首脳，並びに多数の閣僚級参加者（政府代表としての閣僚は78名）の他，各国政府関係者，国会議員，地方自治体，国際機関，企業，一般公衆の約3万人が参加した大きな会議となった。会議は終始，環境保護が経済発展の制約となるのを警戒した開発途上国の姿勢が強く表れ，明確な目標値の設定，行動計画で具体的な検討にいたっていない。

26　勝田悟「持続可能な開発に関する国連会議の成果についての考察」比較法研究35号（2012年）40-42頁。

27　GRI（Global Reporting Initiative）は，1997年に国連環境計画（United Nations Environment Programme：UNEP）及び CERES（Coalition for Environmentally Responsible Economies）の呼びかけにより，持続可能な発展のための世界経済人会議（The World Business Council for Sustainable Development：WBCSD），英国公認会計士勅許協会（Association of Chartered Certified Accountants：ACCA），カナダ勅許会計士協会（Canadian Institute of Chartered Accountants：CICA）などが参加して設立された。2002年4月上旬には，国際連合本部で正式に恒久機関として発足している。適宜ガイドライン内容は更新されており，2013年に「サステナビリティ・レポーティング・ガイドライン第4版」が公表されている。

28　環境省『環境報告ガイドライン（2012年版）』（2012年）2頁。

は，その理解のために必要な情報を取捨選択して，利用者の目的に沿った形で適切に開示をしていくことが求められます。経営の全体像を説明するのであれば，環境・経済・社会の各側面における重要な影響や活動などを中心に報告することが有効な方法となり，環境報告は，その構成要素の一つとなります。また，事業，地域，事業所単位等における事業活動の状況について詳しく説明するのであれば，詳細な環境情報の解釈を関連する経済・社会情報も含めて，環境報告として開示することにより，さらなる理解の促進につながります。」と述べられている。どちらのガイドラインにも従来から注目されているトリプルボトムラインといわれる「環境」，「経済」，「社会」の側面から企業の環境活動について，レポートで説明することが求められている。

　特に環境省ガイドラインには，詳細な環境情報の解釈には経済・社会情報の報告の開示も求めており，わが国企業では，別途環境省が公表している「環境会計ガイドライン」も参考にして対応している場合が多い。当該環境会計ガイドライン[29]において環境会計に取り組む背景として「今日，企業等の経営戦略において，環境への対応を具体化し，環境保全への取組を内部化した環境に配慮した事業活動を展開する企業等が増えています。環境会計への取組は，そうした環境に配慮した事業活動の一環です。環境会計情報は，企業等の内部利用にとどまらず，環境報告書を通じて社会に公表されています。環境会計情報が環境報告書の重要な項目として開示されることにより，情報の利用者は企業等の環境保全への取組姿勢や具体的な対応等と併せて，より総合的に企業等の環境情報を理解することができます。」と示しており，説明責任が重視され法令により義務化されてきた企業の会計情報が，企業の環境リスク情報としても役立つことが述べられている。さらに，環境会計の定義として「事業活動における環境保全のためのコストとその活動により得られた効果を認識し，可能な限り定量的（貨幣単位又は物量単位）に測定し伝達する仕組みとします。」と述べており，LCAにおけるLCC（Life Cycle Costing）の重要性も言及し，環境活動の定量的な把握の手法としての位置づけとしている。

29　環境省『環境会計ガイドライン（2005年版）』（2005年）1-2頁。

近年では,国際標準化機構が 2010 年に公表した ISO26000 シリーズ(社会的責任の国際標準規格)の内容も考慮したレポート構成となっている。但し,これらガイドラインは,詳細な記載条件が定められていないため,数値情報に関する企業間の比較は困難であり,優劣が判断しにくいのが現状である。まず,CSR に関する情報を公開することが重要な目的であるが,漸次比較可能な項目を設定していかなければさらなるパフォーマンスの向上は望めないと考えられる。

(2) 検討すべき項目
① ISO26000

国際標準化機構で 2005 年から議論されてきた「社会的責任に関する規格」は,当初は企業の社会的責任規格(CSR 規格)として議論されてきたものだが,企業の枠をとり社会的責任(Social Responsibility : SR)規格として,2010 年 11 月に発行されている。

社会的責任と持続可能な開発との関係については,「社会的な責任は,組織に焦点を合わせたもので,社会及び環境に対する組織の責任に関するものである。社会的責任は,持続可能な開発と密接に結びついている。持続可能な発展は,すべての人々に共通の経済,社会及び環境に関する目標であるから,責任ある行動をとろうとする組織が考慮に入れる必要がある,社会のより広い期待を総括する方法として用いることもできる。したがって,組織の社会的責任の包括的な目的は,持続可能な発展に貢献するものであるべきである。」[30]としている。これは,1992 年の UNCED の考え方を尊重したもので,1987 年に公表された「国連の開発と環境に関する世界委員会報告(通称 ブルントラント報告と呼ばれる。)」[31]の内容である「「環境は人間の行動,

---

30 日本規格協会,ISO/SR 国内委員会監修『ISO26000 : 2010 社会的責任に関する手引』(日本規格協会,2011 年)54-55 頁。
31 国連の開発と環境に関する世界委員会(議長:ノルウェーのグロ・ハーレム・ブルントラント首相[当時])は,1983 年に国連総会の要請により「持続的開発を達成し,永続するための長期戦略を提示すること」などを目的として設置され,ブルントラント報告で,UNCHE(1972 年)以来,対立概念とされていた「環境」と「開発」を密接に結びつけることにより,持続可能な開発を国際的に浸透させた。そもそも「持続可能な開発」の概念は,1980 年に IUCN(International Union for Conservation of Nature and Natural Resources : 世界自然保護

野心,欲求から独立して存在できないものであり,環境保護を他の人間的問題から切り離して擁護しようとしてきたことが,一部の政治的方面で"環境"という言葉が暗にナイーブさを意味する事態を招いています。"開発"もまた,一部で"貧しい国がいかにして豊かになるか"といった点に焦点が狭く絞られており,このためこれを単に"開発援助"に携わる専門家だけの問題であるとして顧みない人も多い状態です。しかし,"環境"とは私達の住むところであり,"開発"とはその中で私達の生活をよくするよう努力することです。環境と開発は不可分です。」[32]との概念を踏まえている。

この規格では,7つの中核的主題として,「組織統治」,「人権」,「労働慣行」,「公正な事業慣行」,「消費者課題」,「コミュニティへの参画及びコミュニティの発展」,「環境」を挙げている。「環境」の部分では,「環境と社会的責任」として「社会は,天然資源の枯渇,汚染,気候変動,生息地の破壊,種の減少,生態系全体の破壊,都市部及び地方の人間住居の悪化など,多くの環境問題に直面している。世界の人口の消費に伴い,そのような変化が人間の安全保障並びに社会の健康及び福祉に対する脅威として拡大している。生産及び消費に関して持続不可能なボリューム及びパターンを軽視し排除するための選択肢を特定し,一人当たりの資源消費量を確実に持続可能なものとする必要がある。環境問題は,局地的,地域的及び世界的レベルで相互に結びついている。それらに取り組むためには,包括的で,系統的で,かつ全体的な手法が必要である。」と述べている[33]。

環境問題として取り上げている局地的な問題として,汚染,地球規模の問題として,「気候変動による環境破壊」,「生物多様性の喪失」,「衛生問題」を取り上げ,環境問題ではないが,汚染の拡大原因である消費増大による「資源の枯渇」も取り上げている。これらは,企業経営において「組織にとっての持続的な事業は,環境を損なうことなく顧客を満足させる製品や

連合),UNEP (United Nations Environment Programme:国連環境計画),WWF (World Wildlife Fund:世界自然保護基金)の3者共同で公表した「世界環境戦略 (World Conservation Strategy)」の中で提唱されたものである。
32 環境と開発に関する世界委員会『地球の未来を守るために Our Common Future』(福武書店,1987年) 6頁。
33 日本規格協会監修・前掲注(30) 79-139頁。

サービスを提供するだけでなく，社会的に責任ある方法で運営すること」を意識したものである。今後，遺伝子情報の価値配分，遺伝子操作規制等で紛糾している生物多様性条約，及び2013年から2014年に気候変動における政府間パネル（Intergovernmental Panel on Climate Change：IPCC）の第5次報告が公表される気候変動関係の条約に関して注目していかなければならない。

　多くの企業がこれら項目をCSRレポートの構成項目にしており，ISO14000シリーズの項目を踏まえた，この後の企業の環境リスク管理における具体的なパフォーマンスの点検を検討していく必要がある。

② MDGs

　2012年のリオ＋20では，経済，社会，環境の3つの側面で検討，及び調整が必要であることについて国際的なコンセンサスが得られた。環境リスクの要因を，経済，社会の面から検討すると，ハザードに相当する部分がこれまでの人工化学物質による汚染の他にも複雑に拡大する。特に1972年のUNCHEから問題となっている「途上国と先進国の経済格差」は，国際的にコンセンサスを持った環境対策を形成する際に最も大きな障害となっている。リオ＋20で行われた経済と社会面から環境の議論では，具体的には，「持続可能な開発及び貧困根絶の文脈におけるグリーン経済（以下，グリーン経済とする。）」が中心に議論された。リオ＋20のビジョンとして，ディーセント・ワーク（Decent work），貧困根絶によってミレニアム開発目標（Millennium Development Goals：以下，MDGsとする）[34]の達成を支援しつつ健全な環境を守る持続可能なグリーンエコノミー追求があげられている。

　ディーセント・ワークに関しては，途上国において先進国企業が女性，子供に過酷な労働を課し，十分な教育を受けさせないことがしばしば問題とな

---

[34] 米国・ニューヨークで147の国家首脳を含む189の加盟国代表が出席して2000年9月に開催された国連ミレニアムサミットで採択された「ミレニアム宣言」をもとに，1990年代に開催された主要な国際会議やサミットで採択された国際開発目標を統合して1つの共通の枠組みとしてまとめられたものである。

る。人権問題そのものであり，わが国大手企業には，いち早く対処し，2012年より人権方針を行動規範の1つとして明示するところもある（表2参照）。

表2　企業の人権方針公表例

2013年5月24日
「日立グループ人権方針」の策定について
企業としての社会的責任を果たし，サステナブルな社会の実現に貢献

　株式会社日立製作所(執行役社長：中西　宏明／以下，日立)は，このたび，人権尊重に関わる国際社会からの期待が高まる中，国際連合の「ビジネスと人権に関する指導原則」に準拠する「日立グループ人権方針」を策定しました。今後日立は，グローバル事業の拡大をめざし，国内外において人権を尊重する企業経営を推進することで，サステナブルな社会の実現に貢献していきます。

　人権は，人間としての尊厳を保障する基本的条件として，世界人権宣言と国際人権規約からなる「国際人権章典」などに規定されています。近年，企業活動のグローバル化に伴い，サプライチェーンを含むビジネスプロセスの中で児童労働や強制労働等の人権問題が発生しています。こうした中，2010年に社会的責任規格であるISO26000が発行された他，2011年には国際連合で「ビジネスと人権に関する指導原則」が採択されるなど，企業がビジネスプロセスの中で人権尊重の責任を果たすことへの期待が高まっています。また，欧州を中心に，国際的な人権基準を満たすことが取引や入札の際に問われるなど，人権への取り組みがグローバル事業拡大のための重要な要件になりつつあります。

（以下省略）

出典：日立グループホームページ
　アドレス http://www.hitachi.co.jp/New/cnews/month/2013/05/0524.html
　（2014年3月18日参照）。

　表2の企業例では，ISO26000を意識し，企業がビジネスの中で人権を尊重することで持続可能な社会に貢献していくことが述べられている。企業の人権，環境問題等の活動を認証するNGO組織も存在し，レインフォレストアライアンス，持続可能なパーム油のための円卓会議（RSPO），フェアトレード，海洋管理協会（MSC）など複数存在し，多くの多国籍企業が認証を受けている。人権問題には，環境権も含まれるとの考え方が一般化しており，衛生問題，健康を害するような日照権問題なども人権問題とされる場合もある。

MDGs では，2015 年を達成期限とする次の 8 つの目標[35]が掲げられ，これに基づき具体的な 21 のターゲットと 60 の指標が設定されている。

ⅰ）目標 1：極度の貧困と飢餓の撲滅
- 1 日 1 ドル未満で生活する人口の割合を半減させる
- 飢餓に苦しむ人口の割合を半減させる

ⅱ）目標 2：初等教育の完全普及の達成
- すべての子どもが男女の区別なく初等教育の全課程を修了できるようにする

ⅲ）目標 3：ジェンダー平等推進と女性の地位向上
- すべての教育レベルにおける男女格差を解消する

ⅳ）目標 4：乳幼児死亡率の削減
- 5 歳未満児の死亡率を 3 分の 1 に削減する

ⅴ）目標 5：妊産婦の健康の改善
- 妊産婦の死亡率を 4 分の 1 に削減する

ⅵ）目標 6：HIV※／エイズ，マラリア，その他疾病の蔓延防止
- HIV／エイズの蔓延を阻止し，その後減少させる

   ※HIV：Human Immunodeficiency Virus（ヒト免疫不全ウイルス／エイズウイルス）

ⅶ）目標 7：環境の持続可能性確保
- 安全な飲料水と衛生施設を利用できない人口の割合を半減させる

ⅷ）目標 8：開発のためのグローバルなパートナーシップの推進
- 民間部門と協力し，情報・通信分野の新技術による利益が得られるようにする

MDGs で示されている内容は，UNCHE での議論の際から問題になっていることであり，国連ミレニアムサミットで再確認され，まとめられたものである。UNCSD でも，この目標が困難であることが顕著に表れた。具体的には，「貧困の根絶に全力を挙げながら，より環境負荷が少ない経済への移行を図る」ことが課題となっている。

---

35 外務省ホームページ（国際協力　政府開発援助 ODA ホームページ）アドレス：http://www.mofa.go.jp/mofaj/gaiko/oda/doukou/mdgs/about.html#goals（2014 年 2 月 10 日参照）。

リオ＋20で署名された条約に関しては，乱獲や海洋生態系の破壊，気候変動の悪影響から海を守ることが示され，都市機能の向上，再生可能エネルギー源の利用拡大，森林管理の推進などが課題として示されている[36]。

また，環境に関する問題と具体的な対処の必要性について以下のものがあげられている。

ⅰ）世界人口は現在の70億人から，2050年には90億人にまで増加する。

ⅱ）現在，人口の5人に1人にあたる14億人が，1日1ドル25セント以下で生活している。

ⅲ）電気を利用できない人々は全世界で15億人，トイレがない人々は25億人存在する。そして，およそ10億の人々が日々，飢えに苦しんでいる。

ⅳ）温室効果ガスの排出量は増え続けており，気候変動に歯止めがかからなければ，これまで確認されている生物種全体のうち，3分の1以上が絶滅する恐れがある。

ⅴ）私たちの子どもや孫たちに人間らしい生活が営める世界を残すためには，貧困のまん延と環境破壊という課題に今すぐ取り組む必要がある。

ⅵ）こうした緊急課題に今すぐ本格的に取り組まなければ，貧困や不安の増大，地球環境の劣化など，将来においてさらに大きな代償を払わなければならないだろう。

ⅶ）UNCSDは，グローバルに考える機会を提供する。そうすることで，私たち皆が共通の未来を確かなものにするために，ローカルなレベルで活動できるようになる。

これらは，明白に存在するハザードに対する曝露の減少を訴えているものであり，企業の環境リスク管理において，各項目における対策を検討・推進しなければならないものである。

しかし，わが国やブータンなどが新たに提案していたGDP（Gross Domestic Product）に変わる豊かさの指標である「幸福度」に関する記述は，採択文書から削除された。これは，開発途上国が経済成長の足かせにな

36　国際連合広報センター『リオ＋20　国連持続可能な開発会議：私たちが望む未来（The Future We Want）』（2012年）5頁。

りかねないことを懸念したことに配慮したためである。環境問題に関してハザードに関わる部分は，自然科学の研究にゆだねられているが，MDGsなどが関わる曝露の減少に関しては，経済，政治問題に強く関わっているため，企業は国際動向等を分析しなければ合理的な環境リスク管理は困難である。

　他方，国連開発計画（United Nations Development Program：以下，UNDPとする。）では，1990年から『人間開発報告書（Human Development Report：HDR）』[37]を発刊している。「人間開発」の概念は，社会の豊かさや進歩を測るのに，経済指標だけでなく，これまで数字として現れなかった側面も考慮に入れようとしている。基本的な物質的・経済的豊かさに加え，ⅰ. 教育を受け文化的活動に参加できること，ⅱ. バランスのよい食事がとれて健康で長生きできること，ⅲ. 犯罪や暴力のない安全な生活が送れること，ⅳ. 自由に政治的・文化的活動ができて自由に意見が言えること，ⅴ. 社会の一員として認められ，自尊心を持てること，これらが揃って真の意味の「豊かさ」が実現できるという考え方である[38]。「人間開発」の推進は，国連開発計画でMDGs達成に有効な手段として捉えている。

　この進捗状況の指標として，人間開発指数（Human Development Index：以下，HDIとする。）が提案されており，各国の人間開発の度合いを測る新たな包括的な経済社会指標としている。HDIは各国の達成度を，ⅰ. 長寿，ⅱ. 知識，ⅲ. 人間らしい生活水準の3つの分野について測ったもので，0と1の間の数値で表される。評価値が1に近いほど，個人の基本的選択肢が広く，人間開発が進んでいることになる。国民総生産（GNP）や国内総生産（GDP）は単にその国の所得がどのくらいあるかを示すものであり，所得がどのように分配されているかは不明で，国民の健康や教育のために使われているのか，あるいは軍備なのかはわからないため，人の豊か

37　『人間開発報告書』は1990年に元パキスタン大蔵大臣，当時UNDP総裁特別顧問であったマブーブル・ハックの発案によって創刊され，開発は「持続可能な人間開発」をめざすべきであり，そのためには経済成長を生み出すだけでなくその恩恵を公平に分配できるような開発でなければならないという考えに立って，様々な角度から開発の重要課題を扱っている。国連開発計画『人間開発報告書』(2003年) 5-6頁。
38　国連開発計画・前掲注(37) 5頁。

さの異なる指標として生み出されたものである。2003年の評価では，1位がノルウェー，2位がアイスランド，3位がスウェーデンとなり，わが国は9位となっている。

他方，平均寿命，識字率，平均教育達成率，所得のそれぞれを男女格差に従って調整し，ジェンダーの不平等に焦点をあてたジェンダー開発指数 (Gender-related Development Index：GDI) では，上位国は変わらないが，わが国は，13位と悪くなる。さらに，女性が社会的，政治的，経済的にどのくらい力を持っているか（女性のエンパワーメント）を見ようとするジェンダー・エンパワーメント指数 (Gender Empowerment Measure：GEM) では，わが国は44位とかなり低い評価となっている。上位3カ国は1位と2位が入れ替わっただけで変化はない。したがって，わが国の企業は，国際的比較で男女平等面が劣っているといえる。すなわち，社会面からみたSR評価が低くなる可能性がある[39]。

UNCEDで採択された「アジェンダ21（21世紀に向けての―持続可能な開発のための人類の行動計画―）」でも24章に「持続可能かつ公平な開発に向けた女性のための地球規模の行動」が定められており，将来の（次世代の）ために女性の地位が向上することが求められている[40]。

別途，「幸福度」もOECDで検討を行い始めており，動向を見守る必要があるだろう。UNCEDで採択された「環境と開発に関するリオ宣言 第7原則」で「環境保護に関して，先進国は開発途上国とは差異ある責任がある」と明示されていることから，わが国は途上国に対し「緑の未来イニシアチブ」と名付けた2013年からの3年間で計60億ドルのODA (Official Development Assistance：政府開発援助) 実施を表明している。このODAには，政府が支出する資金で行われる途上国を支援する無償援助，技術協力，または借款，国際開発機関への出資のことが含まれ，エネルギー，農業など3年間で1万人の専門家の派遣，防災計画などソフト面での協力などもあげられている。

但し，2012年6月に国連難民高等弁務官事務所 (Office of the UN High

---

39 国連開発計画・前掲注(37) 9-16頁。
40 環境庁，外務省監訳・前掲注(12) 344-349頁。

Commissioner for Refugees：UNHCR）が発表した報告書「グローバル・トレンド2011」では，2011年に紛争などで住む場所を追われた人が約430万人にのぼり，そのうち国境を越えて難民となった人が80万人発生したとしている。また，京都議定書のCDM（Clean Development Mechanism）[41]では，投資によって自国にも経済的メリットがある工業新興国に対するものが中心となっており，後発開発途上国とは却って経済格差が広がっている。MDGsを踏まえて企業が環境リスク管理を図るにも国際状況を分析しなければならない。特に途上国へ進出している多国籍企業は極めて慎重な計画をたてていく必要がある。

③ グリーン経済

リオ＋20で議論された「グリーン経済」は，持続可能な開発に関して途上国と先進国の解釈が異なり，「差異ある責任」（UNCED環境と開発に関するリオ宣言第7原則）に基づく，先進国から経済的な支援をすべきであると，中国を中心とした途上国から強い主張がなされた[42]。しかし，当時先進国は，米国で2007年にサブプライムローンの破綻（住宅バブルの崩壊）が表面化し，これがきっかけとなり2008年9月に大手投資銀行のリーマンブラザースが破綻したことで国際的に深刻な金融危機となっていた。

発展途上国が強く求めていた数百億ドルに上る資金提供については，経済的に逼迫している先進国には不可能であり，リオ＋20採択文書では，「途上国に対し資金動員が必要であることを認識とする」となった。先進国が目指した，持続可能な開発に関する数値目標は，途上国の反対により決定・採択することはできなかった。その結果，会議採択文書で，環境を破壊することなく経済発展をするための「持続可能な開発目標（Sustainable Development Goals：以下，SDGとする。）」を作るために専門家会合を設

---

41 CDMとは，京都メカニズムの経済的誘導の1つの手法で締約国が，途上国で排出量削減事業を実施し，その削減量を自国の削減量に繰り入れることをいい，1997年の気候変動に関する国際連合枠組み条約第3回締約国会議で新たに定められ，採択されている。
42 中国は，当時既に世界で第2位のGDP国であり，科学技術（人工衛星等宇宙開発，核爆弾の保有等）も有していたが，自国を自ら大きな途上国と主張し，途上国及び後発途上国の主導的立場をとっていた。

け，2015 年までに策定を目指すことで各国の合意が得られた。目標の期限は，MDGs の期限と同じであり，2015 年が持続可能な開発に関する国際的に重要な転換点と考えられる。

リオ＋20 では，WBCSD（The World Business Council for Sustainable Development）[43]が提案作成・運営等において大きく支援・貢献している。WBCSD では，前進の BCSD（Business Council for Sustainable Development）[44]で「環境効率」を以下の式により概念を提唱しており，国際的に「グリーン経済」を向上させる有効な手法である。また，SDG の目標を作成する際に重要な視点であると考えられる。

環境効率＝製品またはサービスの価値(量)／環境負荷［環境影響］(量)

OECD は，当該概念を重視し今後 30 年間で 10 倍の環境効率の向上が必要であると表明し，WBCSD への協力を表明している。

しかしこの概念は，非常に大まかな考え方で有り，広い視点で自然科学的な情報を分析しなければ容易に環境効率の向上の結論を出すことはできない。たとえば，ポリ塩化ビニル（PVC）は，耐水性，耐久性等非常に良い材料で有り，製品としての価値は極めて高く，長寿命生であることから環境負荷も小さい。したがって環境効率は高いこととなるが，燃焼（800℃以下）

---

43 WBCSD は，BCSD（Business Council for Sustainable Development）が 1995 年に「世界産業環境協議会（World Industry Council for the Environment」と合併し，世界環境経済人協議会（The World Business Council for Sustainable Development：WBCSD）となった。WBCSD には，33 カ国の主要な 20 の産業分野から 120 名以上のメンバーが集まっており，経済界と政府関係者との間で密接な協力関係を築いている。

44 BCSD は，UNCED の事務局長モーリス・ストロング氏から産業界への要請に基づいて 1990 年に設立した組織で，UNCED に向けて，「持続可能な開発のための経済人会議宣言」を発表している。宣言の中では，「開かれた競争市場は，国内的にも国際的にも，技術革新と効率向上を促し，すべての人々に生活条件を向上させる機会を与える。そのような市場は正しいシグナルを示すものでなければならない。すなわち，製品及びサービスの生産，使用，リサイクル，廃棄に伴う環境費用が把握され，それが価格に反映されるような市場である。これがすべての基本となる。これは，市場の歪みを是正して革新と継続的改善を促すように策定された経済的手段，行動の方向を定める直接規制，そして民間の自主規制の 3 者を組み合わせることによって，最もよく実現できる。」（引用：ステファン・シュミットハイニー，持続可能な開発のための産業界会議『チェンジング・コース』（ダイヤモンド社，1992 年）6-7 頁）と産業界の明確な視点を示している。

した際に猛毒のダイオキシン類の発生が有り，処理処分まで含めると分母の環境負荷が急激に高くなり，環境効率は極めて悪いということになる。ゆえに，ポリ塩化ビニルは，わが国産業界では環境保全のために排除されているのが現状である。

また近年，国際的に問題となっている水銀は，以前は硫化水銀による着色（朱色），体温計の溶媒，蛍光灯の発光原料，金の分離・希釈材料など製品としての価値は非常に高かった。しかし，処理処分が適切に行われなかったこと，金の高騰により途上国で不適切な使用で分離工程に使用された結果，国際的に水俣病が発生し，環境効率が極めて悪くなった。これに対処するためにわが国の水俣市で 2013 年 10 月に国際会議が開催され，「水銀に関する水俣条約」（Minamata Convention on Mercury）が採択・署名されている。

企業の環境リスク管理として，「環境効率」を取り入れているところが急激に増加しており，同様な概念である「資源生産性」[45]と混合した形で取り組まれているのが現状である。しかし，「製品の価値」は比較的容易に表せるが，「環境負荷」算出には高度な科学的な知見が必要で有り，その使用方法等が複雑なことがあるため慎重に対応する必要がある。

サービスであるエネルギーに関しては，2011 年 3 月以前は，原子力発電によるものの環境効率が高いことが数多く示されていた。特に「環境負荷」に気候変動の原因物質とされている二酸化炭素の排出のみをとると，他のエネルギーに比べ格段に良いデータとなっていた。しかし，東日本大震災による被災で大量の放射性物質が環境中に放出されたことで，急激に「環境負荷」が大きくなり，現状では環境効率は低いと評価されることが多い。曝露対策が広がれば，環境リスクも低下し，環境効率が向上することも可能であ

---

[45] ドイツのヴッパータール研究所が 1991 年に提案したもので当初は，「ファクター 10」（持続可能な社会を実現するためには，今後 50 年のうちに資源利用を現在の半分にすることが必要であり，人類の 20% の人口を占める先進国がその大部分を消費していることから，先進国において資源生産性を 10 倍向上させることが必要であること）を主張していた。資源生産性の定義は，「資源生産性＝サービス生産量／資源投入量当たりの財」として表している。その後，1995 年には，ローマクラブの要請により「ファクター 4」を報告しており，「豊かさを 2 倍に，環境に対する負荷を半分に」することを謳っている。

るが現状ではどのような対策が有効であるのか十分な知見が得られていない。

　また，原子力発電の代替エネルギーとして救世主のように注目されているのが，再生可能エネルギーであるが，エネルギー密度が極めて小さい。わが国のエネルギー需要（特に都会のエネルギー需要）を満たすためには，莫大な施設の設置が必要で有り，その材料の調達，及び設置される場所の自然破壊，並びに比較的寿命が短い施設の廃棄時の処理など「環境負荷」の議論がほとんどされないままである。エコロジカル・フットプリント[46]で考えると極めて悪い結果となる。他方シェールガス（天然ガス）の調達も注目されているが，採取する場所での圧力をかけるため大量の水が必要であり，その際に莫大の汚染物質（天然ガス周辺にある多く存在している有害物質）の排出などがある。また産出されるシェールガスの主成分であるメタンは，二酸化炭素の約22倍の温室効果があり漏洩等による地球温暖化面でも環境負荷が大きい。

　「グリーン経済」を推進するために安易な指標を作ると却って，真実の環境効率を低下させてしまう可能性がある。したがって，CSRとして，企業が環境リスク管理を図る際にも安易に，「再生可能エネルギーを利用しているので環境にやさしい」，「クリーンな天然ガスを利用」など曖昧な活動，表現は避けるべきである。環境啓発が目的であるものと実際に環境効率を向上させているものを分類し，対策を講じ公表していくことが必要である。但し，自社開発製品に関するLCCを考慮した環境効率の検討は，非常に重要であり，生産後の環境コストに大きく影響している。商品の環境リスク管理のシステムを構築し，CSRレポート等で情報公開を行っていくことで「グリーン経済」への貢献が図られていくと考えられる。

46　エコロジカル・フットプリントは，人類が資源にどの程度依存しているかを示している。大きな足跡が示されるものほど環境負荷が大きい表示で示される。具体的には，農作物を得るための耕作地の面積，紙や木材を供給するための森林面積など複数の対象が取り上げられている。

4. 環境リスク管理に関する今後の在り方

　企業が対象にすべき環境リスク管理は，これまでの研究・生産活動における有害物質排出等だけではなく，事業活動で扱う商品（もの，サービス）にまで広がってきている。また，科学技術も日々発展してきており，環境汚染・破壊の原因は急激に広がってきている。同時に自然科学的な環境研究も進展し，整備すべき情報も莫大に増加しており，そのデータベース化が法令に基づいて進められている。化学物質に関しては国際的にGHSがコンセンサスを得て，各国が歩調を合わせて対処している。今後，化学物質よりも微少な素粒子の物理的，科学的な解明が進むとリスク管理の方法自体が変化する可能性もある。その際にその情報に基づくリスク管理の秩序をどのようにすべきか，これから自然科学的な知見と社会科学的な知見を総合的に判断し，検討していかなければならないだろう。現状の問題点として，企業間にこれら環境リスク情報の整備について格差があること，及びCSRレポート等で公表される数値情報等に比較が困難であることがあげられる。今後，数値部分だけでも改善されなければ個別企業及び環境全体のリスク管理が十分に行えなくなる可能性がある。

　他方，企業の環境活動は，CSR活動として，経済，社会の面からも検討が行われるようになって来ており，国際的な経済動向又は政治動向にも密接に関わってきている。エネルギー政策だけでも環境政策に強く関わっており，エネルギー政策の目的のみを優先すると環境リスクに関する対処がおろそかになる可能性もある。再生可能エネルギーを単純に拡大するだけでは，一般環境の環境リスクを高めていくだけである。企業の環境リスク管理に関しては，市場に送り出される商品の環境効率を正確に把握する必要がある。リオ＋20では「グリーン経済」の在り方が議論され，国際連合がイニシアチブをとって2015年までに環境を破壊することなく経済発展をするためのSDGが策定されることとなっている。この足かせとなっているのが，UNCEDで「環境と開発に関するリオ宣言」第7原則の「先進国と途上国の

差異ある責任」である。途上国は，この規定を自国の経済成長に役立てようとしているが，そもそもの目的は途上国の衛生問題等の解決である。経済発展している途上国の経済成長のために，「環境効率」の向上が図られなければ，グリーン経済の進展はないだろう。

対して企業は社会に存在する人工物質のほとんどを作っているため，一般公衆との接点となっている企業活動及び商品（もの，サービス）について環境リスク管理を行えば，合理的に環境保護が実施できる可能性がある。企業からCSRレポート等で正確に管理された環境リスク情報を公開することにより，環境リスクの把握が期待でき，合理的にその対処が実施されることが期待される。

しかし，世界各国における企業の環境リスクに関する情報開示の取り組みについては格差があるため，グリーン経済に基づいたSDGを推進するための大きな妨げとなっている。2000年に国連ミレニアムサミットで提案されたMDGsやUNDPが提案しているHDIを踏まえて「グリーン経済」に基づくSDGを策定しなければならない。これには，国際的に企業の自主的な規制を促すISO，IECをはじめとする産業界でのサプライチェーンも含めた規制が極めて重要である。また，環境効率を向上させるには，環境情報の整備が不可欠で有り，基本的な要素である，化学物質の性状情報（ハザード），放出状況（曝露），省資源，省エネルギーなどは，法律により規制することが合理的である。その公開方法としてCSRレポートによる公開の義務づけは企業比較を可能にするために効果的である。

他方，今後ナノテクノロジーをはじめ素粒子に関する技術開発も予想されることから，法規制によって未知のリスクに関するLCAやSDSデータなど基礎情報を整備（企業から行政への登録の義務化）し，産業，一般公衆誰もがアクセスできるような公開を図る必要がある。リスク関連情報が普及することで企業のCSR活動向上に大きなインセンティブを与えることになる。これらは，持続可能な開発を続ける上での基本的であり，最も理解されなければならない環境リスク管理と考える。

（勝田　悟）

第 3 章
企業責任と行政の役割

I．企業責任と商業登記

1．はじめに

　わが国の企業は，グローバルな競争の激化によって経営効率の向上を迫られ，企業を取り巻く環境が大きく変化した結果，企業に対しては，国内外で法的に調和したルールに従った経営をすること，企業倫理を確立して経営の健全化を確保することなどの企業責任が求められている。一方では，企業の管理運営機構の変革は社会の基礎構造の変革にもつながり，社会全体に大きく影響することになることから，企業に対する責任の議論だけではなく，将来の社会を展望した議論がなされなければならない[1]。このような状況下で制定された会社法は，株主や会社債権者など会社を取り巻く関係者の利害調整を図る重要な法律であるとともに，企業経済の効率化や競争力の向上といった経済政策における重要な制度的インフラの1つとなっている。

　しかし歳月人を待たず，その会社法が制定されてから既に8年が経過し，会社法制に対しては様々な問題が顕在化してきた。これを受けて法務省の法制審議会会社法制部会においては，会社法制の見直しについての検討が行われた。検討は多岐にわたって行われたが，企業から発信される情報のディスクロージャーの在り方については，コーポレート・ガバナンスの議論とともに，今日の会社法制における重要な課題の1つとなっている。ディスクロージャー制度のうち，法令に基づく情報ディスクロージャー制度の1つに商業登記制度がある。

　商業登記制度は，120年を越える制度の歴史をもち，これまで取引の安全

---

[1] 企業法学会では，これまでも従来の法分野の枠組みを越えて企業法務にとって重要な法分野を取り上げ，これらに具体的に対処していくために，企業に関する法律問題を有機的かつ学際的に取り扱ってきた。

などに寄与し，日本経済の一翼を担ってきた。幾多の時代の要請に応えて法改正や制度改革が行われ，近時は高度情報化社会の要請を受けてコンピュータによる処理が実施された。しかし，数多くの問題点が指摘されており[2]，現在の制度機能のままでは商業登記制度の意義・目的を十分に発揮することはできない。商業登記制度を変革するための取組みに対しては，従来の伝統的な発想からの転換を迫らなければならず，制度改革という対症療法的な方法だけによるのではなく，制度機能に対する原因療法的な方法をもあわせて検討していかなければならない。このような商業登記制度をめぐる状況がある一方で，企業にとっても何が「行為に応じた責任」に当たるのかが，必ずしも明確とはなっていない。

そこで本稿は，行政の役割として，会社情報に関するディスクロージャーの拠点を確立し，会社情報の公開に対するチェック機能を担うこと，商業登記制度が公示制度という従来の役割だけではなく，コーポレート・ガバナンスを支える制度として会社の健全性や透明性が促進されるような役割を果たすことなどの観点から，商業登記制度の今日的変容による新たな制度的意義を見いだす視点を模索する[3]。すなわち，「国家がコストをかけて取り扱うだけのメリット」を基本コンセプトとし，企業責任を踏まえ，「企業にとって商業登記とは何か。」という観点から，商法や会社法などの商事実体法の規定に基づき，商事手続法である商業登記法という行政法によって，行政組織である商業登記所が担う一連の商業登記制度の体系（以下，「商業登記のシステム」という。）を見いだす視点である。なお，本稿で対象とする「責任」は，これまで議論されてきたような株式会社が取締役辞任の登記を懈怠したような場合に，会社や取締役に負わせる責任とは一応区別する。

また，本稿で対象とする企業は，商業登記をすることが要求されている企

---

[2] 松井智予「第5編　技術革新と会社法」中東正文＝松井秀征編著『会社法の選択―新しい社会の会社法を求めて』（商事法務，2010年）910-912頁。

[3] 制度の現状分析をするためには，制度の実態と規定の形式，あるべき制度を検討しなければならない。特に経済学的視点からは，商業登記制度という法的ルールが会社行動にどのような影響を与えているか，どのような規定（制度）が望ましいかといった観点からの分析が必要である。柳川範之＝藤田友孝「序章　会社法の経済分析：基本的な視点と道具立て」三輪芳朗＝神田秀樹＝柳川範之編『会社法の経済学』（東京大学出版部，1998年）1-3頁。

業が前提となることから,健康保険組合などのように,そもそも登記が要求されていない法人,全国健康保険協会や学校法人などのように法人登記が要求されている法人,個人商人の商号の登記などのように商業登記ではあるが,その登記をするかどうかについては任意であるような企業については対象外とする。したがって,ニュアンスの違いから企業と会社とが混在しているが,特に断りがなければ,会社法による会社,特に株式会社を対象として論じている。

2. 企業情報開示の必要性と商業登記制度の評価

(1) 企業情報開示の必要性

　企業情報の開示の機能としては,第1に,株主,会社債権者,投資者,消費者,地域社会など,企業を取り巻く利害関係者が行動するために必要な情報を提供する機能がある。第2に,企業行動をチェックする機能がある。コーポレート・ガバナンスの観点からも,企業行動の合理性や合法性を確保するためには広く社会からチェックを受けることが必要であり,企業情報の開示は重要な意義を有している。企業情報の開示が重視されるようになった背景としては,企業の資金調達方法の変化,企業活動及び取引環境の国際化,企業の社会的責任という企業を取り巻く環境の変化が考えられる。

　企業の資金調達の方法が間接金融から直接金融へとシフトすると,企業としては情報を開示して投資者に企業の健全性をアピールする必要がある。また企業活動や資金調達が国際的になると,異なる国の企業内容を比較するために開示制度が同質的であることが要請され,わが国の企業情報に関する開示諸制度を国際的な水準に引き上げる必要性が生じたことも,企業情報の開示が重視されるようになった要因といえる。たとえば,不良債権や含み損は企業の信用や評価にも大きく影響することになるので,企業情報としての計算書類等の開示がより強く求められる。そのほかにも,ゴミやエネルギー問題などの環境問題に対して企業活動の開示が企業情報として求められていること,企業不祥事の多発により企業活動に対する社会の関心の高まりが企業

の社会的責任を追及するようになったことなどの要因が企業情報の開示を重視するようになった背景にある。

さらに，市場の枠組みを守るためのルールの前提として，自らの行動を自らの意思で決定できるような企業情報の開示が不可欠となる。市場の枠組みを守るためのルールとしては，市場に参加する人が必要情報を入手できること，市場に参加するための手続きが保障されていること，市場に参加した人が結果を甘受する自己責任の原則を守ることが必要であるが，自己決定権の保障を前提とした自己責任の徹底という図式を有効に機能させるためには，正確な情報提供を確保する制度的保障が必要である。

(2) 商業登記制度の現状と課題
① 商業登記制度の意義

商業登記制度は，商人（会社・外国会社・個人商人）に関する一定の事項を商業登記簿に記載することをいい，商人と取引をする相手方が不測の損害を被ることのないように取引の安全と円滑を図るという重要な役割を果たすとともに，あわせて商人自身の信用の保持に役立てることを主な目的としてできた制度である[4]。商業登記法の第1条も，「この法律は，商法（明治32年法律第48号），会社法（平成17年法律第86号）その他の法律の規定により登記すべき事項を公示するための登記に関する制度について定めることにより，商号，会社等に係る信用の維持を図り，かつ，取引の安全と円滑に資することを目的とする。」と規定している[5]。このように商業登記制度は，商取引における法律関係の安定を図るために取引の信用の基礎となる会社等の商人に関する重要な事項について公示をする制度である[6]。

なお，商業登記は権利義務の主体に関する登記である点で，権利の客体に関する不動産登記と異なり，同じく権利義務の主体に関する登記で会社以外

---

[4] 第43回国会参議院法務委員会平賀政府委員答弁（昭和38年5月9日），衆議院法務委員会上村委員発言（昭和38年7月4日）などの商業登記法制定過程の資料による。
[5] 平成25年5月31日法律第28号改正時点。
[6] このような商業登記制度の目的に疑問を示す見解もある。高橋勉「商業登記制度に対する疑問」加藤勝郎＝柿崎榮治＝新山雄三編『商法学における論争と省察（服部榮三先生古稀記念）』（商事法務研究会，1990年）556頁。

の法人に関する法人登記があるが，商業登記は法人登記とも異なる。

② 商業登記制度の現状把握

　商業登記所における会社情報の公開制度を制度利用者のニーズに応えることができるような制度とするためには，商業登記制度の現状をできる限り客観的に把握することが必要である。これまでは実務の経験則をもとに商業登記手続を解説したものが中心となっており，このこと自体の重要性は十分に認識されている。しかし，客観的な事実や実態をもとにした社会科学的視点から商業登記制度自体を研究したものはなく，制度利用者のニーズ，利便性や効率性から掛け離れた制度像が形成されてきたことも，また事実である。

　そこで商業登記制度については，金融商品取引法，各種消費者保護法，情報公開法等の法律の要請に基づくものなど，他の法令に基づく既存の企業情報に関する開示制度やソフト・ローといわれる日本経済団体連合会の企業行動憲章などを参考に，開示制度としての位置付けが探究されなければならない。加えて，商業登記制度も法的ルールである以上，制度が生成・採用・維持されている理由，一律に強制することの合理性，制度利用者の利益増進という視点からの検討を行うことも必要である[7]。

　商業登記制度をめぐっては数多くの問題点が生起しているとはいえ，今日までに果たしてきた役割は極めて大きなものがあり，十分に評価することはできる。経済活動に携わる人々の制度機能に対する関心が非常に高いことの徴証は，社会経済の動きに合わせた新たな情報ビジネスの創意工夫が絶えず繰り返されていることからも推知することができる[8]。たとえば，民間の信用調査会社では，利用者に対して企業情報をオンラインにより提供するサービスをビジネスにしているが，このようなビジネス自体が成立することは商業登記制度の在り方を考える契機になる。そして，コンピュータ化された商業登記制度の在り方からも，法務サービスを効率的に提供する観点からも，商業登記制度そのものが転換期を迎えている。

7　三輪ほか・前掲注(3)はしがきiv頁。
8　原田晃治「高度情報化社会と商業登記制度」登記研究594号（1997年）47頁。

③ 商業登記制度の課題

　商業登記制度の主要課題としては，制度の信頼性の確保と多様な国民ニーズへの対応がある。信頼性の高い情報とするために，商業登記の申請には登記事項の真実性を担保する書類の添付が義務付けられ，登記の懈怠や虚偽の申請に対しては行政上の秩序罰である過料の制裁を課すこと（会社法976条1号）や公正証書原本不実記載等罪の刑事罰（刑法157条）を科すことにより，商業登記の真実性を担保している[9]。また，登記官という専門職の公務員が審査するとともに（商業登記法4条），登記官は一般職の国家公務員として上級官庁の監督に服する義務や守秘義務を負っている（国家公務員法98条1項・100条1項)[10]。そして，誤った職務執行を行った場合は国家賠償法を適用して救済を図る（国家賠償法1条）など，職務執行を確保するための手続きが保障されている[11]。このような手続保障は，国家が商業登記制度を整備かつ運用する根拠とされる[12]。さらには，商業登記と私法的な効果を結び付けること[13]，未登記のままの登記義務者を不利に扱うこと（会社法908条，なお商法9条）によって，情報の正確さを確保しようとしている。

　しかし商業登記事項としての情報収集は，登記義務という概念のもと，商業登記に関係する者に不利益を課すことによって実現されている。このような制度体系と相俟って[14]，商業登記の効力をめぐる解釈論[15]に関する数多く

9　登記の真実性確保の観点から一定の限られた場合には，申請人以外の者で当該登記に直接関係がある者が提出した裁判書，証明書その他の官公庁発行の公文書については，審査資料とする余地があることを示唆する。永井紀昭「形式的審査主義と審査資料の範囲」登記先例解説集299号（1986年）5頁。
10　登記官による本人確認を規定する，平成25年5月31日法律第28号改正時点における商業登記法23条の2の申請権限調査義務も，登記官の義務である。
11　真実性の担保及び登記申請の義務という観点からみた当事者申請主義に対する疑問として，過誤による虚偽の登記は少なくなるであろうが，故意による虚偽の登記申請に対しては，全くの無防備であることを指摘する。高橋・前掲注(6)566-567頁。
12　この点について，「国家がそれをなす場合には，法的統制力を用いることができるだけに，民間事業で望むべくもない強みが発揮される。商業登記制度にあっては，登記すべき事項を登記する義務が，商人に課される。違反に対しては，国家は罰則を定めることもできる。」ことを指摘する（浜田道代「商業登記制度と商業登記の効力」民事研修434号（1993年）12頁）。
13　株式会社の設立に関しては，登記を効力の発生要件としている（会社法49条）。
14　商業登記制度においては，登録免許税などの登記費用についても登記義務者が負担する仕組みとなっている。浜田・前掲注(12)13頁。
15　浜田道代「商法12条と外観信頼保護規定」北沢正啓＝浜田道代編『商法の争点Ⅰ法律学の争

の論文が発表されている。これらの論文は，商業登記の効力に係る争訟に現れてくるような病理的な現象について，具体的妥当な結論を見いだすために有効で優れたものが多い。しかし病理的な現象を扱うために，その法理を商業登記にそのまま妥当させてしまうと，商取引における商業登記の意味合いを希釈化させてしまう危険性もある。商業登記が会社等の商人などの関係者及び制度利用者にとって改善の余地があることは疑いないが，解釈如何によっては商業登記事項に対する不必要な軽視につながり，ひいては商業登記事項の信頼性が損なわれることにもなりかねない。

さらに，商業登記は会社等の商人に関する組織等の実体や内容を正確に反映かつ公示する役割を果たさなければならないが，その役割を十分に果たしているとはいえず，国民のニーズに応えられる制度にはなっていない[16]。商業登記制度が国民のニーズに応えられるようにするためには，できるだけ正確に実体が登記に反映されるような内容のものに調整するとともに，そのような方向での法解釈のために努力する必要がある[17]。商業登記情報の収集方法も登記義務者にインセンティブを与えることにより，積極的に情報が提供されるようにする商業登記のシステムを検討する必要があろう。

(3) 制度変革に対する視点

改革される制度とその内容の信頼性確保の方法との関係については，前者は後者の基礎のうえに成り立ち，制度を支えている個々の信頼性確保のための制度がうまく機能しないと，その影響は制度全体に及ぶことにもなりかねない。また，改革される制度が多様な国民ニーズに対応しているのかについての検証方法も確立させる必要があろう。

商業登記制度の改革として，登記情報のコンピュータ化[18]は実施された

点シリーズ 4-1 総則・会社』ジュリスト増刊（1993年）12-13頁。
16 法務省・法務局の責務として，「私法上の法秩序の維持のための法制度については，法務省が責任をもっている。法務省としては，会社法秩序の健全化をはかる責務を負い，その現場機関として法務局もできるだけの努力をすべきである。」と指摘する（稲葉威雄「商業登記に関連する制度的課題」登記研究 500 号（1989年）117頁）。
17 稲葉威雄「商業登記と商事実体法との整合・抵触」登記先例解説集 362 号（1992年）11頁。
18 コンピュータ化の必要性について，①民間企業が提供するサービスを視野において，制度の改善を図ることの必要性，②行政庁の行政手続の全面的な情報化に遅れをとらないように，そ

が，計算書類の登記所における公開[19]，提供する情報の開発体制の確立[20]，サービス体制の確立などが取り組むべき課題としてある。そして，このような課題に取り組むためにも，また制度の与える影響などを様々な観点から検討するためにも，商業登記制度が及ぼす作用にも注目する必要があるのではないだろうか。

3. 計算書類公開議論の覚書

(1) 開示制度の枠組み
① わが国における企業情報の開示制度

一般的に知られている会社情報の開示制度には，会社法上の開示と金融商品取引法上の開示がある。会社法上の開示は株主及び会社債権者に対して会社情報を開示する制度で，主に会社財産の内容を開示するものである。これに対して，金融商品取引法上の開示は投資家に対して企業内容を開示する制度で，主に会社事業の内容を開示するものである。

イギリスやフランスなどの多くの国々で商業登記所等における公開が義務づけられ，オンラインにより入手することができる仕組みとなっている計算書類の公開は，商業登記所における会社情報の公開に関する最重要課題の1つとなっていた。諸外国の公開状況を踏まえると，わが国においても行政の責任として計算書類の公開制度を確立させる必要性がある。商業登記所にお

の促進を図ることの必要性，③ オンラインによる登記情報システムの開発と併行して，商業登記のコンピュータ化を進めることの必要性を挙げ，さらに，将来到来するであろう電子取引の安全を図るための不可欠の前提として，④ 利用者の要求に応じた商業登記情報等の即時提供体制を整備することの必要性を挙げていた。原田晃治「商業法人登記のコンピュータ化を急ぐべき四つの理由」民事月報52巻5号（1997年）4-8頁。

19　計算書類の登記所における公開により，商業登記所が会社情報の本格的なディスクロージャーの拠点として重要な地位を確立する可能性を示唆する。寺田逸郎「商業法人登記・供託行政の現状と課題」青山正明編著『民事法務行政の歴史と今後の課題（上巻）』（テイハン，1993年）346頁。

20　提供が望まれる情報として，会社設立情報や会社の役員変更情報などが提案されていた。神崎満治郎「商業登記所における情報公開制度とその展望」青山正明編著『民事法務行政の歴史と今後の課題（上巻）』（テイハン，1993年）39頁。

ける計算書類の公開が実現されれば，より効率的な開示が実現されるといわれており，国際的な企業情報開示の仕組みとも調和するといえる。

② 会計基準の国際的調和の必要性

わが国の会計基準について国際的な調和が必要となった理由としては，大別して3つのことが挙げられる。

第1は海外進出などにより多国籍化する企業が増加していることを背景として，金融資本市場の国際化によって資金の調達と運用がグローバルな規模で行われるようになったこと，各国の企業が公表する財務諸表（計算書類）を利用可能なものとするために作成の基礎となる会計基準を国際的に統一または調和させようということである。

第2は会計基準の国際的調和を促す要因として，財務諸表（計算書類）の比較可能性を求める情報利用者の要求がある。企業環境は国際化の一途をたどっており，会計情報が国際間で利用されるためには，異なる国で作成される財務諸表（計算書類）が相互に比較可能でなければならないことである。

第3は企業の財務諸表（計算書類）の公開を励行していないことによって，わが国の会社制度をはじめとした企業全体の歪みをもたらし，わが国の経済社会に病理現象を生じさせており，そのようなわが国企業の閉鎖性や企業行動の不公正さが国際化に反することである。

(2) 計算書類公開の議論
① 計算書類公開の現状

法律上は有効な取引がなされても，相手方企業が倒産してしまえば取引の目的を達成することができなくなる。現実問題として，無効な契約を締結する危険性よりも企業倒産のために債権回収が困難になる危険性の方が高くなれば，企業の信用状態を判断する資料である計算書類の公開は実質的な取引の安全の見地から強く求められることになる。

計算書類の公告については，インターネット上のウェブサイトによる貸借対照表の開示が平成13年11月28日法律第128号による商法283条5項の追加改正によって初めて規定され，平成16年6月9日法律第87号による商

法283条7項の追加改正を経つつ，その後制定された会社法440条3項においても同様の規定が設けられている。また，金融商品取引法の規制が適用される上場株式会社では，計算書類の公告について励行されていることから，計算書類の公告規定は適用されない（会社法440条4項）。

しかし計算書類の公開について問題とされているのは，中小規模の企業である。中小規模の株式会社においては依然として貸借対照表の公告を行っておらず，これを行わせる行政的な努力もほとんどなされていない。現実も，中小規模の株式会社において計算書類の閲覧を求める債権者は大口取引先や銀行に限られており，一般の債権者は取引関係の円満を考慮して，自発的な計算書類の公表を待つ以外に方法がないといわれている[21]。

②　商業登記所における計算書類公開の意義

商業登記所において計算書類を公開する制度は，イギリス会社法，ドイツ株式法，フランス会社法，イタリア民法，ヨーロッパ共同体会社法調整第4ディレクティブ等にみられ，ヨーロッパでは一般的な制度である[22]。株式会社は，原則として会社財産のみを債務の引当てとするので，会社財産及び経営の状況は，会社債権者だけではなく，潜在的な会社債権者が会社に対して信用を与えるかどうかの判断材料となる意味でも，計算書類の開示は当然の要請である。

中小株式会社の計算書類の公開について実効性があがれば，その及ぼす影響は取引の安全だけではなく，株主間関係の公正化にも貢献することになる。そればかりか，従業員に対する関係においても透明性のある経営が行われることになり，中小株式会社の近代化・合理化を推し進めることができる[23]。

21　浜田道代「企業と公示制度」竹内昭夫＝龍田節編『現代企業法講座1 企業法総論』（東京大学出版会，1984年）165頁。
22　浜田・前掲注(21)166-167頁。
23　浜田・前掲注(21)172頁。

③ 商業登記所における計算書類公開のメリット

　商業登記所における計算書類の公開は，これまでとは違った新しい機能を付与することになるといわれ，計算書類の公開が会社制度を運営していくうえで，社会的にも法的にも有用な制度となる[24]。商業登記所における計算書類の公開は，利害関係者のアクセスも容易で公告に比較して情報量を多くすることができる。また，現行の計算書類公開制度である公告制度が機能しない原因の背景として義務履行制度の未確立があるのであれば，計算書類の公開に対して履行の確保を図ることができる。現行法上，計算書類の公告義務の不履行は会社法上の過料の対象となっているが（会社法 976 条 2 号），現実には過料の制裁が機能していない。会社法上の過料が機能している唯一の例外は，商業登記所がチェックできる登記懈怠だけである（会社法 976 条 1 号）。

　このように商業登記所における計算書類の公開制度は義務の履行を確保できる仕組みを備えており，登記懈怠の過料の通知をすることで，その制裁を通じて義務履行を図ることも，計算書類の提出を休眠会社の整理の基準とすることもでき，商業登記をより実態に近づけることができる[25]。現行会社法の休眠会社の整理のように，株式会社に関する登記が最後にあった日から 12 年を経過したという基準ではなく（会社法 472 条 1 項），会社休眠の実態により適合する計算書類の不提出に基準を求めることも，かつて検討されていた[26]。

　この制度を実現するためには，公開の方法，商業登記所職員の職務状況への影響等を慎重に考慮し，商業登記所内外のコンセンサス（合意）を得ることなど検討すべき事項は多いとされていた。しかし，計算書類の公開は基本的に秘密の保持や保全の問題がないことから，商業登記のコンピュータ処理が実現した今日においては，多くのことがクリアされている。後は，計算書類を公開するという国家と企業の構えの問題であろう。

24　稲葉・前掲注(16)115 頁。
25　稲葉・前掲注(16)117 頁。
26　大森淳「商法・有限会社法改正試案と商業登記」登記研究 470 号（1987 年）46 頁。

④ 商業登記所における計算書類の公開に関する経緯

この問題が最初に取り上げられたのは，商業登記法が制定された前年の昭和37年である。同年2月2日法制審議会が答申した「商法の一部を改正する法律案要綱」第13は，「株式会社は，貸借対照表及び損益計算書を登記所に提出するものとし，何人もこれらの書類を閲覧することができるものとすること」と定めていた。しかし，商業登記所の人的かつ物的施設の制約があって実現せず，この構想は商法改正の課題として昭和54年の「株式会社の計算・公開に関する改正試案」，昭和61年5月15日に公表された「商法・有限会社法改正試案」（ともに法務省民事局参事官室）で提案された。その後も，会社の社会的信用を高めるとともに債権者の保護を図るという観点から，計算書類の商業登記所における公開については，平成2年と平成5年の商法改正の際に付帯決議がなされている[27]。

計算書類の公告は，株式会社とは別の法的存在としての構成員である株主（社員）が有限責任を享受するために要求されるもので，株主（社員）から出資された責任財産が会社財産として個人財産から分別管理され，かつ運用された会社財産の状況を公開することが不可欠だからである。そして，計算書類の公告は最も形骸化の著しい規定の1つといわれているが，計算書類の公告が遵守されずに実効性が乏しいということであれば，これに代わる計算書類の公開の方法を確保する必要がある。その代替方法としては，やはり商業登記所における公開ということになろう。

(3) 計算書類公開実現のための視点

① コンセンサスの問題

商業登記所が公開する計算書類は，その大部分が中小会社の計算書類となる。そもそも中小会社の計算書類の公開と監査に関する中心的な問題は，会社法と関連した中小会社の計算書類の在り方にあった。この問題の背景には，日本経済を活性化するものとして期待されたニュービジネスやベンチャービジネスの育成や未公開株式取引の開始，中小会社の海外進出などが

---

27 菊池洋一「商業登記制度百周年の回顧と今後の展望」菊池洋一編著『商業登記制度をめぐる諸問題』（テイハン，1994年）15-16頁。

あり，中小会社の近代化という大きなテーマも内包していた[28]。

商業登記所における計算書類の公開を実施すべきか否かについては，会社法と関連した中小会社の計算書類の在り方を含め，計算書類の公開がもたらす利益が国家の予算措置を正当化するほどの便益となるのか否かという点[29]にあり，この点が商業登記所における計算書類の公開制度を導入するために合意しなければならない大きな問題である。

② 個別具体的な問題

商業登記所における計算書類の開示を求める立法論に対しては，債権者保護に重要な意味を持たない，企業秘密の漏洩など競争相手に経営状況を知られる，下請企業保護のためには下請企業の財務内容を明らかにしない必要がある，財務内容の悪いことが明らかになると公共事業などの受注に不利である，経理能力の劣る中小企業に不利である，利害関係者が少ないから開示の必要性は小さい，会社業務の煩雑・コスト増につながるなどの問題点が指摘されている[30]。

これらの個別具体的な指摘を問題として整理してみると，コスト・ベネフィットの問題，公開を議論する時期の問題，内容について何を正しいものとするかの問題に整理することができる。内容については，事実の報告である計算書類を商業登記事項として法的にどのように捉えるかという問題も考えられる。これに関連して，わが国においては計算書類が税務主導で浸透してきたこともあって企業会計（会社法会計）と税務会計とでは異なる部分があり，監査制度についても異なるところがある。このような計算書類の内容確認については登記官が確認するのか，会計監査人等（公認会計士，監査法人あるいは税理士など）が確認するのかという確認者の問題も生じる。

なお，金融商品取引法が定める有価証券届出書や有価証券報告書の公衆縦

---

28 中嶋修「中小会社の計算書類の公開と監査に関する研究報告書の概要」商事法務 1469 号（1997 年）21 頁。なお，商業登記所における計算書類の公開などの整備により，商業登記制度が企業金融を担保する役割を果たすべきとの主張もある。鈴木節雄「閉鎖的中小企業の商業登記と担保能力向上としての法的人為資産性」黒木三郎先生古稀記念論文集刊行委員会編『現代法社会学の諸問題（黒木三郎先生古稀記念）（上）』（民事法研究会，1992 年）696 頁。
29 神崎克郎「商法上の会社開示制度」神戸法学雑誌 30 巻 1 号（1980 年）44-45 頁。
30 弥永真生「計算書類の登記所における公開」商事法務 1474 号（1997 年）9-10 頁。

覧制度においては，これらの書類につき，内閣府（金融庁）の係官が記載の完全性及び正確性について審査し，それに重大な虚偽記載または記載漏れがあるときは内閣総理大臣（金融庁長官）が訂正報告書の提出命令などを発することができるものとされている（金融商品取引法7条1項・9条1項・10条1項・24条の2第1項など）。しかし計算書類等の商業登記所における公開においては，現行商業登記法下における登記官の審査権の問題もあり，登記官がこのような行政的関与を行うことは検討されていない。

③ エキスパートシステム導入の問題

エキスパートシステム[31]という審査事務のソフトを開発することによって，審査を補助することはできないかという議論がなされたことがある[32]。

このエキスパートシステム導入の問題に対しては，現行商業登記法下における登記官の審査権の問題から，事実の報告である計算書類を法的にどのように捉えるかという問題と計算書類の内容に対する確認者の問題と同様の問題が生ずると考えられる。

審査事務のソフトを開発することは必要性が高いと思われ，計算書類の内容確認についても審査事務のソフトを開発することの必要性は高く，エキスパートシステムの導入とともに導入に向けた法令等整備の検討が求められる。

4. 商業登記制度を運用する行政の担当能力

(1) 商業登記担当組織の変遷

商業登記制度は，明治23年商法（明治23年4月26日法律第32号）（以

---

[31] エキスパートシステムとは，人間の専門家が有する知識をコンピュータにプログラムして，その専門家が有する能力をもつようにしたコンピュータシステムのことである。このシステムは知識の量と質とを重視していることに特徴があり，分析型の問題に対して実効性があると考えられている。

[32] 味村治＝原田晃治「商業登記制度の過去と未来を語る」登記情報36巻4号（1996年）18頁（味村発言）。

下,「旧商法」という。)により創設された。旧商法は,明治24年1月1日の施行が法典論争により延期され,第一編第二章商業登記簿に関する規定は,商事会社に関する規定が明治26年7月1日に施行されたことに伴い,商事会社についてのみ同日から施行された[33]。その旧商法中第一編第二章商業登記簿に関する18条から22条の規定には,登記の申請,実行,却下等に関する手続規定も含まれていた。ちなみに,旧商法下での商業登記の事務は非訟事件の一種として区裁判所の管轄に属し[34],単独判事が取り扱うものとされた。

明治32年6月16日に施行された現行商法(明治32年3月9日法律第48号)では,担当組織は裁判所構成法及び裁判所構成法施行條例の規定が適用され,商業登記の事務を取り扱う登記官吏には区裁判所判事及び出張所の裁判所書記を包含すると理解されていた[35]。大正2年4月7日法律第6号による裁判所構成法の改正によって,非訟事件中の登記事務は裁判所書記に取り扱わせることができるようになった。

昭和22年5月3日の日本国憲法の施行に伴い,三権分立の趣旨から,同日施行の裁判所法(昭和22年4月16日法律第59号)により,司法省官制が改められた。裁判所は行政組織である司法省から分離独立し,裁判所及び裁判に関する事務は最高裁判所に移管され,それ以外の事務が行政に属するものとして司法省が所管することになった[36]。このような組織変革により,商業登記の事務は裁判所から行政機関に移管され,商業登記の事務は行政官である登記官により担われることになったが,引き続き,商業登記の手続は商業登記法が制定されるまで非訟事件手続法により規律されたままであった。

33　商法及商法施行条例中改正並施行法律(明治26年3月6日法律第9号)3条は,「商法第一編第二章及ヒ第四章ハ右同日ヨリ商事會社ニ付テノミ之ヲ施行ス」と規定していた。
34　裁判所構成法(明治23年2月10日法律第6号)15条は,その柱書きで「區裁判所ハ非訟事件ニ付法律ニ定メタル範圍及方法ニ從ヒ左ノ事務ヲ取扱フノ權ヲ有ス」と,その第三で「商業登記及特許局ニ登録シタル特許意匠及商標ノ登記ヲ爲ス事」と規定して商業登記を区裁判所の権限としたが,商業及ヒ船舶ノ登記公告ニ関スル取扱規則3条は「商業登記簿ハ附録第二号乃至第九号ノ雛形ニ依リ地方裁判所ニ於テ調製スヘシ」と規定していた。
35　的場繁次郎『商業登記法釋義』(明治大學出版部,1911年)23-24頁。
36　菊池・前掲注(27)5-6頁。なお,現在は法務省設置法(平成11年7月16日法律第93号)4条21号の規定により,法務省の所掌事務となっている。

(2) 登記官の審査権に関する規定の変遷

旧商法下では登記申請の受否について，登記官吏が登記の申請を不適当と認めるときは，当事者に対し補正を求めることができ，補正できないとき，当事者が補正に応じないときは，理由を付した命令書で申請を却下できるとされていた。商業登記手続の細目については，商業及ヒ船舶ノ登記公告ニ関スル取扱規則（明治23年10月29日司法省令第8号）7条で商業登記申請の受否を規定していた。しかし，どのような場合に登記申請を不適当と認めるのか，登記官がどのような事項を審査の対象とするのかなど，現行商業登記法24条のような規定は存在していなかった[37]。

現行商法では商業登記に関する実体規定が定められ，商業登記の手続は同時に施行された非訟事件手続法（明治31年6月21日法律第14号）に規定されたが，登記申請の具体的な却下事由は規定されなかった。非訟事件手続法は，第三編商事非訟事件中に第三章商業登記を設け，第一節通則139条から第八節外国会社205条までの条文を置いて商業登記の手続を規律した。なお，商業登記手続の細目については，商業登記取扱手続（明治32年5月13日司法省令第13号）で規定されていた。

昭和38年には商業登記法（昭和38年7月9日法律第125号）が成立し，昭和39年4月1日から施行された。商業登記法は，非訟事件手続法の商業登記に関する規定を大幅に改正して非訟事件手続法から分離独立させ，商業登記の手続に関する単行法として制定された。非訟事件手続法の商業登記に関する規定は，商業登記法の施行に伴う関係法令の整理等に関する法律（昭和38年7月9日法律第126号）により，第三編第五章の139条及び140条の条文を残して削除された（以下，商業登記法の施行に伴う関係法令の整理等に関する法律による改正前の非訟事件手続法を「旧非訟事件手続法」という）。これに伴い，商業登記の手続の細目を定める省令として商業登記規則（昭和39年3月11日法務省令第23号）が制定され，商業登記取扱手続は削

---

37 商業及ヒ船舶ノ登記公告ニ関スル取扱規則（明治23年10月29日司法省令第8号）7条は，「登記官吏ニ於テ登記ノ届出ヲ不適当ト認ムルトキハ当事者ヲシテ改正セシム可シ之ヲ改正シ得ヘカラサル場合又ハ改正セサル場合ニ於テ登記ヲ拒ムトキハ理由ヲ付シタル命令書ヲ発ス可シ」と規定していた。

除された。

　商業登記の事務は行政官である登記官により担われることから，商業登記法制定の目的の1つには登記官の審査権の範囲を明確にすることにあった[38]。商業登記法の立法に際しては，旧非訟事件手続法151条の規定が登記申請の却下事由を概括的かつ抽象的に規定していたことが登記官の審査権について疑義が生じた原因であるとして，商業登記法24条においては登記申請の却下事由が各号に具体的かつ個別的に列挙されることになった[39]。商業登記法と同時に施行された商業登記規則38条は，登記官が申請書を受け取ったときは，遅滞なく，申請に関するすべての事項を調査しなければならないと規定された。

(3) 商業登記法における登記官の審査権

　登記官の審査権の問題については，登記官がどのような事項を審査の対象にするべきかという審査の対象の問題と，審査の対象となる事項をどのような資料に基づいて審査するべきかという審査の方法の問題がある。審査の対象の問題については形式的審査主義と実質的審査主義の対立があったが，商業登記法の制定によって立法的に解決された。商業登記法においては，審査の対象に関して実質的審査主義に近い考え方が採用された[40]。「形式的」という語は，審査の方法ないし審査に用いる資料に着目した表現である[41]。

　また登記官の審査権の問題と関連して，登記官が審査をする際に高度な法的判断をする必要がある場合，法解釈に争いがある事項について登記官が審

38　味村治「商業登記制度の改正」商事法務研究267号（1963年）5-6頁，鴻常夫「商業登記法の制定について」法学セミナー91号（1963年）57-58頁。
39　柳田幸三「商業登記における登記官の審査権について」菊池洋一編著『商業登記制度をめぐる諸問題』（テイハン，1994年）30頁，筧康生＝神﨑満治郎＝立花宣男代表編集『全訂詳解商業登記上巻』（きんざい，2011年）234-235頁。
40　喜多了祐「登記官の審査権」ジュリスト300号（1964年）184-185頁。
41　この点について，「審査の対象には，実体的事項が含まれるのであるから，登記官の審査権全般を形式的審査権と呼ぶことが適当かどうかについては，問題がないわけではないが，他に適当な語が見当らないので，差し当たり，実務の用例に従い，この語を用いることにする。なお，登記官の審査権について判示した昭和61年11月4日の最高裁判決が『いわゆる形式的審査』という呼び方をしているのは，このような点を考慮したものであろうと思われる」としている（柳田・前掲注(39) 36頁）。

査権を行使する場合などに，その判断過程で法解釈を行うことができるかという問題がある。さらに，登記官の処分の適否が抗告訴訟で争われた場合に，抗告訴訟における司法審査の範囲の問題として，裁判所は登記官が資料として用いることのできる資料以外の資料に基づいて処分の適否を判断することができるかという問題もある。

議論された形式的審査主義と実質的審査主義とでは，法定の登記事項であるか否か，登記所の管轄に属するか否か，申請者が申請権限を有するか否か，申請書等が法定の形式を具備しているか否かなどについて，登記官吏が審査権限を有することに対立はなかった。登記官吏がこのような単に形式上の適法性のみならず，申請内容が事実に適合するか否かについて審査権限を有するかどうかが対立点であった。しかし両説の主張はともに，すべての場合に事実の調査を要求するものではなく，それほどの差異はない。

このような見解を踏まえて，商業登記法は登記官の審査権の明確化を図る趣旨から，商業登記の事務は登記官によって取り扱われ（商業登記法4条），商業登記における登記官の審査の内容は商業登記法24条に規定される却下事由に統合された。登記官は，登記の申請または嘱託がなされると，商業登記法24条各号所定の事由があるかどうかについて審査することになり，商業登記法の制定は審査対象の問題を立法的に解決したわけである。しかし，審査の方法ないし審査資料の範囲の問題については，商業登記法及び商業登記規則には規定されていないので，この点について立法的には解決されていない。

(4) 裁判所が判示した登記官の審査権

商業登記実務では書面のみを資料とする書面審査をいわゆる形式的審査と呼んでいるが，商業登記法には不動産の表示に関する登記における登記官の実地調査権（不動産登記法29条）のような規定がないので，職務上審査資料を得る手段はない。そして，商業登記法自体も登記申請の添付書面を個別具体的に規定していることから，登記官の審査に用いる資料は登記簿，登記申請書及び法定の添付書面に限定される実務の運用は正当とされている。学説も，商業登記が裁判所の取り扱う事件ではないことなどから，このような

意味における形式的審査主義を支持している。

登記官の審査権限のうち，立法的には解決していない審査の方法ないし審査資料の範囲の問題に対して最高裁判所が判示したものとして，昭和43年12月24日第三小法廷判決[42]がある。この判決は，登記官が申請書，添付書類，登記簿等法的に許された資料による限りで審査できる旨を判示した。さらに昭和61年11月4日第三小法廷判決[43]は，登記官が審査に用いることができる資料は登記簿，申請書及び添付書類に限定され，商業登記法における登記官の審査権も形式的審査の範囲に限定されることを明らかにした[44]。

登記官の処分の取消しを求める抗告訴訟における司法審査についても，審査に用いることができる資料をすべて斟酌して処分の当否を判断することができるか問題となる。抗告訴訟の訴訟物は処分の違法性一般であり，審査の対象は行政庁の権限行使の違法性の有無であることから，原処分の判定の基礎となる資料が限定されている場合には，裁判所が処分行政庁の審査権限の範囲に属さない資料をもって適否を判断することは原処分における適否判断の範囲を逸脱することになる。抗告訴訟において登記官の審査権の範囲に属さない資料により請求が認容され，処分が取り消されれば，登記官としては審査において申請人等が提出した法定資料以外の資料も斟酌して申請の適否等を判断しなければならず，形式的審査主義の趣旨に反する。昭和61年11月4日の最高裁判決は，登記官の審査権限に属さない資料に基づいて処分の適否を判断すべきでなく，取消訴訟における司法審査の範囲は原処分における登記官の審査権限の範囲と一致すると判示している[45]。

42　高橋英治「登記官の審査権限」江頭憲治郎＝山下友信編『商法（総則商行為）判例百選第5版』別冊ジュリストNo.194（2008年）24-25頁。
43　民事月報42巻1号（1987年）127-134頁。
44　この判決の評釈として柳田幸三「商業法人登記における登記官の審査権限(上)(中)(下)」商事法務1130号（1987年）2-7頁，同1131号（1987年）8-13頁，同1134号（1988年）11-16頁，鴻常夫「登記官の審査権限」鴻常夫＝清水湛＝江頭憲治郎＝寺田逸郎編『商業登記先例判例百選』別冊ジュリストNo.124（1993年）20-21頁。
45　裁判所が処分行政庁の審査権限に属さない資料をもって原処分の適否を判断し得るとすれば，原処分において行政庁がなし得なかった処分を行うことを認めることになり，原処分の適否の審査の枠を越えることになろう。同旨，加藤勝郎「法人登記抹消処分取消訴訟における裁判所の審査権の範囲」民商法雑誌97巻1号（1987年）119-122頁。

(5) 登記官の審査権限の縮小傾向

登記官が用いる審査資料の例外として，商業登記先例である昭和44年3月18日民事甲第438号民事局長回答は，会社継続の決議をした事実がないのに，株主総会を開催した旨の株主総会議事録を添付して会社継続等の虚偽の登記をさせ，公正証書原本不実記載罪により有罪判決があった場合において，検察官から商業登記簿の不実記載部分につき刑事訴訟法498条に基づく通知があったときは，会社継続の登記等は商業登記法109条1項2号に該当するから商業登記法110条以下の手続により職権抹消するのが相当[46]であるとして，検察官からの通知に基づいて登記を職権抹消することを認めている[47]。この先例では，登記された事項につき無効の原因があると考えているようである。商業登記法24条10号は「登記すべき事項につき無効又は取消しの原因があるとき」と規定しているが，登記すべき事項につき無効又は取消しの原因があるかどうかを判断することについては，登記官の審査権からは困難を伴うものとされている。

ところで平成17年7月26日法律第87号改正前（以下，「改正前」という。）商業登記法24条13号は，「事件が第二十七条の規定により登記することができない商号の登記又は仮登記を目的とするとき」と規定して，改正前商業登記法27条に反する申請を却下事由としていた。この却下事由も改正前商業登記法27条の類似判断の事実認定の問題として，やはり判断に困難を伴うものとされていた。

この類似商号規制の廃止について会社法では，不正目的の類似商号使用に対しては商号使用差止め等の司法的な救済を求めるべきこととされたので，他人が登記した商号は同一市町村内において同一の営業のために登記できないとする類似商号規制[48]は，廃止されたと説明する[49]。このように商業登記

---

[46] 平成25年5月31日法律第28号改正時点における商業登記法上の規定としては，それぞれ134条1項2号，135条に該当する。

[47] 鳥本喜章「検察官の通知に基づく公正証書原本不実記載部分の職権抹消」鴻常夫＝清水湛＝江頭憲治郎＝寺田逸郎編『商業登記先例判例百選』別冊ジュリストNo.124（1993年）30-31頁。

[48] 平成17年7月26日法律第87号改正前商法19条，平成17年7月26日法律第87号改正前商業登記法27条。

[49] 小川秀樹＝相澤哲編著『会社法と商業登記』（きんざい，2008年）462頁。

は類似商号を規制していたわけであるが，この改正によって商業登記による行政的救済の限界が示されたのではなかろうか。そして，改正前商業登記法27条の規定によって行われていた登記官の類似商号に関する事実認定について，その審査を除外したことをどのように捉えればよいのだろうか，これを問題意識としたい。商業登記制度が機能的に発展していくために，単に登記官の審査権を見直しただけの問題なのか，それとも商業登記を担当する組織としての限界を示すものなのか，これからは担当する行政組織についてもパラレルに考えていく必要があるのではないだろうか。このことは，企業責任として商業登記を考えるうえでも重要なことであるといえよう。

5. 企業責任としての商業登記

(1) 行政作用からみた商業登記
① 企業の経済活動をめぐる法学的研究

企業の経済活動をめぐる法学的研究は，国際化に伴い，検討すべき課題が数多くある。企業に対する規制は私法領域に限られることではなく，行政法領域においても問題となる場合が多い。経済活動に対する行政法学的側面においても，政策立案過程，規制手法，行政手段，規制主体，行政手続など様々な面で問題となる。経済活動は，政治・経済・法律などのあらゆる分野と密接に関連することから，その全体像を提示するためには学際的研究が不可欠となっている[50]。

経済活動の規制は法的内容を伴うものとして体系的に説明されたものではなく，経済政策を実現するために，権力的または非権力的手段により広く行政客体の経済活動に介入して規制をする行政作用の総称である。経済活動の規制目的は国家の経済政策を実現することにあるから，公共の安全と秩序の維持を行政作用目的とする警察行政，ならびに行政主体が財の取得を目的として行う経済活動とそれに伴う行政客体の経済活動の規制は，政策そのもの

---
50 佐藤英善『経済行政法』(成文堂，1990年) 序文2頁。

の実現を直接の目的としないから，経済活動の規制には該当しない[51]。

現時点においては，法務省が所管している商法や会社法などに基づきつつ商業登記法という行政法によって運営されている商業登記のシステムについては，商法学や会社法学が想定してきた枠組みと行政法学が想定してきた枠組みとが交錯している領域であるといえる。

② 行政による経済規制介入の種類と行政組織の在り方

経済活動の規制は，権力的または非権力的に行われている。行政法学は主に権力行政を中心に体系づけられてきたが，非権力行政も国家の経済政策を実現するための経済活動の規制行政として重要な役割を果たしている。その規制内容は行政客体の経済活動に対する規制であるから，行政客体の事実上の経済活動の自由に対する影響とともに，法律行為としての経済活動そのものの効果とも関連してくる[52]。

行政による主な経済規制としては，国家の経済政策の趣旨に合致するような経済活動を保障するための経済秩序を確立することを目的として経済秩序を規制する独占禁止法に基づく規制と，この経済秩序に基づき具体的な経済活動そのものを規制する電気事業法などの各種事業法がある。また，行政指導の役割，行政庁による経済活動の規制を目的とする非拘束的な経済計画が現実に果たす役割，さらには経済活動に対する行政的介入もある。商業登記のシステムは，企業とりわけ会社に関する情報ディスクロージャーの秩序維持という経済活動に関与する規制である。

このように経済行政作用と法との多様な局面についての分析は総合的に対象とされるべきであり，行政による経済規制介入の法的問題を考えるにあたっては，介入手段の法的性格について検討することはもちろん，同時に現実に担当する行政組織の在り方についても考えていかなければならない。し

---

51 行政法の基本原理として田中二郎『新版行政法上巻全訂第二版』（弘文堂，1974年）40-41頁，規制の観念として田中二郎『新版行政法下巻全訂第二版』（弘文堂，1983年）84-91頁，規制法の意義及び特質について田中二郎『新版行政法下巻全訂第二版』（弘文堂，1983年）91-95頁。

52 「国民の経済活動と経済行政作用との関係は，何も法的関係の形成によってのみ成り立っているのではなく，法的関係ではとらえきれない広汎な「社会的関係」として成立している領域も多いのである。」と指摘する（佐藤・前掲注(50)17頁）。

たがって商業登記のシステムについては，これを運用する行政の組織や手続の観点からも考察しなければならない。これによって，商業登記制度の今日的変容による新たな制度的意義が見いだされる視点になると考えられる。

③ 経済行政作用の法的性質と法形式

経済行政作用について，規制法として理論構成する考え方[53]と経済干渉行政として理論構成する考え方がある[54]。規制法構成の内容には，「経済秩序法」，「経済統制法」，「公共企業規制法」，「その他の規制法」が含まれ，規制作用の形態としては，法定立行為，命令的行為および形成的・補充的行為があり，規制法の領域ではこのような規制作用形態が行われるとする。

経済干渉行政構成は，経済干渉行政が広汎な行政領域に及ぶので内容による体系化は断念し，経済干渉行政の法形式に着目して実定法としての特色を概観する[55]。また，「従来，経済法の領域では，経済の公正かつ自由な競争秩序を維持するための独占禁止法を中心にしたいわゆる経済基盤法の体系がその主要な研究テーマとされてきたが，ここで経済干渉行政という場合には，自由競争市場の確保のほか，公行政の経済秩序への干渉いっさいを含む」として，検討の対象を経済干渉行政の法形式に限定している。具体的な行政の経済干渉活動は，他の行政領域と多くの面で交錯するために，その範囲を明確に限界づけることは困難であるとして，主に，経済秩序や経済活動に対する行政の積極的・人為的政策的干渉であるか否かによって，その対象の範囲を確定しようとする[56]。

ここで重要なことは，間接的経済関与の法形式を論じていることである。非権力的経済関与とは「国家が強制の手段を用いることなく，国民と対等な

---

53 「規制とは，公共の福祉を維持増進するために，人民の活動を権力的に規律し，人民に対し，これに応ずべき公の義務を課する作用をいい，規制法とは，右の意味での規制に関する法を総称する。」とする（田中・前掲注(51)『新版行政法下巻全訂第二版』85 頁）。
54 「国家（または公共団体）が，その経済政策を実現するために，積極的に生産・分配・流通・消費などの過程に関与して経済の自律的循環に干渉を加え，経済秩序を一定の方向に秩序だてて形成する行政作用を総称する」とする（原田尚彦「第二章経済干渉行政」成田頼明＝南博方＝園部逸夫編『行政法講義下巻』（青林書院新社，1970 年）40 頁）。
55 原田・前掲注(54)46 頁。
56 原田・前掲注(54)40-41 頁。

立場で経済に介入し、国策実施の見地から経済の動向を一定の方向に誘導する作用」[57]とし、間接的経済関与とは「国家が経済政策実現のために、直接産業界や個別企業の活動に働きかけるのではなく、間接的な手法を用いて経済の一般的な動向に影響力を行使する作用」[58]とする。

④ 経済行政作用の類型化

経済活動の形態と行政作用との関係をトータルかつ類型的に捉えるための場面設定が十分に整理されていないとして、何を経済行政作用の基準にして、どのような場面を設定して理論構成するのか、方法論的枠組みが確立されていないとの指摘がある[59]。わが国においては、自由経済原則が一定の制約を受けることがあるとしても、自由経済が基本であることには変りはなく、国民の経済活動は自由経済の根幹をなす市場の枠組みを守るためのルールによって維持されており、経済活動と行政作用との関係については、このルールを中心にして考えていくことが全体像を分析するための1つの有力な方法となる。行政介入の手段は、どのような行政目的のために、国民に関するどのような権利や自由に対して、どのような行政手段で、行政が国民の経済活動に対して介入するかの問題と関連している。このような3点を体系的に、しかも、合目的的に明らかにするためには、それぞれの行政領域にそった検討が必要である。

何を基準にして行政領域を設定するかであるが、経済行政領域がここでの対象であることから、国民の経済活動を対象にした行政領域であることは当然であるとしても、それをさらに具体的に特定するために、市場メカニズムを中心に行政作用領域論を考えていくことも1つの考え方である[60]。すなわち、作用目的と作用形態に応じて、経済行政領域を警察規制作用領域、産業規制作用領域、公益事業規制作用領域、専売事業規制作用領域及び外部経済規制作用領域に分類し、各規制作用領域で設定される行政目的とこれに関連

---

57 原田・前掲注(54)58頁。
58 原田・前掲注(54)64頁。
59 佐藤・前掲注(50)15-16頁。
60 佐藤・前掲注(50)21-27頁。

する国民の権利や自由に則して，行政手段論を理論化する方法である。

特に，外部経済規制作用領域については，経済活動と密接に関連する公害規制や消費者保護などに関する規制作用領域であるが，これらの領域はそれぞれ個別の法領域を構成している。経済行政作用法の対象外とすることも可能ではあるが，経済活動に関する限りでは対象となり[61]，商業登記のシステムにおいても同様に考えることができる。

(2) 社会に対する企業情報の開示と商業登記
① 企業の社会的責任

社会的な支出・社会に対する考慮・社会への参加といった企業の社会貢献論や，製品の安全性・環境問題への対応といった社会責任のマーケティングという考え方は，これまで欠けていた社会的責任や社会倫理といった社会的視点を導入するものである[62]。社会に対する開示として重要なものの1つに，環境問題に関する情報開示としてリオ宣言やアジェンダ21があり，環境対応の問題についてはマーケティングの視点からコスト（価格）との兼ね合いが大きな課題となっている。

また企業の情報開示政策として，企業は法で要求されるもの以外に，どのようなものを開示すべきかについては，ソフト・ローである経団連企業行動憲章が参考になる。この憲章は，1991年に企業不祥事の根本原因が「従来の企業側の常識や商慣行が時代の変化に合わなくなったり，国際的なルールと乖離していたことにある。」との視点から企業行動を見直すための指針として制定された。

② 社会的責任の意義

企業責任とは，企業の活動に伴って生じた損害について企業自身が負担する賠償責任として一般的には理解され，法律的には法令違反など違法な行為について企業が負担する法律上の責任を表すことが多い。しかし，企業責任

---

61 佐藤・前掲注(50) 36-43 頁。
62 法的なサービスについて論じたものとして，伊藤博「法務サービス・マーケティングの基礎技術」判例時報 1627 号（1998 年）3-17 頁。

という用語は道義的責任や経済的な負担を表す語など，多義的に使われている。

企業の社会的責任の概念についても同様で，「社会」とは何を指すのか，社会一般をいうのか，具体的に企業に関係する諸集団をいうのか，「責任」はどのような内容のものをいうのか，その責任はどのような性質のものであるのか，「企業の社会的責任」の概念をどのように位置づけるのか，といった形で議論がなされている[63]。そのうち，企業の社会的責任の「責任の内容」については，公益を侵害しない責任と社会や公共の利益を積極的に推進する責任とに分類する立場が有力であるが[64]，社会的責任には法的な規制を求める意味での社会的責任と企業の営利優先主義に反省を求める意味での社会的責任とに分類する立場もある[65]。また「責任の性質」については，法的責任であるとする考え方とそれ以外のまさに社会的責任であるとする考え方があり，「企業の社会的責任」の概念の位置付けについては，目的概念として捉える立場と手段概念として捉える立場がある。

このように，概念の多義性あるいは弾力性のゆえに法的概念とはなりえないという見解もあり，企業の社会的責任についてのコンセンサスは成立していないものの，わが国では何らかの意味において企業の社会的責任を認める考え方が大勢を占めているが，社会的責任から企業が商業登記を行う責任があるという議論は現在まで起こっていない。

③ 商業登記のシステムの位置付けと役割分担

近年，電子記録債権制度が創設され，全国銀行協会は銀行の信頼・安心のネットワークを基盤として，電子記録債権を記録・流通させる新たな社会インフラを全国的規模で提供し，中小企業金融をはじめとした金融の円滑化・効率化を図り，わが国経済の活性化に貢献する電子債権記録機関を創設することとなった。電子債権記録機関は，事業者の資金調達の円滑化等を図るた

---

63 野村修也「企業の社会的責任」浜田道代＝岩原紳作編『会社法の争点新・法律学の争点シリーズ5』ジュリスト増刊（2009年）6-7頁。
64 竹内昭夫「企業の社会的責任」北沢正啓＝浜田道代編『商法の争点Ⅰ法律学の争点シリーズ4-1 総則・会社』ジュリスト増刊（1993年）20-21頁。
65 龍田節「企業の社会的責任」商事法務1320号（1993年）4-5頁。

めに創設された電子記録債権制度において，その中核を担うものとされている。しかし，この制度は電子記録債権を記録・流通させることを希望する企業が対象となっているのである。

この点商業登記のシステムは，すべての会社を対象とする一般的な制度であるがゆえに，社会全体の取引の安全を図るという最も一般的かつ基本的なディスクロージャー制度である。社会には様々な開示規制目的による情報ディスクロージャー制度があり，商業登記のシステムにはない情報がその他の制度で開示され，そこでは様々な利用がなされているが，それらの開示はそれぞれの情報を提供する側に一定の負担を課しており，すべての会社に同じような負担を課すことはできないという限界がある。

また商業登記によって公示された事項については，会社など商人としての企業は善意の相手方にも対抗することができることから，登記事項とされる事項が多いことは一般公衆の不利益になることもある。また，営業上の秘密に関わる企業情報までを登記事項とすることは，商人としての企業の利益を害するおそれがあり，これらのバランスをとることも重要な視点となる。

(3) 企業責任としての登記申請義務と登記履行責任

責任としては，刑事責任，民事責任（賠償責任・弁済責任等），行政責任，訴訟法上の責任などの法的な責任，政治的責任，社会的な責任，結果責任，自己責任などを観念することができる。企業の社会的責任については様々な視点・角度から多くの著書・論文が発表され，企業が現代社会において保障された自由を行使するためには，その行為に応じた責任を負うことの必要性が主張されているが，道義的なレベルでは不明確であり，争いの原因となる。

登記義務という概念[66]は，会社法911条等の「登記しなければならない。」という規定に基づいて登記を申請し，申請しなければ，会社法976条1号の規定に基づいて過料の制裁に処せられるという形で登記が義務づけられるも

---

66 筧ほか・前掲注(39)87-89頁。なお，登記義務の概念は商業登記請求権と当事者申請主義との関係の捉え方によるところが大きい。筧康生「商業登記請求権について」青山正明編著『民事法務行政の歴史と今後の課題（下巻）』（テイハン，1993年）418-424頁，小関健二「会社に対する商業登記請求権」東洋法学34巻2号（1991年）15-16頁，高橋・前掲注(6)560-568頁。

のである。このような義務は，公法上の義務（国家への義務）であって私法上の義務ではないとされる。このように企業にとって商業登記は，義務的な色彩が強く，商業登記が現実にもたらす便益を実感することができないために，登記のための登記となってしまっていることから，企業のマインドとしては商業登記をすることによって得られる便益よりも，できる限り公開を避けて最小限のものを登記することで済まそうとすることになる。

　加えて，現在の商業登記のシステムにディスクロージャー機能を持たせれば持たせるほど，企業が開示について消極的になるという問題の対処についても考えていかなければならない。対処法としては，企業へのペナルティーなどの事前規制を強化して対応すべきなのか，商業登記を行わない，あるいは不十分であることで不利益を被った関係者に対しては，事後規制として役員の損害賠償義務を課すという方法が効果的なのか，このような対応はかえって商業登記のシステムに形骸化をもたらすことになるのか，なども重要な視点となる。

　ところで，責任とは一般に義務そのもの，または義務違反に対するペナルティーやリスクを負担することであり，その意味では商業登記における企業責任は法制度上の申請義務に基づくものといえる。しかし，何が企業にとって「行為に応じた責任」に当たるのかは必ずしも明確ではない。たとえば，商業登記では申請当事者と利益（不利益）当事者が異なる場合があり，登記の懈怠に対する過料の制裁や会社法908条等の規定，外観理論などによって当該会社の取締役に責任を負わせることがあるが，これだけでは事後的な解決をしただけであって，一面的な責任を果たしたと評価することはできるとしても，企業責任を果たしたということにはならない。このことは，商業登記が「何のための義務か，誰のための義務か」という疑問に対して明確な回答を示してはいないことが原因と考えられ，企業としての責任を果たすためには，責任の所在となる回答が必要となる。

　また商業登記のシステムの課題は，制度及び提供情報に対する信頼性の確保と多様な社会（国民）ニーズへの対応が主要なものと考えられるので，そのためには情報の収集方法について登記義務者にインセンティブを与えるなど積極的に情報が提供されるようにするシステムを検討する必要がある。商

業登記申請をする関係者の立場からみても，多くの関係者の目に触れるようになれば，できるだけ正確に最新の情報を提供しておきたいというインセンティブが掘り起こされ，これによって商業登記の申請義務が履行されるようになると考えられる。

　そこで，申請すべき登記がなされないことによって不利益を被る登記利害関係者が，会社に対して登記の申請を請求することのできる根拠規定が必要になると考えられる。すなわち，会社の登記申請義務だけではなく，「会社は，登記を履行する責任（責務）を負う。」という登記履行責任規定を置くことによって企業責任を果たそうというのである。この責任は，見方を変えれば企業の社会的責任の個別具体化規定として位置づけることができるかもしれないが，その際に重要なことは「企業にとって商業登記とは何か」ということである。ここでは，義務構成と責任構成という登記請求権・登記義務と登記履行責任との違いを明確にするとともに，上述したとおり，商業登記のシステムを担う行政組織の在り方についてもパラレルに考えていくことが必要である。

6. おわりに

　商業登記のシステムについては，司法省（裁判所）から法務省の民事法務行政としての商業登記へと120余年の時代を経て運営されてきた実績は十分に尊重されなければならない。しかし，パラダイム転換を迫られている商業登記のシステムに対する変革への取組みを提示するためにも，商業登記のシステムを担う行政組織の在り方については，作用という側面からも考察することが必要であることを再度指摘しておきたい。

　これまで述べたように，行政官としての登記官による商業登記のシステムへの関与は縮小傾向にある。しかも，商業登記のシステムの発展的な改革を敢行して次のステージに進まなければ，未来はないとさえいわれている[67]。

67　松井・前掲注(2) 925-927頁。

運用組織の在り方の1つとして，民間企業による運営ではなく，国家がコストをかけて取り扱うだけのメリットを示すためにも，商業登記のシステムについては，今後は民事法務行政だけではなく，経済産業行政や金融行政を司る行政組織とのコラボレーションが必要となるのではなかろうか。このために残された時間は，それほど多くはない。

（井上弘樹）

II. 企業における税務上の不正行為等と規制策

1. はじめに

　経済の複雑化・広域化・国際化に伴い，脱税行為や租税回避行為も極めて複雑なものとなっている。脱税行為や租税回避行為に対する対抗策は税務上の永遠の課題でもある。脱税行為に対しては，その解決策は課税庁による税務調査等にかかわることになるが，租税回避行為については，近年，濫用的租税回避行為の手段の1つであるタックス・シェルターの濫用が税制上の問題として惹起されている[1]。タックス・シェルターとは，租税負担を回避するため，巧妙な技術を駆使し租税を軽減又は繰り延べるスキームであり，概ね，① 費用・収益の認識時点の変形，② 所得の性格の変形，③ 取引形態の変形等に類型化することができ，各国税務上，様々な問題が生じている。

　日本においても，1980年代後半以降，バブル経済を背景にわが国企業等が国外に投資を行うことが多くなり，その結果，外国のタックス・シェルターに関与するケースも増加し，また，日本においても民法上の任意組合，商法上の匿名組合がタックス・シェルターとして活用されはじめ，多くの濫用的租税回避行為が生み出されてきた。たとえば，リース取引によってもたらされる損失と本業の所得とを通算することにより課税の繰延べを享受することのできる飛行機等を用いたレバレッジド・リースやリース・マンション等が考案され利用されてきた。これらの傾向は裁決例や判例に表れてい

---

[1] 米国，ドイツ，オランダをはじめとする先進諸国では，日本と比較すると早くから，様々な形態のタックス・シェルターが考案され，納税義務者に利用されてきている。たとえば，米国においては，租税負担を回避するため，タックス・シェルターへの投資が高額納税者を中心に行われてきた。米国におけるタックス・シェルターへの投資は，1960年代以降1986年の税制改正に至るまで増加し続けていた（平野嘉秋『日本版タックス・シェルター・ファンド』（大蔵財務協会，2011年）9頁）。

る。

　さらに，近年，いわゆる多国籍企業が，各国の税制の違いを利用して，低税率国や地域に利益移転を行うことで生じる「税源浸食と利益移転（BEPS：Base Erosion and Profit Shifting）」が問題視されてきており，「OECD（Organisation for Economic Cooperation and Development：経済協力開発機構）は，平成25年2月，BEPSの現状を分析した報告書を公表し，各国と協調して問題解決に当たるべきことを提言し，各国で議論が行われている。

2. 税務上の不正行為等

　企業における税務上の不正行為等[2]の代表的なものが脱税行為であり，そのほかに現行税制下では違法なものではなく合法的なものであっても経済的資源配分を歪め税制の公正さと公平感を損なうものであると認識され否認されるべき濫用的租税回避行為がある。

　脱税行為とは課税要件の充足の事実を全部又は一部を秘匿する行為である[3]。また近年，脱税行為には該当しない租税回避行為が多く利用され，わが国をはじめ多くの国々で問題となっており，濫用的租税回避行為としてタックス・シェルター問題やBEPS問題が惹起されている。

　租税法の定める課税要件は，各種の私的経済活動ないし経済現象を定型化したものであり，それが充足されることにより納税義務が成立する。課税要件のすべては租税法律主義の下で法律により規定されなければならず，租税回避行為の課税上の取扱いが租税法律主義や課税公平の見地から問題となることが多い。

---

[2]　刑法における賄賂罪，特別法上の賄賂罪，不正競争防止法違反による賄賂罪，腐敗の防止に関する条約違反による賄賂罪，経済行政法規上の違反行為（国民生活安定緊急措置法上の違反行為，独占禁止法上の違反行為及び公認会計士法上の違反行為等）があげられる。

[3]　節税は税法の想定する範囲で税負担を減少させる行為であり，脱税行為や租税回避行為とは区別され，不正行為等には該当しない。

(1) 脱税行為

脱税行為は，刑事罰の対象となるものと行政罰の対象となるものに分類される。

① 刑事罰の対象となる脱税行為

刑事罰の対象となる脱税行為は，『偽りその他不正の行為』によりその企業の法人税の負担を減少させ又は減少させようとする行為であり，法人税法第159条で「偽りその他不正の行為により，・・・法人税の額につき法人税を免れ，又は・・・法人税の還付を受けた場合には，法人の代表者（・・・），代理人，使用人その他の従業者（・・・）でその違反行為をした者は，十年以下の懲役若しくは千万円以下の罰金に処し，又はこれを併科する。」と規定されている。

ⅰ) 租税ほ脱犯

上記規定により，租税を免れ又はその還付を受けることを構成要件とする犯罪を租税ほ脱犯という。租税ほ脱犯については通則的な定めはなく，各個別の税法で規定されており，法人税に関しては法人税法がその違反に対して刑事罰を定めている（法法159①）。

納税義務者（その者の事務を処理する者を含み，連結納税に関する租税ほ脱犯の場合は連結子会社の代表者等も含む。）の『偽りその他不正の行為』が要件となり，法人税等の直接税である国税については脱税結果が発生したとき，すなわち，既遂に達したとき初めて犯罪が成立するのに対し，関税についてはほ脱を図った場合，予備又は未遂の段階でも罰することとされている。

ⅱ) 偽りその他不正の行為

「偽りその他不正の行為」とは，判例では，「所論所得税，物品税の逋脱罪の構成要件である詐偽その他不正の行為とは，逋脱の意図をもって，その手段として税の賦課徴収を不能もしくは著しく困難ならしめるようななんらかの偽計その他の工作を行なうことをいうものと解するのを相当とする。所論引用の判例が，不申告以外に詐偽その他不正の手段が積極的に行なわれることが必要であるとしているのは，単に申告をしないというだけでなく，その

ほかに，右のようななんらかの偽計その他の工作が行なわれることを必要とするという趣旨を判示したものと解すべきである」（最高裁大法廷昭42.11.8）」[4]旨判示され，工作を伴わない単なる所得不申告は「不正の行為」にあたらないと解されている。

さらに「真実の所得を隠蔽し，それが課税対象となることを回避するため，所得金額をことさらに過少に記載した内容虚偽の所得税確定申告書を税務署長に提出する行為（以下，これを「過少申告行為」という。）自体，単なる所得不申告の不作為にとどまるものではなく・・・「詐偽その他不正の行為」にあたるものと解すべきである（最高裁第三小法廷昭48.3.20）」[5]旨判示され，ほ脱の意思をもってことさらに過少の虚偽申告をした場合には，事前に不正行為がなくても，虚偽申告それ自体が偽りその他不正の行為に該当すると解されている。

② 行政罰の対象となる脱税行為

国税通則法第68条では，「納税者がその国税の課税標準等又は税額等の計算の基礎となるべき事実の全部又は一部を隠ぺいし，又は仮装し，その隠ぺいし，又は仮装したところに基づき納税申告書を提出していたときは，当該納税者に対し，・・・過少申告加算税の額の計算の基礎となるべき税額（・・・）に係る過少申告加算税に代え，当該基礎となるべき税額に百分の三十五の割合を乗じて計算した金額に相当する重加算税を課する。2 第六十六条第一項（無申告加算税）の規定に該当する場合（・・・）において，納税者がその国税の課税標準等又は税額等の計算の基礎となるべき事実の全部又は一部を隠ぺいし，又は仮装し，その隠ぺいし，又は仮装したところに基づき法定申告期限までに納税申告書を提出せず，又は法定申告期限後に納税申告書を提出していたときは，当該納税者に対し，・・・無申告加算税の額の計算の基礎となるべき税額（・・・）に係る無申告加算税に代え，当該基礎となるべき税額に百分の四十の割合を乗じて計算した金額に相当する重加算税を課する。」と規定されており，企業の所得の金額若しくは欠損金額

---

4 最大判昭42・11・8（昭和40年(あ)第65号）判例時報499号22頁。
5 最三小判昭48・3・20（昭和46年(あ)第1901号）税務訴訟資料72号222頁。

又は法人税の額の計算の基礎となるべき事実の全部又は一部を隠ぺい又は仮装することが重加算税の要件となる。

重加算税と隠ぺい又は仮装の意義について，金子教授は「重加算税は，納税者が隠ぺい・仮装という不正手段を用いた場合に，これに特別に重い負担を課することによって，申告納税制度および源泉徴収制度の基盤が失われるのを防止することを目的とするものである。(略)・・・ここに事実の隠ぺいとは，二重帳簿の作成，売上除外，証拠書類の廃棄等，課税要件に該当する事実の全部または一部をかくすことをいい，事実の仮装とは，架空仕入，架空契約書の作成，他人名義の利用等，存在しない課税要件事実が存在するように見せかけることをいう。隠ぺいと仮装とは同時に行われることが多い(たとえば，ある事実をかくし，別の事実があるように見せかけること)」と述べている[6]。

ⅰ) 故意の要否

行政罰の対象となる脱税行為の場合，事実の全部又は一部を隠ぺい又は仮装に『故意』，すなわち，租税を免れるという認識を必要とするか否かが問題となる。

これについて学説を整理すると，碓井光明教授は「単純な加算税が既に存在しているのに，それに制裁を加重するにはそれなりの理由がなければならないことを考えると，租税を免れようとする意図を要すると解すべきであろう」[7]と述べ，松沢教授は「隠ぺい・仮装とは租税をほ脱する目的を持って故意に収税官吏に対し，納税義務の発生原因たる計算の基礎となる事実を隠匿し，または，作為をほどこして虚偽の事実を附加せしめて収税官吏の調査を妨げ納税義務の全部または一部を免れる行為をいうものである。いずれも故意によることを要件とする」[8]としている。また，志場喜徳郎ほか(国税通則法の立法関係者)による『国税通則法精解』では，「事実の隠ぺいは，二重帳簿の作成，売上除外，架空仕入若しくは架空経費の計上，たな卸資産の一部除外等によるものをその典型的なものとする。事実の仮装は，取引上の他人

6　金子宏『租税法（第十九版）』(弘文堂，2014年) 744-745頁。
7　碓井光明「重加算税賦課の構造」税理22巻12号(1979年) 2頁。
8　松沢智『附帯税債務〜附帯税』租税法講座(2)(ぎょうせい，1973年) 336頁。

名義の使用，虚偽答弁等をその典型的なものとする。いずれも，行為が客観的にみて隠ぺい又は仮装と判断されるものであればたり，納税者の故意の立証まで要求しているものではない。この点において，罰則規定における「偽りその他不正の行為」（たとえば，所得税法238条1項）と異なり，重加算税の賦課に際して，税務署長の判断基準をより外形的，客観的ならしめようとする趣旨である」と記載されている。故意の要否については，学説においては一様ではない[9]。

裁判例等を整理すると，「重加算税の課税要件に関し，重加算税制度の趣旨に鑑みれば，重加算税を課し得るためには，課税標準等又は税額等の計算の基礎となる事実の全部又は一部の隠蔽又は仮装があり，その隠蔽又は仮装行為を原因として過少申告の結果が発生したものであれば足り，それ以上に，申告に際し，納税者において過少申告を行うことの認識を有していることまでを必要とするものではない」[10]，「手段としての仮装隠ぺい行為と結果としての過少申告の事実があれば重加算税の賦課要件は充足されるのであり，手段行為・結果・その間の因果関係のすべてを認識していた場合に初めて重加算税が成立するというまでのものではない（横浜地裁平10.6.24判決）」[11]，「国税通則法第68条に規定する重加算税は，同法第65条ないし第67条に規定する各種の加算税を課すべき納税義務違反が事実の隠ぺい又は仮装という不正の方法に基づいて行われた場合に，違反者に対して課される行政上の措置であって，故意に納税義務違反を犯したことに対する制裁ではないから，同法による重加算税を課しうるためには，事実の隠ぺい又は仮装行為を原因として過少申告の結果が発生したものであれば足り（福井地裁平2.4.20判決）」[12]，「違法に租税負担を軽減するとの認識としての違法性の意識及び自分のなす行為が社会的に見て悪い行為であるとの認識を必要とせず，脱税意思あるいは過少申告の故意がないことをもって，通則法第68条の適用を免れることができない（名古屋高裁金沢支部平3.10.23判決）」[13]，「国税

9　品川芳宣『付帯税の事例研究』（財経詳報社，2012年）303-306頁において詳述されている。
10　国税不服審判所裁決平5・10・12（TKC税務判決データベース文献番号66011780）。
11　横浜地判平10・6・24（平成6年（行ウ）第39号）税務訴訟資料232号769頁。
12　福井地判平2・4・20（昭和62年（行ウ）第6号）税務訴訟資料176号647頁。
13　名古屋高判金沢支部平3・10・23（平成2年（行コ）第5号）税務訴訟資料186号1067頁。

通則法68条(重加算税)1項による重加算税を課し得るためには,納税者が故意に課税標準等又は税額等の基礎となる事実の全部又は一部を隠蔽し,又は仮装し,その隠蔽,仮装行為を原因として過少申告の結果が発生したものであれば足り,それ以上に,申告に際し,納税者において過少申告を行うことの認識を有していることまでを必要とするものではないと解される(最高裁二小昭62.5.8判決)」[14],「過少申告をした納税者が,その国税の課税標準等又は税額等の計算の基礎となるべき事実の全部,又は一部を隠蔽し,又は仮装し,その隠蔽し,又は仮装したところに基づき納税申告書を提出していたときは,その納税者に対して課するところの重加算税の制度(通則68(1))は,納税者が過少申告をするについて隠蔽,仮装という不正手段を用いていた場合に,過少申告加算税よりも重い行政上の制裁を科することによって,悪質な納税義務違反の発生を防止し,もって申告納税制度による適正な徴税の実現を確保しようとするものであること,従って,重加算税を課するためには,納税者のした過少申告行為そのものが隠蔽,仮装に当たるというだけでは足りず,過少申告行為そのものとは別に,隠蔽,仮装と評価すべき行為が存在し,これに合わせた過少申告がされたことを要するものであること,しかし,右の重加算税制度の趣旨に鑑みれば,架空名義の利用や資料の隠匿等の積極的な行為が存在したことまで必要であると解するのは相当でなく,納税者が,当初から所得を過少に申告することを意図し,その意図を外部からも窺い得る特段の行動をした上,その意図に基づく過少申告をしたような場合には,重加算税の右賦課要件が満たされるものと解すべきである(最高裁二小平7.4.28判決)」[15]との判示等がなされている。各判決の考え方は一様ではないが,最高裁二小平7.4.28判決が判示するように,納税者が課税要件事実を「隠ぺい又は仮装」することを認識していれば十分であり,その結果,過少申告等の事実が発生すれば足り,租税を免れようとする認識を有していることまで要求しているものと解する必要はないであろう[16]。

ⅱ) 行為者の範囲～代理人等の行為

---

14 最二小判昭62・5・8(昭和59年(行ツ)第302号)訟務月報34巻1号149頁。
15 最二小判平7・4・28(平成6年(行ツ)第215号)税務訴訟資料209号571頁。
16 品川・前掲注(9)312-313頁。

納税者がその代理人及び補助者等の隠ぺい・仮装行為を知らないで過少申告をした場合に重加算税が賦課されるか否かという問題がある。

これについて裁判例等を整理すると，「重加算税賦課制度の目的が，隠ぺい・仮装行為に基づく過少申告，無申告による納税義務違反の発生を防止し，もって，申告納税制度の下における納税義務者の自主性の強化促進を図るとともに同制度の信用を保持するところにあること及び納税義務者本人の刑事責任を追及するものではないことからすれば，国税通則法68条（重加算税）の合理的解釈としては，隠ぺい・仮装の行為に出た者が，納税義務者本人ではなく，その代理人，補助者等の立場にある者で，いわば納税義務者本人の身代りとして同人の課税標準の発生原因たる事実に関与し，右課税標準の計算に変動を生ぜしめた者である場合を含むものであり，かつ，納税義務者が納税申告書を提出するにあたりその隠ぺい・仮装行為を知っていたか否かに左右されないものと解すべきである。」[17]，「重加算税の課税要件に関し，重加算税制度の趣旨に鑑みれば，重加算税を課し得るためには，課税標準等又は税額等の計算の基礎となる事実の全部又は一部の隠蔽又は仮装があり，その隠蔽又は仮装行為を原因として過少申告の結果が発生したものであれば足り，それ以上に，申告に際し，納税者において過少申告を行うことの認識を有していることまでを必要とするものではないと解され，又，隠蔽又は仮装の行為者は，納税義務者たる法人の代表者に限定されるものではなく，その役員又は家族等で経営に参画していると認められる者の行為は，法人の代表者がそれを知らなかった場合であっても，その法人の行為と同視されるべきものと解するのが相当である」[18]等の判示等があり，隠ぺい又は仮装の行為者を納税者本人に限定すべきでないとする考え方については，判例においてコンセンサスが得られている[19]。

iii） 隠ぺい又は仮装の意義

イ　国税庁の取扱い

17　長野地判昭58・12・22（昭和54年（行ウ）第3号）税務訴訟資料134号581頁。
18　国税不服審判所裁決平5・10・12（TKC税務判決データベース文献番号66011780）。
19　品川・前掲注(9) 336頁。隠ぺい・仮装行為の主体の範囲として納税者本人以外の者の行為が及ぶかについては，なお問題を残している。

従来，重加算税の取扱いについては公表されておらず，実務上，重加算税の取扱いにおいて，課税庁の「隠ぺい又は仮装に該当する場合」が明確にされていなかった。そのため，租税実務において不安定な点があったことは否めなかったが，現在は『法人税の重加算税の取扱いについて（事務運営指針）』が公表されており[20]，国税通則法第68条第1項又は第2項に規定する「国税の課税標準等又は税額等の計算の基礎となるべき事実の全部又は一部を隠ぺいし，又は仮装し」とは，たとえば，次に掲げるような事実（以下「不正事実」という。）がある場合をいうものとして取り扱われている。

① いわゆる二重帳簿を作成していること
② 次に掲げる事実（以下「帳簿書類の隠匿，虚偽記載等」という。）があること
　イ　帳簿，原始記録，証ひょう書類，貸借対照表，損益計算書，勘定科目内訳明細書，棚卸表その他決算に関係のある書類（以下「帳簿書類」という。）を，破棄又は隠匿していること
　ロ　帳簿書類の改ざん（偽造及び変造を含む。以下同じ。），帳簿書類への虚偽記載，相手方との通謀による虚偽の証ひょう書類の作成，帳簿書類の意図的な集計違算その他の方法により仮装の経理を行っていること
　ハ　帳簿書類の作成又は帳簿書類への記録をせず，売上げその他の収入（営業外の収入を含む。）の脱ろう又は棚卸資産の除外をしていること
③ 特定の損金算入又は税額控除の要件とされる証明書その他の書類を改ざんし，又は虚偽の申請に基づき当該書類の交付を受けていること
④ 簿外資産（確定した決算の基礎となった帳簿の資産勘定に計上されていない資産をいう。）に係る利息収入，賃貸料収入等の果実を

20　国税庁「法人税の重加算税の取扱いについて（事務運営指針）〔平成12年7月3日　課法2-8　課料3-13，査調4-10，査察1-29〕」。

計上していないこと
⑤　簿外資金（確定した決算の基礎となった帳簿に計上していない収入金又は当該帳簿に費用を過大若しくは架空に計上することにより当該帳簿から除外した資金をいう。）をもって役員賞与その他の費用を支出していること
⑥　同族会社であるにもかかわらず，その判定の基礎となる株主等の所有株式等を架空の者又は単なる名義人に分割する等により非同族会社としていること

また，使途不明金及び使途秘匿金については，次のいずれかの事実がある場合には，当該事実は，不正事実に該当する。

①　帳簿書類の破棄，隠匿，改ざん等があること
②　取引の慣行，取引の形態等から勘案して通常その支出金の属する勘定科目として計上すべき勘定科目に計上されていないこと

なお，次に掲げる場合で，当該行為が相手方との通謀又は証ひょう書類等の破棄，隠匿若しくは改ざんによるもの等でないときは，帳簿書類の隠匿，虚偽記載等に該当しない。

①　売上げ等の収入の計上を繰り延べている場合において，その売上げ等の収入が翌事業年度の収益に計上されていることが確認されたとき
②　経費（原価に算入される費用を含む。）の繰上計上をしている場合において，その経費がその翌事業年度に支出されたことが確認されたとき
③　棚卸資産の評価換えにより過少評価をしている場合
④　確定した決算の基礎となった帳簿に，交際費等又は寄附金のように損金算入について制限のある費用を単に他の費用科目に計上している場合

ロ 判例の動向

隠ぺい又は仮装に該当する事実に関して裁判例を整理すると,「法人代表者は,たな卸表に記載された商品の数量を減らしたり,単価を書き換えるように経理課長Cに指示したこと,Cは,代表者の指示に基づきたな卸表に記載された商品の数量を減らし,又は,その単価を正当な単価より低い単価に書き換え,更に,たな卸表の一部を除外する方法により,たな卸資産の金額を過少に計上していたこと,請求人は,陳腐化したたな卸資産について代表者の経験的判断による一定の割合を減額したものであるから,この行為は仮装に当たらない旨主張するが,請求人は,たな卸資産の金額を減額した「一定の割合」について,何ら具体的な説明をせず,また,合理的な根拠も存しないこと及び右事実を併せ判断すると,請求人が各事業年度の決算に際し,たな卸資産の金額を過少に計上した行為は,隠ぺい又は仮装に当たることは明らかであり,なお,たな卸表は内部資料にすぎないので,その書換え等をもって,仮装行為ということはできない旨主張するが,たな卸表は各事業年度の決算上のたな卸資産の金額の算出の基となる書類であるから,たな卸表の金額等の書換え等の行為によって,たな卸資産の金額を過少に計上したことは,明らかに仮装に当たるので,この点に関する主張は失当である。」[21],「Xが従業員に支給した特別賞与について,実際には支給せず架空計上したものとして損金算入を否認し,重加算税を賦課決定したことは適法である旨主張するが,(1) Xが賞与を従業員に支給することとした理由は,Xが退職共済制度を導入した結果,従業員間において勤務年数により退職金の支給額に不公平が生じることとなったため,是正策として,制度導入以前に入社した従業員に対して,過去勤務債務分に相当する部分を一時金の支給により清算することとしたことによるものと推認することができ,相当の理由があったものと認められ,(2) 算定基準が従業員の入社等の経緯に見合ったものと認められ,退職金の不公平是正の趣旨で何らかの金員を支給することについて,一般従業員にも周知されていたことが推認でき,(3) 賞与は事業年度には支給されておらず,共済会B男等の名義の預金としており,これ

---

21 国税不服審判所裁決平2・8・23 (TKC税務判決データベース文献番号66010151)。

がＸに帰属することは明らかであるが，預金が法人税の課税を免れるために設定されたと認定するまでの証拠はなく，なお，預金を他の用途に支出したことはないこと，以上の事実から，賞与を損金の額に計上したこと，預金をＢ男らの名義で預け入れたこと等をもって，仮装行為であるとまで言うことはできず，重加算税を賦課決定することは相当でないと認められる。」[22]がある。

(2) 租税回避行為
① 租税回避行為の意義

脱税行為は課税要件の充足の事実を全部又は一部秘匿する行為であるが，租税回避行為には隠ぺい・仮装行為はなく，税法における課税要件は満たすが税法の想定外の異常な形式を利用して税負担を減少させる行為が租税回避行為であり，脱税行為とも区別される。租税回避行為には法令上の定義規定はなく，その態様も多様であり，また法令等で一義的に定義することは難しい。

金子宏教授は租税回避行為について「私法上の選択可能性を利用し，私的経済取引プロパーの見地からは合理的理由がないのに，通常用いられない法形式を選択することによって，結果的には意図した経済的目的ないし経済的成果を実現しながら，通常用いられる法形式に対応する課税要件の充足を免れ，もって税負担を減少させあるいは排除すること」[23]と定義している。

② タックス・シェルター問題

濫用的租税回避行為として近年，タックス・シェルター問題が生じている。濫用的租税回避行為は必ずしも違法なものではないが，たとえ合法的なものであっても経済的資源配分を歪め税制の公正さと公平感を損なうものであり，タックス・シェルター問題として認識されている。1980年代後半以降，バブル経済を背景にわが国居住者及び企業等が米国に投資を行うことが多くなり，その結果，米国のタックス・シェルターに関与するケースも増加し，また，日本においても民法上の任意組合，商法上の匿名組合がタック

---
22 国税不服審判所裁決平5・6・16（TKC税務判決データベース文献番号66011823）。
23 金子・前掲注(6) 122-123頁。

ス・シェルターとして活用されはじめ，この当時から多くの租税回避手段が生み出されてきた。たとえば，リース取引によってもたらされる損失と本業の所得とを通算することにより租税の繰延べを享受することのできる飛行機等を用いたレバレッジド・リースやリース・マンション等が考案され利用されてきた。これらの傾向は裁決例や判例に表れている。

1993年9月に公表された国税不服審判所の裁決例には，飛行船のリースに関して私法上有効なリースであっても経済取引の実質が金融取引であれば，金融取引としての計算方法によって課税されるべきであり雑所得に該当し損失の通算は認められないと判断されたものや，匿名組合員の匿名組合からの損失の配分に関しては組合契約に規定された事業年度が採用されるべきであり，出資者が覚書によるそれ以外の計算期間の期日の属する事業年度を採用できないとし損失の先出しは認められないと判断されたものもある。

そして，近年では，民法上の任意組合をビークルとして映画フィルムリースを利用した租税回避スキーム（平成10年10月16日及び同12月18日の大阪地裁判決，平成12年1月18日大阪高裁判決，平成18年1月24日最高裁判決），リンゴ生産組合事件（平成11年4月16日盛岡地裁判決，平成11年10月27日仙台高裁判決，平成13年7月13日最高裁判決），航空機リース投資組合事件（平成16年10月28日名古屋地裁判決，平成17年10月27日名古屋高裁判決），外国企業による匿名組合を利用した租税回避スキーム（東京地裁平成17年9月30日判決，東京高裁平成19年6月28日判決）などが生じている。

③ BEPS問題

近年，いわゆる多国籍企業が，各国の税制の違いを利用して，低税率国や地域に利益移転を行うことで生じる「税源浸食と利益移転（BEPS：Base Erosion and Profit Shifting）」が問題視[24]されてきており，「OECD（Organisation for Economic Cooperation and Development：経済協力開発機構）は，平成25年2月，BEPSの現状を分析した報告書を公表している。

---

24 2012年後半，スターバックス，グーグル，アマゾン，アップル等の有名企業の租税回避行動が政治問題化した。

多国籍企業が各国の税制の違いや租税条約等を利用して所得を軽課税国・無税国に移転しグローバルに租税負担を免れているケースが増大している。国際的な租税回避行為は各国の税法や租税条約に明白に違反するものとは言い切れず，むしろ，企業の経済活動がグローバル化して行く中で，既存の国際課税ルールが実態に追いついていないのが実情である。

このような状況に対して，OECD租税委員会は危機感を強くし，平成25年7月19～20日に開催されたG20財務大臣会合で，このような国際的な租税回避行為に対しては国際的に協調した行動をとることが重要であると報告され，今後ますます，国際的な租税回避防止策の重要性が高まってくるであろう。

3. 税法整備による規制

企業の不正行為等に対する税制上の対策として，不正行為等に係る費用等の損金不算入制度，重加算税の賦課制度，使途秘匿金課税制度及び同族会社等（組織再編，連結法人を含む）の行為計算否認規定等がある。

(1) 不正行為等に係る費用等の損金不算入
① 隠ぺい仮装行為に要する費用等の損金不算入

一般的に，企業の不正行為等に係る費用は，隠ぺい仮装行為によりねん出される。法人が，その所得の金額若しくは欠損金額又は法人税の額の計算の基礎となるべき事実の全部又は一部を隠ぺいし，又は仮装すること（以下「隠ぺい仮装行為」という。）によりその法人税の負担を減少させ，又は減少させようとする場合には，その隠ぺい仮装行為に要する費用の額又はそれにより生ずる損失の額は，各事業年度の所得の金額の計算上，損金の額に算入することができない（法法55①）。また，法人が隠ぺい仮装行為によりその納付すべき法人税以外の租税の負担を減少させ，又は減少させようとする場合についても適用される（法法55②）。

違法支出の一形態である賄賂の損金不算入を明確にする場合，反射的にそ

れ以外の違法支出，とりわけ隠ぺい仮装行為に要する費用等の損金算入が許容されるといった解釈につながりかねないことも懸念されたことから，平成18年度税制改正により，隠ぺい仮装行為に要する費用等については損金不算入となることを明確化する整備が行われた[25]。

　上記対象となる隠ぺい仮装行為に要する費用等は，隠ぺい仮装行為により法人税の負担を減少させる行為に係る費用等であり，"偽りその他不正の行為"による租税ほ脱犯が成立する行為に係る費用等よりその範囲は広く，租税ほ脱犯が成立する行為に係る費用等だけに限定されるものではなく，欠損金額を増加させる等未だ法人税の負担を減少させていない場合にも適用される。

② 罰科金等の損金不算入

　企業の不正行為等に係る費用等で次に掲げる租税公課は損金に算入することができない（法法55③④）。

> ① 国税に係る延滞税，過少申告加算税，無申告加算税，不納付加算税及び重加算税並びに印紙税の過怠税
> ② 地方税の延滞金（道府県民税，市町村民税，事業税に係る納期限延長の場合の延滞金を除く），過少申告加算金，不申告加算金及び重加算金
> ③ 罰金及び科料（通告処分による罰金又は科料に相当するもの及び外国又は外国の地方公共団体が課する罰金又は科料に相当するものを含む）並びに過料
> ④ 国民生活安定緊急措置法の規定による課徴金及び延滞金[26]
> ⑤ 私的独占の禁止及び公正取引の確保に関する法律の規定による課徴金及び延滞金[27]

25　青木孝徳ほか『平成18年版　改正税法のすべて』（大蔵財務協会，2006年）350頁。
26　国民生活安定緊急措置法の規定による課徴金及び延滞金も損金の額に算入することができない。
27　独占禁止法の課徴金制度は，行政手続により過当な利益を徴収するという制裁的な意味を有するものであり，損金の額に算入することができない。課徴金の納付遅延に対し課される延滞金についても同様である。

⑥ 金融商品取引法の規定による課徴金及び延滞金[28]

　法人税に関しては申告納税制度が採用されているが，誠実に申告しない場合や申告が行われない場合がある。その場合，適正な納税を確保するための行政上の措置として，課税庁は，不誠実な申告に対しては更正，不申告に対しては決定が行われる。しかし，更正，決定だけでは適正な申告を十分に期待することができず，さらに税法上の行政制裁として，法人税に関して，延滞税，利子税，過少申告加算税，無申告加算税，不納付加算税及び重加算税が賦課される[29]。

③　賄賂等の損金不算入
　法人が供与をする刑法第198条（贈賄）に規定する賄賂又は不正競争防止法第18条第1項（外国公務員等に対する不正の利益の供与等の禁止）に規定する金銭その他の利益に当たるべき金銭の額及び金銭以外の資産の価額並びに経済的な利益の額の合計額に相当する費用又は損失の額（その供与に要する費用の額又はその供与により生ずる損失の額を含む。）は，各事業年度の所得の金額の計算上，損金の額に算入することができない（法法55⑤）。
　いわゆる賄賂については，従来，租税特別措置法第61条の4に規定する交際費等に該当することとされ，実質的に損金の額に算入しない取扱いとなっていた。しかし，国内公務員及び外国公務員への賄賂の税控除を認めてはならないとする「腐敗の防止に関する国際連合条約」（第164回通常国会において批准された。以下「腐敗防止国連条約」という。）の国内法制の担保措置として，国際的な協調の観点から損金不算入であることを明確化する整備が行われた[30]。
　賄賂等の定義について，「内国法人が供与をする刑法第198条（贈賄）に規

28　金融商品取引法の目的とする「有価証券の発行及び金融商品等の取引等を公正にし，有価証券の流通を円滑にする」（金融商品取引法第1条）ことを阻害する行為に対する制裁的な性格を有する課徴金及び延滞金も行政手続により不当な利益を徴収するものである。
29　これらは国税通則法において規定され，すべて法人税に附帯して納付又は徴収されるので，これらは総称して附帯税と呼称されている。
30　青木ほか・前掲注(25) 350頁。

定する賄賂又は不正競争防止法第 18 条第 1 項（外国公務員等に対する不正の利益の供与等の禁止）に規定する金銭その他の利益に当たるべき金銭の額・・・」としていることから，刑事手続において実際にその支出が賄賂等として認定される必要はないと考えられる。このように，上記条文においては，刑法の賄賂等といった概念を引用しているに過ぎず，税務執行当局において贈賄罪等の犯罪の成否自体を認定することを求めるものではない。また，税務執行当局の判断は，あくまでもある支出の損金性の有無に係るものに過ぎず，その支出の相手方の刑事責任の有無を判断するものでもない[31]。

(2) 重加算税の賦課

重加算税は，過少に申告し，又は無申告の場合に，その納付すべき法人税額の計算の基礎となる事実について隠ぺい又は仮装という不正手段があったときに，行政制裁として，それにより免れ又は免れようとした税額の 35%（過少申告の場合）ないし 40%（無申告の場合）の負担割合により課される（通則 68）。

① 重加算税の趣旨

重加算税賦課制度は，隠ぺい・仮装行為に基づく過少申告，無申告による納税義務違反の発生を防止し，もって，申告納税制度の下における納税義務者の自主性の強化促進を図るとともに同制度の信用を保持するところにあること及び納税義務者本人の刑事責任を追及するものではない[32]。つまり，重加算税の賦課は，納税義務違反の発生を防止し，もって，徴税の実を挙げようとする趣旨であり，行政上の措置である。違反者の不正行為の反社会性ないし反道徳性に着目し，これに対する制裁として課せられる刑罰とは趣旨を異にするものである[33]。

31　青木ほか・前掲注 (25) 350 頁。
32　長野地判昭 58・12・22（昭和 54 年（行ウ）第 3 号）税務訴訟資料 134 号 581 頁。
33　最二小判昭 45・9・11（昭和 43 年（あ）第 712 号）最高裁判所刑事判例集 24 巻 10 号 1333 頁。また，国税通則法制定時の立法当事者は，「国税通則法の制定に関する答申の説明」で次のように述べている。
　「重加算税の性質について，それが税として課されるところから形式的には申告秩序維持のた

② 隠ぺい仮装の行為者

隠ぺい仮装の行為に出た者は，納税義務者本人だけではなく，その代理人，補助者等の立場にある者，いわば納税義務者本人の身代りとして同人の課税標準の発生原因たる事実に関与し，課税標準の計算に変動を生ぜしめた者である場合を含む[34]。

③ 故意の要否

国税通則法 68 条（重加算税）に規定する重加算税は，同法 65 条ないし 67 条（各種加算税）に規定する各種の加算税を課すべき納税義務違反が事実の隠ぺい又は仮装という不正方法に基づいて行われた場合に，違反者に対して課される行政上の措置であって，故意に納税義務違反を犯したことに対する制裁ではないから，同法 68 条 1 項による重加算税を課し得るためには，納税者が故意に課税標準等又は税額等の計算の基礎となる事実の全部又は一部を隠ぺいし，又は仮装し，その隠ぺい，仮装行為を原因として過少申告の結果が発生したものであれば足り，それ以上，申告に対し，納税者において過少申告を行うことの認識を有していることまでを必要とするものではない[35]。

つまり，重加算税の賦課は，納税義務者が納税申告書を提出するにあたりその隠ぺい仮装行為を知っていたか否かに左右されない。

めのいわゆる行政罰であるといえようが，その課税要件や負担の重さからみて，実質的に刑罰的色彩が強く，罰則との関係上二重処罰の疑いがあるのではないかという意見がある。・・・重加算税は，詐欺行為があった場合にその全部について刑事訴追をすることが実際問題として困難であり，また必ずしも適当でないところから，課されるものであることは否定できない。しかし，そのことから同一事件に対し懲役又は罰金のような刑事罰とを併科することを許さない趣旨であるということはできないであろう。むしろ，重加算税は，このような場合において，納税義務の違反者に対してこれを課すことにより納税義務違反の発生を防止し，もって納税の実をあげようとする行政上の措置にとどまると考えるべきであろう。したがって，重加算税は，制裁的意義を有することは否定できないが，そもそも納税義務違反者の行為を犯罪とし，その不正行為の反社会性ないしは反道徳性に着目して，これに対する制裁として科される刑事罰とは，明白に区別すべきであると考えられる。このように考えれば，重加算税を課すとともに刑事罰に処しても，二重処罰と観念すべきではないと考える。」（国税通則法の制定に関する答申の説明第 6 章第 2 節 2・3–3）。

34 長野地判昭 58・12・22（昭和 54 年（行ウ）第 3 号）税務訴訟資料 134 号 581 頁。
35 最二小判昭 62・5・8（昭和 59 年（行ツ）第 302 号）最高裁判所判例集民事 151 号 35 頁。

(3) 使途秘匿金に対する課税

　法人が，相当の理由がなく，金銭支出等の相手方の氏名等を帳簿書類に記載しない場合には，原則としてその使途秘匿金について法人税を納める義務があるものとして，課税所得の計算上，損金の額に算入することができず（措法62①），さらに，使途不明の交際費等の損金不算入の取扱い（法基通9-7-20）とは異なり，平成6年4月1日以後に支出する使途秘匿金については，通常の各事業年度の所得に対する法人税の額にその40％相当額が加算される（措法62①）。

　なお，公益法人等又は人格のない社団等の非収益事業，外国法人の国外で行う事業等は適用対象から除外されている（措法62④）。

① 制度創設の趣旨

　企業が相手先を秘匿するような支出は，違法ないし不当な支出につながりやすく，それがひいては公正な取引を阻害することにもなるので，そのような支出を極力抑制するために，政策的に追加的な租税負担を求めることとしたものである。

　企業の不明朗な支出が抑制されれば，それだけ相手先に対する課税が適正に行われる。当然ながら，相手先の脱税を抑制する効果も期待できるわけであるが，この課税は，相手先の脱税の抑制を主たる目的として行うものではなく，また，真実の所得者に対する代替課税として行うものでもない[36]。

② 使途秘匿金と使途不明金の差異

　使途秘匿金の支出とは，法人がした金銭の支出（贈与，供与その他これら

36　武田昌輔ほか編『会社税務釈義』（第一法規，2002年）2057の52. 政府の税制調査会は，「平成六年度の税制改正に関する答申」で「企業が税務当局に対し相手先の氏名等を秘匿するような支出は，違法ないし不当な支出につながりやすく，それがひいては公正な取引を阻害することにもなりかねないという問題がある。近年，企業の使途不明金の額は多額に上っており，これをこのまま放置することには社会的な問題があること等にかんがみれば，そのような支出を極力抑制する見地から，税制上追加的な負担を求めることもやむを得ないのではないかとの意見が少なくない。しかしながら，いわゆる使途不明金問題は，企業経営者のみならず社会的なモラルの問題でもあり，このような問題を是正するために税制を活用することは，厳に慎むべきであるとの意見も強い。したがって，やむを得ず税制上の措置を講ずるような場合においても，単に支出先が不明であるというだけでいたずらに対象を拡大することのないよう配慮する必要があるほか，新たな措置が企業活動や税務執行にどのような影響を及ぼすことになるのか必ずしも予測しがたいことにもかんがみ，時限的なものに止めることが適当である。」と述べている。

に類する目的のためにする金銭以外の資産の引渡しを含む）のうち，相当の理由がなく，その相手方の氏名又は名称及び住所又は所在地並びにその事由（以下「相手方の氏名等」という。）を当該法人の帳簿書類に記載していないものをいう（措法62②）。

これに対し，使途不明金は，法人が支出した金銭でその使途が明らかでないもの，又は法人が使途を明らかにしないものをいい，使途秘匿金と使途不明金では法人の租税負担に差異がある。つまり，使途不明金は法人税法上，その全額が損金不算入となり法人の所得として課税されるが，使途秘匿金は法人税法上，その全額が損金不算入となるだけでなく，通常の法人税に加え，使途秘匿金の支出額の40％の追加課税が行われ[37]，使途秘匿金としての支出額が課税対象になるため，法人の所得が赤字であっても追加の課税が行われる。

③ 金銭の支出

使途秘匿金に係る「金銭の支出」には，贈与，供与その他これらに類する目的のために行う金銭以外の資産も包含される。ただし，役務の提供は金銭の支出には包含されない。また，相手方の氏名等が帳簿書類に記載されていない支出であっても，「資産の譲受けその他の取引の対価の支払としてされたものであることが明らかなもの」は使途秘匿金には包含されない。商品の仕入れ等であっても，違法ないし不当な取引があり得るが，「単に支出先が不明というだけでいたずらに対象を拡大することのないよう配意する必要がある」との税制調査会の答申等を踏まえ，使途秘匿金の範囲から除外されている[38]。

(4) 役員等に対する罰課金

法人が自己について課された罰金，科料又は過料を納付した場合には，その罰金等は損金の額に算入されない（法法55④一）。しかし，法人の役員又は使用人に対して罰金，科料又は過料（以下「罰金等」という。）が課され

---

[37] 使途秘匿金の追加課税にさらに地方税の負担を合わせると，支出額とほぼ同額の税金が課されることになる。
[38] 武田ほか編・前掲注（36）2057の53。

た場合において，それを法人が負担する場合がある。このような罰金等については，法人の業務に関して課されたものであるときは，損金の額に算入することができない。これに対し，その原因がその法人の業務に関するものでないときは，その罰金等を課された役員又は使用人に対する給与として取り扱われる（法基通 9-5-8）。

法人の業務の遂行に関連してされた役員等の行為につき課された罰金等を法人が負担するのは，一般的には法人の使用者責任に基づくものであり，経済的には法人の罰金等とも考えられるところから，法人自体に課された罰金等と同様に取り扱うということである。他方，法人の業務の遂行に関連のない役員等の行為等について課された罰金等で，使用者責任の範囲を超えるものについては，その法人がこれを負担すべき理由がなく，その行為者である役員等の個人が負担すべきものである。そのため，法人がその罰金等を負担した場合には，その役員等に対する給与として取り扱われ，この場合の給与は，臨時的な給与に該当することとなる[39]。

(5) 同族会社の行為計算否認規定

税務署長は，同族会社の法人税につき更正又は決定をする場合に，同族会社の行為又は計算で，それをそのまま容認するならば，法人税の負担を不当に減少させる結果になると認められるものがあるときは，その行為又は計算にかかわらず，税務署長の認めるところによって，その法人の課税標準，欠損金額又は法人税額を計算することができる（法法 132）。たとえば，同族会社の行為で税負担を不当に減少させることとなるものとして，同族関係者からの資産の高価買入れ，同族関係者に対する低額譲渡，過大給与等がある。

当該否認規定は脱税行為に対する規制策ではなく，同族会社による租税回避行為に対する規制策としての意義を有する。

① 同族会社の行為計算否認の規定の趣旨

金子宏教授は，同族会社の行為計算否認の規定の目的を「同族会社が少数の株主ないし社員によって支配されているため，当該会社またはその関係者

---

39 森文人編『法人税基本通達逐条解説』（税務研究会，2011 年）911 頁。

の租税負担を不当に減少させるような行為や計算が行われやすいことにかんがみ，租税負担の公平を維持するため，そのような行為や計算が行われた場合に，それを正常な行為や計算に引き直して更正または決定を行う権限を税務署長に認めるものである」[40]と述べている。

判例をみてみると，東京高裁昭和34年11月17日判決は「同族会社の行為計算否認の規定は，いわゆる同族会社は，首脳者又は少数の株主若しくは社員が多数の議決権を有する会社であり，比較的利害を同一にしているこれらの者の意思によって会社の行為又は計算を自由にすることができ会社と個人を通じて租税負担を不当に軽減することも容易であるから，課税の公平を期するために設けられたものである」[41]旨判示している。

同族会社においては法人の利益を減少し，しかもそれが株主等の反対を受けない場合もありうるのであって，その結果として法人税の不当な現象が生ずることがある[42]。つまり，この制度は，同族会社が少数の株主ないし社員によって支配されているため，同族会社又はその関係者の税負担を不当に減少させるような行為や計算（租税回避行為）が容易に行われやすいことにかんがみ，税負担の公平を維持するため，そのような行為や計算が行われた場合に，それを正常な行為や計算に引き直して更正又は決定を行う権限を税務署長に認めるものである。

② 課税要件事実

法人税法132条では，租税負担を「不当に減少させる結果」となる行為計算が否認の対象とされている。しかし，「不当」という概括的な文言を用いていることから，課税要件事実は必ずしも一義的に確定できない。

租税負担の不当減少に係る要件について裁判例をみてみると，非同族会社では通常なし得ないような行為計算，すなわち同族会社なるが故に容易になし得る行為計算がこれに当たるとするものや，純経済人の行為として不合理，不自然な行為がこれに当たるとするものに大別され，確立していない。また，経済的合理性を欠いた行為又は計算の結果として租税負担が減少すれ

---

40 金子・前掲注 (6) 456頁。
41 東京高判昭34・11・17（昭和33年（ネ）第2783号）税務訴訟資料29号1176頁。
42 吉国二郎『法人税法』（財経詳報社，1965年）724頁。

ば十分であり，租税回避の意図ないし租税負担を減少させる意図の存在は不要と解されている。

法人税法132条（同族会社等の行為計算の否認）は，納税者の行為が当事者の真意に基づく行為であって私法上は適法有効であることを前提として租税回避を防止するために税法上否認する行政上の措置（更正，決定処分）に過ぎないのであり，一方，租税刑事法の対象となる租税ほ脱行為は，当事者の真意に基づかない仮装行為であって，これはほ脱の意図をもって，当事者においてなした行為について事実を偽り虚構する点に違法性を帯びるので，偽りその他不正の行為と認めて租税ほ脱行為を構成するのであるから，偽りその他不正の行為には法人税法132条の適用による場合は含まれないと解されている[43]。

(6) 組織再編成に係る行為計算否認規定

企業が組織再編成を利用し，複雑，かつ，巧妙な租税回避行為を行う事例が増加するおそれがあることから，適正な課税を行うことができるように法人税法において，合併等（合併・分割・現物出資若しくは現物分配又は株式交換若しくは株式移転）により，法人税の負担を不当に減少させる結果と認められるものがあるとき，税務署長はその行為又は計算にかかわらず，その認めるところにより，法人税額等を計算できる旨の組織再編に係る行為計算否認規定（法法132の2）が包括的な租税回避防止規定として平成13年度税制改正で創設され[44]，平成18年度税制改正，平成19年度税制改正及び平成

---

[43] 東京地判昭52・11・28（昭和52年（特わ）第1757号）税務訴訟資料100号1656頁。

[44] 組織再編成を利用した租税回避行為の例として，繰越欠損金や含み損のある会社を買収しその繰越欠損金や含み損を利用するために組織再編成を行う事例，複数の組織再編成を段階的に組み合わせることにより課税を受けることなく実質的な法人の資産譲渡や株主の株式譲渡を行う事例，相手先法人の税額控除枠や各種実績率を利用する目的で組織再編成を行う事例，株式の譲渡損を計上したり株式の評価を下げるために分割等を行う事例が考えられ，このうち，繰越欠損金や含み損を利用した租税回避行為に対しては，個別に防止規定（法法57③，⑥，62の7）が設けられたが，これらの組織再編成を利用した租税回避行為は，上記のようなものにとどまらず，その行為の形態や方法が相当に多様なものとなると考えられることから，これに適正な課税を行うことができるように包括的な組織再編成に係る租税回避防止規定が設けられた（中尾睦ほか『平成13年度版 改正税法のすべて』（大蔵財務協会，2011年）244頁。組織再編に係る行為計算否認規定は法人税法のほか，所得税法（所法157④），相続税法（相法64④）及び地方税法

22年度税制改正により適用対象となる行為計算が拡大している[45]。

前記(5)の同族会社等の行為又は計算の否認規定と同様に「税の負担を不当に減少させる」という不確定概念が用いられており，組織再編法制の大幅な緩和により，組織再編成の形態や方法が多様なものとなってきており，当該規定の適用事例が裁判において提起されはじめている[46]。

(7) 連結法人に係る行為計算否認規定

平成14年度税制改正により連結納税制度が導入された際に，連結納税制度の仕組みを利用したり，あるいは，連結納税制度と単体納税制度の違いを利用した租税回避行為については，これらに止まらず，その行為の形態や方法が相当に多様になると考えられることから，これに適正な課税を行うことができるように[47]，連結法人に係る連結事業年度の連結所得又は事業年度の所得の計算において，法人税の負担を不当に減少させる結果と認められるものがあるとき，税務署長はその行為又は計算にかかわらず，その認めるところにより法人税額等を計算できる旨の連結法人に係る行為計算否認規定（法法132の2）が包括的租税回避防止規定として創設された。前記(5)の同族会社等の行為又は計算の否認規定と同様に「税の負担を不当に減少させる」という不確定概念が用いられており，連結納税制度創設時に想定していたよりも連結納税制度を採用している法人は少ないが，当該規定の適用事例が裁判において提起されはじめている[48]。

（地法72の43④）において同様の規定がそれぞれ規定されている。しかし，消費税法においては規定されていない。

45　また，組織再編税制においては，上記の包括的租税回避規定の他に，繰越欠損金や含み損を利用した租税回避に対する個別的な防止規定が設けられている（法法57③，62の7）。

46　組織再編に係る包括的租税回避防止規定の具体的事例の検討等については太田洋『M&A・企業組織再編のスキームと税務』（大蔵財務協会，2014年）669-691頁に詳述されている。ヤフーによる子会社の吸収合併に伴う処理で東京国税局が法人税法132条の2を適用して約265億円を追徴課税した事件で，2014年3月18日，東京地裁は法律の要件を形式的に満たしていても課税庁が租税回避とみなして課税する「包括的否認規定（法法132の2）」の適用を認め，課税庁の勝訴となる判決を行った。企業の組織再編で課税庁の課税裁量を幅広く認める法人税法132条の2の「包括的否認規定」適用の是非を争った初の訴訟であった。

47　柴崎澄哉ほか『平成14年版　改正税法のすべて』（大蔵財務協会，2012年）370頁。

48　連結納税制度における包括的租税回避防止規定の解釈上の留意点及び問題点については太田・前掲注（46）513-522頁に詳述されている。日本IBMの持株会社による連結納税制度と自社株

(8) 実質課税の原則の適用

　実質課税の原則とは租税法の解釈，適用に当たっていわれる原則の1つで，租税法の適用にあたっては課税要件事実の認定が必要であり，要件事実の認定に必要な事実関係や法律関係の「外観と実体」ないし「形式と実質」がくいちがっている場合には，外観や形式に従ってではなく，経済的実質に即してそれらを判断し認定しなければならないというものであり，経済的観察法とも呼ばれる。一般にいわれる実質課税の内容は，法人税等の課税に当たっての実質所得者課税，要件事実の経済的実質による解釈，租税法の解釈に当たっての目的論的解釈及び租税負担回避のための不自然不合理な行為を否認し通常とられるであろう行為等がとられたものとする解釈から構成され，一般的な明文の規定はない。しかし，その表れとしての個別規定は随所にみられる[49]。実質課税の原則について，学説及び判例を中心に整理することにする。

　① 実質課税の原則に係る主要な学説

　金子宏教授は，「租税法の適用にあたっては，課税要件事実の認定が必要である。他の法分野におけると同様に，租税法においても，要件事実の認定に必要な事実関係や法律関係の「外観と実体」ないし「形式と実質」がくいちがっている場合には，外観や形式に従ってではなく，実体や実質に従って，それらを判断し認定しなければならない（略）。すなわち，外観ないし形式によれば，課税要件に該当する事実がないように見える場合であっても，実体ないし実質をよく検討してみるとそれが存在するという場合には，当該課税要件は充足されたものと考えなければならないし，逆に，外観ないし形式によれば，課税要件に該当する事実が存在するように見える場合であっても，実体ないし実質に立ち入って見るとそれが存在しないという場合

　　買いを組み合わせたスキームが課税逃れであるとして東京国税局から約3995億円の申告漏れを指摘された事件で，2014年5月9日，東京地裁は「税逃れの意図があったとは認められない」として日本IBM側の主張を認め，課税処分の取消しを命じる判決を言い渡した（日本経済新聞2014年5月10日）。

49　法人税法における実質所得者課税の原則（法法11），信託財産に係る収入及び支出の帰属（法法12），みなし配当（法法24），みなし役員（法法②十五，法令7），低額譲渡（法法37），リース取引（法法64の2）は実質課税の原則に基づく具体的規定である。

には，当該課税要件は充足されていないものと考えなければならない。たとえば，法人の帳簿のうえで給与として処理されている支出が，実は従業員への貸付金であったという場合には，それは人件費ではなく，したがって損金に算入されない。逆に，諸般の事情から貸付金として処理されているが，それが実は従業員への給与であったという場合には，人件費として損金に算入されることになる。ただし，このことは，要件事実の認定に必要な法律関係についていえば，表面的に存在するように見える法律関係に即してではなく，真実に存在する法律関係に即して要件事実の認定がなされるべきことを意味するに止まり，真実に存在する法律関係からはなれて，その経済的成果なり目的なりに即して法律要件の存否を判断することを許容するものではないことに注意する必要がある（略）。いわゆる実質課税の原則は，以上のような意味に理解し，用いられるべきであると考える」[50]と述べている。吉国二郎氏は「なんらかの意味で法律の二重の構成によって，本来直接帰属すべきものが一部曲折して帰属した場合には，法律本来の趣旨からいえば，実質的に直接帰属したと考えられる所得者をもって課税の目的とすべきものと考えられる。通常いわれる所得税はその真実の所得者，すなわち経済的利益の帰属する者に課すべしという，いわゆる実質主義の原則とは分析すればかような意味を持つものではないかと考えられる。」[51]と述べている。

② 実質課税の原則に係る主要な裁判例

実質課税の原則について主要な裁判例をみると，たとえば，最高裁昭和43年11月13日判決[52]は「株式会社という法的形態を重視すべきか，あるいはその背後に存する経済的関係を法律解釈上に反映せしむべきかという難問に直面せざるを得ないのであるが，経済的考察の必要を忘るべきではないと考える。現に，法的形態を越えて実体に迫り得ることは，税法上におけるいわゆる「実質課税の原則」や，主として商法上論ぜられるいわゆる「法人格否認の法理」にあらわれているからである。しかし，そのことは法的形態を軽視し去ることを意味するのではない。法的形態を越えてその実体に迫り得

---

50 金子・前掲注 (6) 135-136 頁。
51 吉国・前掲注 (42) 188-189 頁。
52 最判昭43・11・13（昭和36年(オ)第944号）税務訴訟資料53号860頁。

るとされるのは，或る目的のため或る面においてのみ，その法的形態の背後に存するものを把握するために必要な場合に限られる」旨判示し，大阪高裁昭和39年9月24日[53]は「私法上無効又は取消し得べき行為であっても，その行為に伴って経済的効果が発生している場合にはその収益につき課税することは何等妨げなきものと解すべきであるし，私法上許された法形式を濫用することにより租税負担を不当に回避又は軽減することが企図されている場合には本来の実情に適合すべき法形式に引き直してその結果に基づいて課税しうることも認められなければならないし，また課税要件事実の認定に当たって，行為の実質及び経済的効果を参酌考量して租税負担の公平が図られなければならないが，納税義務者，課税標準及び徴収手続が法律で定められていることを要請する租税法律主義のもとにおいて，右認定は不当に私的自治を侵すものであってはならず，殊に他の合理的な経済目的から合法的になされた私法上の行為まで，それが他の法形式を用いた場合に比して課税負担の軽減をもたらすことを理由として，法人税法上拠るべき規定なくして，これを否認することは許されない」旨判示している。

また，最高裁第二小法廷昭和37年6月29日判決[54]は「所得税法二条所定の課税対象となっている個人の所得とは，当該個人に帰属する所得を指称するものであることは勿論であるが，その所得の外見上又は法律形式上の帰属者が単なる名義人に過ぎずして，他にその終局的実質的享受者が存在する場合，そのいずれを所得の帰属者として課税すべきであるかについて問題を生ずる。思うに，国家経費の財源である租税は専ら担税能力に即応して負担させることが，税法の根本理念である負担公平の原理に合し且つは社会正義の要請に適うものであると共に，租税徴収を確保し実効あらしめる所以であって，各種税法はこの原則に基いて組み立てられており，又これを指導理念として解釈運用すべきものと云わねばならない。さすれば，所得の帰属者と目される者が外見上の単なる名義人にしてその経済的利益を実質的，終局的に取得しない場合において，該名義人に課税することは収益のない者に対して不当に租税を負担せしめる反面，実質的な所得者をして不当にその負担を免

53　大阪高判昭39・9・24（昭和31年（ネ）第1037号）税務訴訟資料38号606頁。
54　最二小判昭37・6・29（昭和34年（あ）第1220号）最高裁判所裁判集刑事143号247頁。

れしめる不公平な結果を招来するのみならず，租税徴収の実効を確保し得ない結果を来す虞があるから，かかる場合においては所得帰属の外形的名義に拘ることなく，その経済的利益の実質的享受者を以って所得税法所定の所得の帰属者として租税を負担せしむべきである。これがすなわちいわゆる実質所得者に対する課税（略して実質課税）の原則と称せられるものにして，該原則は吾国の税法上早くから内在する条理として是認されてきた基本的指導理念であると解するのが相当である」旨判示し，実質課税の原則は租税負担の公平を基本理念とする税法において早くから是認されてきた。

③ 濫用的租税回避事件に対する実質課税の適用

近年の裁判における注目すべき実質課税の原則の適用事例として，「映画フィルム投資組合事件」，「航空機リース事件」がある。

ⅰ） 映画フィルム投資組合事件

本事件は，不動産の売買，仲介及び管理等を業とする青色申告法人であるX社（原告）が，米国のP社が制作した映画フィルムを購入しそれをリースする民法上の任意組合（以下「任意組合」という。）であるB映画フィルム投資事業組合（以下「B組合」という。）に参加し，当該組合の組合員となった。B組合には，X社ほか6社が組合員として参加しており，当該組合は出資組合員の自己資金及びC外国銀行からの借入金により，米国の「A社」から映画を購入し，当該映画について米国の「I社」との間で映画の賃貸・配給契約を締結し，I社が配給会社を使って全世界に配給し，配給収入を得るとともに，映画の減価償却費と支払利息を損金の額に算入して，生じた損失額をXの他の所得と損益通算したものであり，これに対して課税庁は，Xが組合員であるB組合（民法上の組合）が外国映画フィルムを取得したとするが，その組合契約から映画フィルムの売買契約等までの一連の取引は，その実質において原告会社が組合を通じて融資を行ったものであると認定し，減価償却費及び支払利息の損金算入を否認した。

第1審の大阪地裁平成10年10月16日判決[55]では，「B組合ないしその組合員であるX社は本件収引により本件映画に関する所有権その他の権利を

---

55 大阪高判平12・1・18（平成10年（行コ）第65号）最高裁判所民事判例集60巻1号266頁。

真実取得したものではなく，本件各契約書上，単にX社ら組合員の租税負担を回避目的のもとに，B組合は本件映画の所有権を取得するという形式，文言が用いられたにすぎないものと解するのが相当である。その結果，X社が本件映画を減価償却資産に当たるとし，その減価償却費を損金の額に算入したことは相当でなく，算入に係る全額が償却超過額になる。」と判断した。つまり，その組合契約から映画フィルムの売買契約等までの一連の取引は，その実質において原告会社が組合を通じて融資を行ったものと認定し，納税者の請求を棄却し，第2審の大阪高裁平成12年1月18日判決[56]でも，同様の理由に「課税は，私法上の行為によって現実に発生している経済効果に則してされるものであるから，第一義的には私法の適用を受ける経済取引の存在を前提として行われるが，課税の前提となる私法上の当事者の意思を，当事者の合意の単なる表面的・形式的な意味によってではなく，経済実体を考慮した実質的な合意内容に従って認定し，その真に意図している私法上の事実関係を前提として法律構成をして課税要件への当てはめを行うべきである。したがって，課税庁が租税回避の否認を行うためには，原則的には，法文中に租税回避の否認に関する明文の規定が存する必要があるが，仮に法文中に明文の規定が存しない場合であっても，租税回避を目的としてされた行為に対しては，当事者が真に意図した私法上の法律構成による合意内容に基づいて課税が行われるべきである。」との判断を追加して，納税者の請求を棄却した。

しかし，最高裁第三小法廷平成18年1月24日判決[57]では，「本件組合は，本件売買契約により本件映画に関する所有権その他の権利を取得したとしても，本件映画に関する権利のほとんどは，本件売買契約と同じ日付で締結された本件配給契約によりD社に移転しているのであって，実質的には，本件映画についての使用収益権限及び処分権限を失っているというべきである。このことに，本件組合は本件映画の購入資金の約4分の3を占める本件借入金の返済について実質的な危険を負担しない地位にあり，本件組合に出資した組合員は本件映画の配給事業自体がもたらす収益についてその出資額

---

56 大阪高判平 12・1・18（平成10年（行コ）第65号）税務訴訟資料246号20頁。
57 最三小判平 18・1・24（平成12年（行ヒ）第133号）税務訴訟資料256号順号10278。

に相応する関心を抱いていたとはうかがわれないことをも併せて考慮すれば，本件映画は，本件組合の事業において収益を生む源泉であるとみることはできず，本件組合の事業の用に供しているものということはできないから，法人税法（平成13年法律第6号による改正前のもの）31条1項にいう減価償却資産に当たるとは認められない。したがって，本件映画の減価償却費を損金に算入すべきではないとした原審の判断は，結論において是認することができる」と判示し，実質課税の原則は適用しなかった。

ⅱ）航空機リース事件

本事案は，航空機リース事業を行う民法上の組合への投資に対する損益の分配を不動産所得として，減価償却費等を必要経費に計上し所得税の確定申告を行った投資家に対して，課税当局は，本件各組合契約書の表題や前文が組合契約の用語を用いているのは，所得税を減少させるために，外観上，航空機の賃貸事業を共同の事業とする民法上の組合の形式を整えたものにすぎず，原告（納税者）らの締結した契約関係は民法上の組合契約ではなく，利益配当契約であるとして，航空機リースによる所得は「雑所得」であると認定し損益通算を認めなかったため争われた。

当該契約は，個人投資家からの出資金と金融機関からの借入金により，航空機を所有する会社から航空機1機を購入し，この航空機を航空会社にリースする。そして，そのリース料収入を金融機関からの借入金の元本・利子の返済に充て，残余分を投資した組合員に分配し，リース期間終了後にはその航空機を売却し，売却代金を金融機関からの借入金の残額の返済に充て，その残余分は投資した組合員に分配する契約になっている。

平成16年10月28日名古屋地裁判決[58]は，「本件各組合契約は，民法上の組合契約の成立要件を充足しており，これとは契約類型の異なる利益配当契約と認めることはできないので，本件各組合は，民法上の組合に当たると判断するのが相当である。」と納税者の主張を認め，名古屋高裁平成17年10月27日判決は納税者の主張を認め，一審名古屋地裁の判断を支持する判決を下し，国側は最高裁への上告を断念し，納税者勝訴が確定した。

---

58 名古屋地判平16・10・28（平成15年（行ウ）26ないし31号）税務訴訟資料254号順号9800。

iii) 小括

映画フィルム投資組合事件と航空機リース事件での判決では，実質課税の原則に関しては全く異なる判断がなされた。航空機リース事件判決の後，平成17年度税制改正で，特定組合員に該当する個人が組合事業から生ずる不動産所得を有する場合においてその年分の不動産所得の金額の計算上「当該組合事業による不動産所得の損失の金額」があるときは，当該損失の金額に相当する金額はなかったものとみなし（措法41条の4の2①），法人が特定組合員に該当する場合で，かつ，その組合契約に係る組合事業につきその債務を弁済する責任の限度が実質的に組合財産（匿名組合契約等にあっては，組合事業に係る財産）の価額とされている場合には，当該法人の当該事業年度の組合損失のうち当該法人の当該組合事業に係る「調整出資金額」を超える部分の金額に相当する金額（「組合損失超過額」という。）は，当該事業年度の所得の金額の計算上，損金の額に算入することができない（措法67の12①）とする措置が創設され，航空機リース事件におけるスキームは濫用的租税回避行為として規制策が講じられた。

(9) 課税減免規定に対する限定解釈による否認

納税者が行った取引に経済合理性がないことのほか，そのような取引を行った納税者に対して課税減免規定を適用することが立法趣旨に反するか否かという点や納税者に租税回避目的があったか否かも含めて判断される「課税減免規定に対する限定解釈」による否認手法がある。具体的事例には，外国税額控除余裕枠を利用することを目的とした住友銀行（現三井住友銀行），大和銀行（現りそな銀行）及び三和銀行（現三菱東京UFJ銀行）の3銀行が行った海外取引における否認事例がある[59]。

この事件では，「租税法律主義の見地からすると，租税法規は，納税者の有利・不利にかかわらず，みだりに拡張解釈したり縮小解釈することは許されないと解される。しかし，税額控除の規定を含む課税減免規定は，通常，政策的判断から設けられた規定であり，その趣旨・目的に合致しない場合を除外するとの解釈をとる余地もあり，また，これらの規定については，租税

---

59 佐藤信祐『組織再編における包括的回避防止規定の実務』（中央経済社，2009年）25頁。

負担公平の原則（租税公平主義）から不公平の拡大を防止するため，解釈の狭義性が要請されるものということができる。したがって，租税法律主義の下でも，かかる場合に課税減免規定を限定解釈することが全く禁止されるものではないと解するのが相当である。（中略）法人税法 69 条は，国際的二重課税を排除して，日本国企業の国際取引に伴う課税上の障害を取り除き，事業活動に対する税制の中立性を確保することを目的とすることにかんがみると，同条は，内国法人が客観的にみて正当な事業目的を有する通常の経済活動に伴う国際的取引から必然的に外国税を納付することとなる場合に適用され，かかる場合に外国税額控除が認められ，かつ，その場合に限定されるというべきである。したがって，内国法人が本来 69 条の適用の対象者ではない第三者に，外国税額控除の余裕枠を利用させ，第三者からその利用に対する対価を得ることを目的として，そのために故意に日本国との関係で二重課税を生じさせるような取引をすることは，前述した法 69 条の制度の趣旨・目的を著しく逸脱するものというべきであり，当該行為にはおよそ正当な事業目的がなく，あるいは極めて限局された事業目的しかないものであるから，内国法人が同取引に基づく外国法人税を納付したとしても，法 69 条の制度を濫用するものとして，同条 1 項にいう「外国法人税を納付することとなる場合」には該当せず，同条の適用を受けることができないとの解釈が許容されてしかるべきである。」旨の判示がなされている[60]。

　課税減免規定の「限定解釈」による法的効果は，当該規定の不適用という効果にとどまることになるが，行為計算否認の場合には，課税庁の認めるところにより，納税者の行為を引き直す（私法上，真正に成立している法律関係を別のものに組み替えた上で，租税法を適用する）ことが可能であり，法的効果としても強力である[61]。

60　大阪高判平 14・6・14（平成 13 年（行コ）第 47 号）税務訴訟資料 252 号順号 9136。
61　清水一夫『課税減免規定の立法趣旨による「限定解釈」論の研究』税大論叢 vol.59（税務大学校，2008 年）296 頁。

4. 結びにかえて

　わが国における脱税や租税回避行為に対する規制策としては重加算税の賦課や各種損金不算入措置，さらに使途秘匿金課税制度等，必要に応じて個々に税制上の対抗措置が講じられ，同族会社等（組織再編業，連結法人を含む）の行為計算の否認規定を除き，諸外国におけるような包括的な租税回避否認規定は整備されてこなかった[62]。

　米国，ドイツをはじめとする先進諸国と同様にわが国においても，経済の複雑化・広域化・国際化に伴い，脱税や租税回避行為の手段も極めて複雑なものとなってきており，BEPS問題等も生じている。これらに対しては，課税庁が効率的かつ的確に税務調査により対応することが重要であるが，税法上の根拠がないことで租税回避行為を否認できないケースが生じている。特に，濫用的租税回避行為に対しては，税制も含め十分な対策が講じられているとはいえず，税制及び税務執行上，整備すべき点が数多く残されている。本研究のまとめという意味で，濫用的租税回避行為に対する規制策の在り方を考える上で検討すべき課題を指摘し，若干の見解を述べておく。

　私法上有効な行為については，法的安定性と予測可能性の観点から最大限尊重されなければならないが，不当に租税を回避又は軽減する行為が無制限に許されるものではない。租税回避に用いられる仕組みで課税上の弊害が生じている行為でありながら，税法において個別の規制策がなく，実質課税の原則，更に租税の公平負担の原則という観点からも否認できず，解決しえない濫用的租税回避行為を行う納税者に対して事後的に個々に規制を行っていては，税制改正による対処が行われるまでのタイムラグにおける税務上の利益を与えることになる。また，その場合，個々の取引内容ごとに規制を行う

---

[62] 米国，英国，ドイツ，オーストラリア等では包括的租税回避防止規定が導入されている。諸外国における包括的な租税回避否認規定については，今村隆「オーストラリアの一般的否認規定」（駿河台法学24巻1・2合併号2010年），岡村忠生「米国の新しい包括的濫用防止規定について」（日本租税研究協会『税制改革の課題と国際課税の潮流』(2010年) 138-169頁）において詳述されている。

と，同種の仕組みを用いながら，取引内容によっては租税負担において不公平となるケースが生じる可能性もある。

このように租税回避行為の形態や方法が相当多様なものとなっている現状を踏まえると，事後的な対応だけでは，課税の公平を確保することは困難といえる。これらの問題に対応するためには，可能な限り個別的否認規定の創設は必要であるが，すべての租税回避行為を想定して具体的に列挙し規定することは不可能であり，濫用的租税回避行為に対する包括的な否認規定も必要であると思料する。

濫用的租税回避行為に対する包括的な否認規定を制定する上では，ジレンマも当然生じる。けだし，経済政策に基づき，特定の産業分野で税制上の優遇措置が採用されているからである。そしてこの優遇措置により，特定の産業分野において，濫用的租税回避行為が増大する可能性が生じる。要するに，経済政策の中には公平な課税制度を構築することと相反する結果となることもある。しかし，租税法において濫用的租税回避行為に対する規制策を考える上では，当然のことながら公平な課税と経済政策のいずれが喫緊の重要性を有するか等を十分に配慮し検討する必要がある。

包括的租税回避否認規定の導入には多くの課題も山積している。航空機リース事件では「現代社会における合理的経済人の通常の行動として，仮に，租税負担を伴わないかあるいはそれが軽減されることなどを動機ないしは目的（又は，動機等の一部）として，何らかの契約を締結する場合には，その目的等がより達成可能な私法上の契約類型を選択し，その効果意思を持つことは，ごく自然なことであり，かつ，合理的なことであるといえる」旨判示されており，まず，否認されるべき濫用的租税回避行為概念を明確にしなければならない。現在，わが国において事前確認制度が導入されているが，米国において効果を上げているアドバンスルーリング制度（取引行為が租税回避に該当するか否かを課税庁にあらかじめ問い合わせ回答を得る制度）の導入や税務執行権の濫用が行われないよう厳格な取扱い及び税務事実認定が前提とされなければならない。

濫用的租税回避行為は，脱税行為，租税回避行為，節税行為の区分という問題に通じるもので，かなり困難な問題といえるが，今後，濫用的租税回避

行為に対する包括的な否認規定を考える上で，重要である。けだし，濫用的租税回避行為の存在は税収を減少させるという要因よりも不公平感を惹起し，より重要な「自主的な申告納税制度を侵蝕するという問題」を生じさせるからである。

（平野嘉秋）

参考文献
今村隆「オーストラリアの一般的否認規定」（駿河台法学 24 巻 1・2 合併号 2010 年）。
太田洋『M＆A・企業組織再編のスキームと税務』（大蔵財務協会，2014 年）。
岡村忠生「米国の新しい包括的濫用防止規定について」（第 62 回租税研究大会（東京大会）報告：http://www.soken.or.jp/p_document/pdf/taikaikiroku2010.pdf）。
金子宏『租税法（第十九版）』（弘文堂，2014 年）。
神山敏雄ほか『新経済刑法入門』（成文堂，2013 年）。
木村弘之亮『租税過料法』（弘文堂，1991 年）。
清永敬次『税法』（ミネルヴァ書房，1995 年）。
清永敬次『租税回避の研究』（ミネルヴァ書房，1995 年）。
佐藤信祐『組織再編における包括的回避防止規定の実務』（中央経済社，2009 年）。
品川芳宣『付帯税の事例研究』（財経詳報社，2012 年）。
清水一夫『課税減免規定の立法趣旨による「限定解釈」論の研究』税大論叢 59 号（税務大学校，2008 年）。
谷口勢津夫『租税回避論』（清文社，2014 年）。
平野嘉秋『日本版タックス・シェルター・ファンド』（大蔵財務協会，2011 年）。
松田直樹『租税回避行為の解明』（ぎょうせい，2009 年）。
松田直樹「実質主義と法の濫用の法理－租税回避行為の否認手段としての潜在的有用性と限界」税大論叢 55 号（税務大学校，2007 年）。
八尾順一『租税回避の事例研究』（清文社，2008 年）。
八尾順一『事例からみる重加算税の研究』（清文社，2012 年）。
渡辺徹也『企業取引と租税回避』（中央経済社，2002 年）。

第 4 章
企業責任における法の在り方

Ⅰ. ソフトウェア・ライセンスにおける優越的地位の濫用問題についての一考察

1. はじめに

　知的財産を活用する事業者の市場行動が，しばしば独占禁止法上の問題を提起することがある。情報サービス産業の分野もその例外ではない。たとえば，外資系ソフトウェアベンダーのソフトウェアに関する毎年の保守サービス料金の一方的な値上げが数年前から続いているが，顕著にその問題を呈していると言えよう。

　ベンダーの保守料金の値上げの主要な要因の1つに，長期に続く不況により新規にソフトウェアを販売することが難しくなったベンダーが，自己の売上及び収益を確保するため，毎年定期的に一定の収入をもたらす保守料金を継続的に値上げし，売上及び収益を維持しようということが考えられる。

　もちろん，ソフトウェアの保守が必要でなければ，ユーザーは保守契約を解約すればよいのだが，保守対象となっているソフトウェアが大規模システムの基幹ソフトウェア，たとえば，データベース・マネジメント・システム（DBMS）[1]の場合やミッション・クリティカル（MC）のソフトウェア[2]の場合は，ユーザーは安易に保守契約を打切ることはできない。なぜなら，これらのソフトウェアの障害は，ユーザーにとって全社的なシステムダウンをもたらし，業務を全く行うことができなくなる事態を招くおそれがあるからである。たとえば，ネット通販での受注システムやDBMSに障害が発生したら，ネット通販業者は全くビジネスができなくなる可能性がある[3]。

---

[1] データベースを管理するソフトウェア。
[2] 障害が起きるとユーザーに多大な損害をもたらすようなソフトウェア。
[3] 高田寛「ソフトウェアの保守サービスにおける独禁法上の優越的地位の濫用と知的財産権の関

このような背景から，ユーザーはベンダーの一方的な保守料金の値上げに不満があるものの，ベンダーの値上げ要求を受け入れざるを得ないのが現状である。確かに，ユーザーはこのような事態を予測して，事前に契約書上でベンダーの保守料金の値上げに対して一定の歯止めをかけることはできる。しかし，多くの契約書にはこれらに関する記述がなく，またあっても曖昧なものが多い。ベンダーから一方的な大幅値上げの要求があって初めて，ユーザーは契約書の不備を実感し後悔する。そして，このような一方的な要求をしてくるベンダーへの不信感を募らせることになる[4]。

　ベンダーの一方的な保守料金の大幅値上げは，交渉によって回避は可能である。しかし外資系ベンダーの場合，ユーザーの要求をほとんど受け入れず，海外の本社の指示によるものとしてこれらをユーザーに押し付けることが多い。この背景には，ユーザーが使用しているソフトウェアに障害が発生すれば，ユーザーのビジネスにとって致命的な打撃を与えるものになるのでユーザーは受け入れざるを得ないであろうというベンダーの思惑があるのも否めない。

　このようなベンダーの市場行動の態様が，独禁法上の優越的地位の濫用に当たるのではないかという問題が提起される。もしそれに当たるとしたら独禁法21条をどのように解釈したらよいか，海外の法規制はどうか，法と経済学の観点から見た場合はどうか，また実務的な解決策としてどのようなことが考えられるか。

　さらに，近時，新たなコンピュータ・システムの形態としてクラウド・コンピューティングを導入する企業が多いが，従来のオンプレミス型[5]の使用形態と比べて，これらの問題の発生の可能性，また発生した場合，ユーザー側にどのような影響があるかも合わせて考察する必要があろう。

　　係」ビジネスロー・ジャーナル45号（12月号）（2011年）62頁。
4　高田・前掲注(3) 62頁。
5　ユーザーのシステムにインストールされたソフトウェアの使用形態。

2. ソフトウェアベンダーの市場行動の態様

具体的にベンダーの市場行動のうち，独禁法上問題となり得る態様はいかなるものであろうか。以下は，現実に情報サービス産業業界で実際に生起した典型的な市場行動の態様である。

(1) 保守サービス料の継続的な値上げ

保守料金の一方的な値上げについては既に述べたが，この問題は数年前から顕著になったもので，現在もその状況は変わらない。特に，この問題で損害を被っているのはベンダーの販売代理店である。販売代理店がユーザーにベンダーの保守料金の値上げを通知しても，ユーザーはそれを拒否することが多々ある。しかしながら，いくらユーザーが保守料金の値上げを拒否したとしても，販売代理店はそれを理由にベンダーに保守料金の値上げを拒否することはできない。特に，外資系ベンダーに保守料金の値上げを拒否することは難しく，販売代理店はそれを受け入れざるを得ない。この場合，販売代理店はユーザーに対して保守料金の据え置きをするとしても，ベンダーに対しては値上げされた保守料金のロイヤルティを支払うことになる。

(2) 保守サービスの打切り

保守料金の値上げのほか，ベンダーによる保守サービスの打切りがある。保守を打切られたユーザーは，そのソフトウェアが安定稼働していても，基幹システムやMCの場合，保守のないソフトウェアを使うということには大きな不安を覚える。またコンピュータのハードウェアやオペレーティング・システムが変更された場合には，ベンダーの保守のないソフトウェアの使用には大きな不安が残る[6]。

この保守の突然の打切りは，ベンダーも，好んでそうする訳ではなく何

---

6 髙田・前掲注(3) 63頁。

らかの理由が存在することが考えられる。その理由は様々であるが，最大の理由はエンジニアの問題である。情報サービス産業の業界は，エンジニアの流動性が高く，エンジニアが同じ企業に長く勤めることはまれであり，優秀なエンジニアは，自分のやりたい仕事のできる企業に移ることが多い。ソフトウェアの技術は人に依存しており，いくら詳細な仕様書があるとしても，そのソフトウェアをよく知ったエンジニアの知識に勝るものはない。そのようなエンジニアが他社に移動した際には，保守ができる者がベンダーにいなくなるという結果を招くことになり，ベンダーはユーザーの保守の打ち切りを余儀なくされることになる。

なお，実際には，ベンダーは保守がもはやできなくなった状態でも，ユーザーの信用を損なうことを恐れ，保守を遂行する能力がないにもかかわらず，契約を続けることもある。この場合，ユーザーのソフトウェアに障害が発生しても，ベンダーは修復する能力がなく，ユーザー側の損害は甚大なものとなることが予想される。

(3) ベンダーの価格体系の不明瞭性

保守料金だけでなくソフトウェアの価格自体（使用許諾料）が不明瞭である場合がある。その1つの形態として，ソフトウェアの価格がインストール[7]する対象となるコンピュータの性能によって異なるという価格体系がある[8]。たとえば，あるユーザーが陳腐化したAというコンピュータを最新のBというコンピュータに変更するとする。Aにはソフトウェアが搭載されており，既にその使用許諾料は支払われているが，ユーザーがAというコンピュータからBというより性能の高いコンピュータに変えた場合，ベンダーがソフトウェアの価格の差額の支払いをユーザーに要求することがある。すなわち，Aに搭載する場合の使用許諾料がαで，Bに搭載する場合の使用許諾料がβであった場合，βとαの差額の支払いをベンダーはユーザーに要求してくることになる。

問題は，使用許諾料の価格がコンピュータの性能によって異なること，及

---

7 コンピュータにソフトウェアを搭載すること。
8 髙田・前掲注(3) 63頁。

び差額の徴収を契約書に記載してあったとしても，Aにソフトウェアを搭載した時点，または契約書を締結した時点では，まだBはこの世に存在していないことである。ベンダーがBに搭載するソフトウェアの価格を，ベンダーの裁量で価格を自由に設定することができることがその不明瞭性の原因となっている。ユーザーは契約締結時点で，将来に発生するソフトウェアの使用許諾料を把握できない。この場合，契約書の文言に基づき，ユーザーはベンダーの価格設定どおりの差額の対価を支払うことになる。

(4) バージョンアップの問題

ソフトウェアにはバージョンアップはつきものであり，バグフィックス[9]のほか，ベンダーは，ソフトウェアに機能の向上や追加をして製品としての競争力を高めようとする。このようにソフトウェアがバージョンアップされた場合，契約に基づきベンダーはユーザーに最新のバージョンをインストールするよう要求する。ところが，コンピュータのオペレーティング・システム（OS）の変更に対応したバージョンアップ以外のバージョンアップをユーザーが望まないことがある。

すなわち，ユーザーにしてみれば，障害が全くないソフトウェアを機能が向上したとはいえ，いまさら変更する必要はなく，もし変更して何か障害でも出れば大変困るという理由がそこにある。特に，大規模なシステムの一部であるソフトウェアを入れ替えるということは，いつどのような影響が他に出るかわからず，インターフェース上の別の障害を引き起こす可能性もある。このように，たとえユーザーがそのバージョンアップを必要としない場合であっても，ベンダーはユーザーに最新バージョンの使用を強いることがある。

また，ベンダーは旧バージョンの保守を一定期間後に一方的に打切る場合がある。これは，ベンダーとしては，いつまでも古いバージョンを保守していたくないという理由による。保守を提供するには保守ができるエンジニアの確保が必要で，ユーザーの少ない旧バージョンの保守にコストをかけるこ

---

9 ソフトウェアの誤りを修正すること。

との非効率性から，旧バージョンの保守を打ち切る場合がある。

　この問題は，契約上の合意事項として契約書の記載により回避できるであろう。しかし，実際には，ユーザーは将来の状況を正確に把握することは難しく，またそのような問題が生起することも予見できず，ベンダーの用意した契約書のひな形で契約を締結することが多い。情報サービス産業以外のユーザー企業はなおさらである。

(5) 第三者使用ライセンス料の追加

　近時，企業が自社の情報システム部門を分社化し，親会社やグループ企業の情報処理業務を一手に行わせるという情報システム部門のシステム子会社化は多くみられる。このような場合，基本的には契約上の地位移転契約により，契約上の地位を親会社からシステム子会社に移すことになるが，たとえソフトウェアの使用形態が全く同じであったとしても，契約当事者が元のユーザー企業（親会社）からシステム子会社に変わることにより，従前ソフトウェアを使用していた親会社が契約上の第三者となり，システム子会社のライセンスとは別に，第三者使用ライセンス料の支払いをベンダーがユーザーに要求することがある。この場合，契約書上の第三者とは何を意味するのか，また使用とは具体的に何を意味するのか契約書上の文言解釈によってベンダーとユーザーとの間で対立を生むことも実際に起きている。

　たとえば，親会社であるA社の情報システム部が分社化されシステム子会社B社となった場合であっても，B社は，今まで通り親会社であるA社の情報処理業務を掌ることが多い。しかしながら，A社からB社に対して適切な契約上の地位移転契約（特に，第三者使用の明確化）が締結されないと，ベンダーはユーザーであるB社に対し，B社が行うA社に対する情報処理業務を第三者に対する別ライセンスとして，第三者使用のライセンスの対価をB社に追加要求することもある。A社及びB社にしてみれば，いくら情報処理部門をシステム子会社として分社化しても，実質的にB社分社化前と全く同じ情報処理業務であるにもかかわらず，ベンダーが追加ライセンス料金を要求してくることに対してベンダーの権利の濫用であると認識することも多い。

3. クラウド・コンピューティング

　数年前からインターネットを利用したクラウド・コンピューティングサービスが急増しているが，ソフトウェアの使用方法は大別すると2種類ある。1つは従前からのオンプレミス型の使用形態である。これは，ユーザーは独自にコンピュータを調達し，それにソフトウェアをインストールし，ユーザーの管理の下に使用する方法である。

　一方，クラウド・コンピューティングは，ユーザーがコンピュータを自分で用意せず，インターネット経由でベンダーのコンピュータやソフトウェアを使用する方法である。このため，クラウド・コンピューティングではユーザーは使用料さえ払えば，独自でコンピュータやソフトウェアを用意する必要がなく大幅な経費節減につながる。

　しかし，独禁法上の優越的地位の濫用を考えた場合，クラウド・コンピューティングは従前のオンプレミス型使用に比して，コンピュータ及びソフトウェアともベンダーの管理下に置かれているため，ユーザーに対するベンダーの優越的地位がより一層強まることが考えられる[10]。

　たとえば，ベンダーとユーザーとの間にトラブルが発生した場合，オンプレミス型であれば，ユーザーの管理下にソフトウェアがあるので，期限付きライセンスキー[11]を使用していなければ，たとえベンダーと訴訟になったとしても，ユーザーは実質的に自由にソフトウェアを使い続けることができる。

　しかし，クラウド・コンピューティングの場合はそうはいかない。コンピュータ及びソフトウェアともベンダーの完全な支配下に置かれ，ベンダーの裁量でその使用を止めることもできる。さらに，ユーザーのデータまでもがベンダーの手中に収められることもある。このように，クラウド・コンピューティングは，圧倒的にベンダーにとって優越的な地位を築くことがで

10　高田・前掲注(3) 63頁。
11　期限付きライセンスキーを入力することにより使用期限を設定する方法。

き，優越的地位の濫用を誘発する危険度が大きくなると考えられる。

この優越的地位の濫用は，契約の締結方法にも大きく関係する。クラウド・コンピューティングは通信手段としてインターネットを使用し，契約締結もクリックラップ形式で行われることが多い[12]。これによって，ますます一方的にベンダーが有利な契約締結になることがある。

このクリックラップ契約の条項の1つに，クラウド・コンピューティングに特徴的なものがある。それは一般にクレジット・サービス[13]と呼ばれるもので，ベンダーが保証するハードウェア及びソフトウェアを含めたシステムの稼働率を下回った場合，使用料の返金のかわりに，ユーザーが使用できなかった時間相当分を，使用期間終了後も無料で使用できるという稼働率に対する一種の保証制度である。一見，ユーザーにとって有利な条件のように見えるが，ユーザーが望む稼働率を達成できないようなシステムを，はたしてユーザーは引き続き使い続けることを望むであろうか。

使用料の値上げも，契約上で何らかの制限を加えていなければベンダーの思う通りの値上げが可能になるであろう。また，ベンダーの都合で，サービスの提供を止めることも可能である。このように，クラウド・コンピューティングは，ベンダーがすべてを手中に収めており，ユーザーにとって自由度がほとんどないシステムの使用形態であるため，ベンダーの優越的地位の濫用問題が起きやすく，また，ユーザーは使用を止められるのを恐れるあまり訴訟すらできない状況に追い込まれる可能性がある[14]。

4. 販売代理店契約解約と契約上の地位移転契約

特殊なケースとして，本節は，海外のソフトウェアの使用許諾に係る販売代理店契約解約と契約上の地位移転契約についての具体的な事例を紹介したい。このケースは，2008年から2011年にかけて，実際に，わが国でいくつ

---

[12] ネット上で契約条件を表示し，ユーザーが合意ボタンをクリックして締結する契約形態。
[13] ベンダーによって用語が異なる。
[14] 髙田・前掲注(3) 63頁。

か訴訟が提起された事例であるが，結果としては，一部和解，一部ベンダーが敗訴した事案である。

ソフトウェアの取引としては，ソフトウェアを提供するソフトウェア事業者と，当該ソフトウェアを使用する者（エンドユーザー）との間で直接に取引が行われる場合と，他の事業者（たとえば，販売代理店など）を経由して取引される場合があり，それぞれの場合において，ソフトウェアの使用許諾に関するライセンス契約が結ばれ，ライセンシー（エンドユーザー）による当該ソフトウェアの利用方法や利用範囲について，様々な条件が課されることがある[15]。

販売代理店などの他の事業者を経由して取引される場合には，① ハードメーカーがソフトウェアをパソコンなどの自社製品にプレインストールして販売することによりソフトウェアの提供が行われる場合と，② 流通業者等が複製等を行い，エンドユーザーや小売店等に販売することによりソフトウェアの提供が行われる場合がある。海外のソフトウェアのわが国内での販売の場合，海外のソフトウェア事業者のわが国内における販売代理店を通じて輸入販売されることが多いが，これはこの ② のケースに該当する。

このケースは，販売代理店は流通業者に該当し，海外のソフトウェア事業者との間で，当該ソフトウェア製品を小売店やエンドユーザーに販売する契約（販売代理店契約）を結び，当該契約に係るソフトウェアを，CD-ROM 等に複製し，エンドユーザーに対して販売する権利が許諾される。なお，この場合にも，ソフトウェア事業者とエンドユーザーとの間では，直接的に使用許諾契約が結ばれる場合が多い。しかし，このような場合のほか，ソフトウェア事業者が販売代理店にソフトウェアのエンドユーザーに対する再使用許諾を許諾し，これらの販売代理店がエンドユーザーと再使用許諾契約を結ぶケースが非常に多い。本稿で問題とする契約形態は後者の契約形態である。

海外のソフトウェアをエンドユーザーが使用する場合，わが国に海外のソフトウェア事業者の子会社が存在しない場合には，エンドユーザーは海外の

15　公正取引委員会「ソフトウェアライセンス契約等に関する独占禁止法上の考え方－ソフトウェアと独占禁止法に関する研究会中間報告書－」（2002 年）15 頁。

ソフトウェア事業者と，直接使用許諾に関するソフトウェア・ライセンス契約を結ばねばならず，海外との取引交渉に慣れていない中小のエンドユーザーは，海外のソフトウェア事業者との契約締結よりも，わが国内の日本語で交渉のできる販売代理店と再使用許諾契約を望む傾向がある[16]。また，販売代理店も自由にエンドユーザーと再使用許諾契約が締結できるという販売戦略の自由度が高いというメリットがあるため，再使用許諾契約を締結する権限を，海外のソフトウェア事業者に求める場合が多い。このような再使用許諾契約の締結形態は，海外のソフトウェア事業者にとっても，わが国の販売代理店に大きな権限を与えるため，海外のソフトウェアのわが国における販売を促進させるというメリットがある。

しかし，これら契約形態は，海外のソフトウェア事業者とわが国の販売代理店の間に信頼関係が確立していなければならず，往々にして，わが国の販売代理店が，海外のソフトウェア事業者との契約又は合意から逸脱したビジネス（たとえば，大幅な値引き等）を行う場合が時々ある。また，再使用許諾契約も海外のソフトウェア事業者が指定したものとは異なる形態で，販売代理店とエンドユーザーで取り交わすこともあり，契約の文言も曖昧なものを使用する場合がある[17]。これらの事実は海外のソフトウェア事業者の販売代理店に対する監査で発覚することがあり，このような事実の積み重ねが両者の信頼関係を損なうことになることがしばしばある。

また，海外のソフトウェア事業者も，国内である一定以上の販売実績ができると，海外のソフトウェア事業者は，わが国における販売力の一層の強化のためにわが国の販売代理店との販売代理店契約を解約し，海外のソフトウェア事業者を親会社とする100％資本の子会社をわが国内に別途設立し，その経営の支配力を強め販売力の強化を図ろうとする傾向がある。

---

16 海外との取引には一般にリスクがつきものであるが，これらを包括的に調査・報告したものに，平成18年度経済産業省委託事業として，みずほ総合研究所の「平成18年度 海外との取引リスクに関する調査報告書」がある。
17 わが国の契約書は，アメリカの契約書に比べると条文も少なくシンプルなものが多い。また，契約書の中に信義誠実条項があり，契約書に書いてないことや疑義が生じた場合，契約当事者間で信義誠実の原則に則り協議するという条項があるため，文言も玉虫色の曖昧な表現を使う傾向がある。一方，アメリカの契約書の多くには Entire Agreement があり，契約書に記載された内容がすべてであるという条項がある。

このように，海外のソフトウェア事業者からわが国の販売代理店に対し，一方的に販売代理店契約解約の申し出がされた場合，わが国の販売代理店は，一般的には，販売代理店契約の維持に努めるであろうが，海外のソフトウェア事業者が販売代理店に対し，販売代理店契約解約を強行に迫った場合，わが国の販売代理店は，通常，やむなく契約を解約せざるを得なくなることがある。販売代理店契約が解約された場合には，その販売代理店契約解約と同時に，わが国の販売代理店はその契約上の地位を，海外のソフトウェア事業者を親会社とする国内の100％資本の子会社に移転することになる[18]。

その際，販売代理店だったわが国の事業者は，海外のソフトウェア事業者のわが国内の100％資本の子会社，及び当該ソフトウェアのエンドユーザーとの三者間で，契約上の地位の移転契約を結び，債権債務を当該子会社に引き継ぐことになるが，その契約の内容がしばしば問題となる。たとえば，当該ソフトウェアの使用許諾期間が有期限のものなのか又は無期限のものなのか，その他，契約書上の第三者の使用，アウトソーシング，運用委託等の解釈上の問題が提起されることがある。

これら契約上の解釈上の問題は，販売代理店とエンドユーザーとの間で締結した再使用許諾のソフトウェア・ライセンス契約書に明確に規定されており，それが契約上の地位移転契約とともに海外のソフトウェア事業者のわが国内における子会社に引き継がれていれば，契約上その解釈をめぐって問題となることはない。しかし，多くの場合，わが国内で締結した再使用許諾に関するソフトウェア・ライセンス契約書には曖昧なものが見られ，ソフトウェア・ライセンス契約書上の記載に，どちらにもとれるような書き方のものが見受けられる[19]。

これが海外のソフトウェア事業者，又は新たに設立されたソフトウェア事業者の子会社とエンドユーザーとの間でトラブルの原因となり，たとえば，ソフトウェアの使用許諾期間に対する認識の違いなどのようなソフトウェア

---

18 「契約上の地位の移転」に関する裁判例の分析を通して，現実の規範を探求するとともに，その規範を体系化した優れた著作に，野沢正充『債務引受・契約上の地位の移転』（一粒社，2001年）がある。
19 初期のゲルマン法は厳格法的色彩が強く，このような絶対的契約の伝統がコモン・ローの契約感の根底にあると思われる。

の使用許諾の問題に発展することになりかねない。実際，わが国でこのような問題が発生しており，知的財産権上の問題へと進展し，かつ，その販売方法をめぐって独占禁止法の不公正な取引方法としての問題としての様相も呈している。

トラブルとなるケースとしては，以下のものが実際に報告されている。以下，海外のソフトウェア事業者をA社，海外のソフトウェア事業者A社のわが国内での子会社をB社，わが国内の販売代理店であった事業者をC社，ある特定のエンドユーザーをD社とする。

(1) ソフトウェアの使用許諾の期間が問題となるケース

A社とC社は，販売代理店契約を締結しており，C社はA社のソフトウェアを国内で長年販売してきた。その間，C社はA社との間で，エンドユーザーとのソフトウェアの再使用許諾の契約締結を許諾されていたので，C社はD社とソフトウェア使用許諾に関するソフトウェア・ライセンス契約を結んでいた。ところが，A社からC社に対する一方的な販売代理店解約の申し出により，C社はA社とやむなく販売代理店契約を解約した。その後，C社は，D社とのライセンス契約上の地位をB社に移転するため，B社，C社，及びD社の三者間で，契約上の地位移転契約を結んだ。これにより，契約上のC社の地位がB社に引き継がれた。なお，D社は，長年，当該ソフトウェアを基幹システムとして使用しており，当該ソフトウェアを使用せずに日常業務を行うことはできない。

契約上の地位移転契約後，B社は，C社とD社の間で締結されたソフトウェア・ライセンス契約を見直すことになるが，使用許諾の期間の記述が曖昧なことに気づき，これを親会社である海外のA社へ報告した。そもそも，C社との販売代理店解約の決定は，A社の経営陣の交代に起因するものであり，A社は投資家等の利害関係人との関係も考慮し，短期間で大きな収益を上げ株価を上げる必要があった。そのための販売戦略が立案され，契約上曖昧な表現や矛盾点はすべてレビューし，また，D社の実際上のソフトウェアの使用方法と契約内容の差異を調査し，すべての契約書を見直す方針が採られた。その結果，少しでも実態と契約書の差異や契約書上の曖昧な表現が

あると，契約違反の事実をエンドユーザーに突きつけ，それを基に法外な価格提示とともに新たに契約書を交わし，より短期間に収益を上げるという方針の下でビジネスが展開された。

このような背景により，C社とD社の間で本契約が締結された時点では，永久使用権の許諾は合意のもとであったにもかかわらず，契約書上に「永久使用権を許諾する。」という文言がないことを理由に，B社はD社に対して，当該ソフトウェアの使用許諾期間は有期限であることを主張し，契約期間の終了（たとえば，保守サービスの終了）と同時又はその後に当該ソフトウェアを買い直すことを要求するケースである。この場合，B社はD社に対して使用権のないことを理由に著作権法違反を主張する。

このようなケースが見られるのは，A社の経営陣が変わってA社の販売戦略に大きな変更があった場合である。特に，A社の経営者がファンドの場合には，この傾向が顕著であり，短期的な利益を追求するあまり，B社の都合のよいようにソフトウェア・ライセンス契約を解釈し，法外な金額を提示する。

実際に，D社はC社との契約金額の10倍以上の金額を請求されたケースも報告されている。多くの場合，D社はこの事態に当惑し，かつての販売代理店であるC社に対して，その事実の通知を行うとともに，その原因となる事実の問い合わせを行う。具体的に，① 契約書上に何らかの瑕疵があったかどうか，② 他のエンドユーザーの状況はどうか，③ B社より呈示された金額は妥当なものかどうか，等である。

D社のように当該ソフトウェアを長期に渡り基幹システムとして使用してきたエンドユーザーは，簡単には代替のソフトウェアを使ったシステムの変更はできず，もし当該システムを変更するとなると，少なくとも1年以上の年月と多大なコストを費やすことになるケースが多い。このように，当該ソフトウェアが基幹システムとして使用されている場合，B社との交渉過程においてB社に比して弱い立場に立つことが多い。このような状況の中で，B社はD社に対して，契約書上の曖昧な表現を理由に，法外な金額による契約の再締結を迫り，またこれに応じない場合には著作権侵害行為であると主張し法的な措置をほのめかす契約交渉を行うケースが多々ある。

係る事業活動における態様は，知的財産権者であるB社の市場における事業活動が，独占禁止法で規定されている不公正な取引方法に該当する可能性がある。すなわち，明らかにB社はD社に対して契約交渉過程における優越的な地位を有し，公正な競争を阻害するおそれのある一類型としてとらえることができよう。なぜならば，D社は当該ソフトウェアを使い続けるしか選択の余地がなく，無許諾のソフトウェアを使い続けているという事実により，明らかに著作権侵害行為となるからである。この場合のD社のとる方針は，B社と契約交渉を行い高額な対価を支払っても当該ソフトウェアを使用し続けるか，又は，B社との契約交渉を拒絶し法的な措置も辞さない構えをとるかのいずれかしかない。

ただし，B社としては訴訟になることは極力避け，当初の呈示金額よりかなり安価な金額で契約を結ぶというビジネス上の戦略を立てているので，D社としては，長く契約交渉を続けるよりも，また訴訟になった場合の風評等も考慮しながら，当初より割安感もある再呈示された金額で妥結しようとする動きもある[20]。

(2) リース契約が問題となるケース

販売代理店がソフトウェアをエンドユーザーに販売する場合，ソフトウェアの使用許諾契約のほかに当該ソフトウェアの保守サービス契約を結ぶ場合が多い。たとえば，ソフトウェアの使用許諾契約を結んだ後，使用開始から一定期間，たとえば，5年間のソフトウェアの保守サービス契約を結び，毎年，その保守サービス契約の対価が1年分支払われるような契約形態である。また，一定期間の保守サービス契約の期間終了後は，1年ごとの自動更新や，引き続き一定期間の保守サービス契約を締結する場合がある。その際，販売代理店によってはその資金繰りの理由から，毎年支払われる保守サービス契約の対価を，1年目に前もってエンドユーザーに全額で支払って

---

20 特に，エンドユーザーが金融機関の場合には，訴訟をできるだけ避ける傾向が強く，金額による解決を好む場合が多い。但し，多くの企業や組織，特に会員の出資で成り立っている組織は，利害関係人，特に出資者，株主や投資家に対する説明責任から，法外な高額の金額を支払う説明ができないため拒絶する傾向が強い。

もらうことを望む場合がある。

　そこで，実務上考えられるのが，C 社，D 社及びリース会社の三者間でのリース契約である[21]。リース物件は基本的にはコピー機のような有体物であり，リース会社に譲渡することにより所有権をリース会社に移転する。リース会社は，エンドユーザーである D 社に貸与し D 社はリース会社に，月々のリース料を支払い，リース会社は C 社にリース物件の一括支払を行う。このため，C 社は保守サービスをリース物件とすることにより一括して事前にその対価を得ることを考える。

　しかし，保守サービス料は，単独ではリースの対象物件としては認められていない。そのため，保守サービス料をソフトウェアの使用許諾料に含めた形でリース物件とし，全額一括支払を実現しようとする方法が実務上よく行われる。特に，一定期間の保守サービス契約が期間満了し，新たに一定期間の保守サービス契約を結んだときも，販売代理店は全額一括前払いを望み，本来，保守サービス料であるものをソフトウェアの使用許諾料としてリース物件としリース契約を結ぶ場合がある。このような場合，契約書上は保守サービス料という明確な記載はなく，あたかもソフトウェアの使用許諾の対価のように見える契約書を作成することになる。

　このようなリース契約を販売代理店である C 社とエンドユーザーである D 社との間で締結した後，期間満了前に C 社の代理店契約解約となり，B 社，C 社及び D 社の三者間で契約上の地位移転契約を締結し C 社の地位を B 社に移転したとすると，この契約の態様が問題となる。

　実際に起きた問題として，B 社は D 社に対して，契約上リース物件であることを理由に，本来あるべき保守サービス料をソフトウェアの使用許諾料と主張した。当然のことながら，契約書上にもソフトウェアの永久使用権を明記していなかったため，B 社は D 社のソフトウェアの永久使用権を否定し，期間満了後に高額な価格呈示をもって当該ソフトウェアの買い直しを求めた。このように，保守サービス料を一括して事前に得るために，ソフト

---

[21] リース取引とは，特定の物件の所有者たる貸手（レッサー）が，当該物件の借手（レッシー）に対し，合意された期間にわたりこれを使用収益する権利を与え，借手は合意された使用料を貸手に支払う取引をいう（平成 5 年「リース取引に係る会計基準」）。

ウェアの使用許諾料としてリース物件としてリース契約を結んだことが，当該ソフトウェアの永久使用権を否定する材料として使われた。

(3) 第三者使用が問題となるケース

C社とD社の間で締結したソフトウェア・ライセンス契約では，第三者使用が禁止されていた。つまり，契約の当事者であるD社の業務の社内での使用のみ当該ソフトウェアの使用が許諾されるものであった。ここで問題となるのはエンドユーザーであるD社の親会社や子会社を第三者と解釈するかどうかである。

特に，D社が親会社のシステム子会社として親会社の情報システム部門を分離・独立して設立された場合である。当初，ソフトウェア・ライセンス契約はC社とD社の親会社との間で締結されていたが，契約途中で親会社のシステム子会社としてD社が，親会社の情報システム部門を分離・独立させ設立させた。その時点で，契約上の地位をD社の親会社からD社に移転する契約が交わされているが，当然のことながら，D社は親会社のシステム子会社として実質的に親会社の情報システム部門として親会社の社内業務を行う。

D社設立と同時に，契約上の地位移転契約上に，これら親会社の社内業務使用についても許諾する文言を入れるか，また，これらに関し原契約の変更覚書を結ぶ等の何らかの契約上の対処をしていれば，このような問題は起こらないが，往々にして，第三者に対する明確な文言が見当たらないケースが多い。

B社は，システム子会社であるD社が，その親会社の社内業務を行っている事実と，契約書上の第三者使用禁止条項をもって，D社に対し契約違反を主張し，第三者使用のための新たな使用許諾契約締結を要求し，高額な金額を提示することがある。このような問題を解決するためには，契約書で第三者の定義を明確にすることが必要となろう。

(4) 運用委託が問題となるケース

これは第三者使用に深く関係する問題であるが，D社がソフトウェアの運

用管理のため他の事業者にシステム全体の運用委託を行うことがある。つまり，D社が他の事業者と業務委託契約を結び，下請業者として当該ソフトウェアの運用委託をさせる場合である。このケースは多くのシステム子会社や情報サービス業者の間では一般に行われているが，この運用委託が問題となることが多い。

　C社とD社とのソフトウェア・ライセンス契約では，第三者使用を禁じ，アウトソーシング，運用委託等を禁じた条項があるときでも，他の条項で下請業者等に関する取り決めなどが規定されており，契約書の文言からだけでは，上記のような下請業者として当該ソフトウェアの運用委託させることを禁止しているとは解釈できない場合がある。このような場合に，C社がある特定の下請業者に運用委託させているという事実があると，B社はそれを基に契約違反を主張し，第三者ライセンスに追加料金を求めるケースである。この問題も，契約書で運用委託の定義やその方法を明確に記載することが必要である。

(5)　その他のケース

　その他，当該ソフトウェアのインストールされているシステムの設置場所の問題や，使用オペレーティング・システムの問題等がトラブルの原因として報告されている。

5.　公正取引委員会のガイドライン

　ソフトウェアベンダーのユーザーに対する優越的地位の濫用問題については，独禁法上の不公正な取引方法の一類型として議論することができるが，知的財産権と独禁法の関係で問題となるのが，独禁法21条の解釈の問題である。

　独禁法21条は，「この法律の規定は，著作権法，特許法，実用新案法，意匠法又は商標法による権利の行使と認められる行為にはこれを適用しない。」と規定している。これは，独禁法の適用除外制度の1つとして設けられた規

定である。この規定をどう解釈するかは，知的財産権と独禁法の関係を考察する上でも，正確に理解する必要がある。

独禁法 21 条の解釈をめぐる学説は，「再構成された権利範囲論」以外にも種々あるが[22]，現在ではこれが通説となっており，平成 19 年の公取委のガイドライン「知的財産の利用に関する独占禁止法上の指針」は，この学説に依拠していると思われる[23]。

同指針は，平成 11 年の「特許・ノウハウライセンス契約に関する独占禁止法上の指針」[24]を全面的に改訂したものであるが，ソフトウェアも対象に加えていることに特徴がある。しかし，同指針は，知的財産権と不公正な取引方法の境界については明確に触れておらず，知的財産権の行使が優越的地位の濫用に該当する程度が明確に示されているとは言いがたい。特に，ソフトウェアの取引方法については，明確な例示又は基準がない。しかし，同指針は次のように「再構成された権利範囲論」に依拠した一定の指針を与えている[25]。

①そもそも権利の行使とは認められない行為には独禁法が適用される。
②技術に権利を有する者が，他の者にその技術を利用させないようにする行為および利用できる行為を制限する行為は，外形上，権利の行使と見られるが，これらの行為についても，実質的に権利の行使とは評価できない場合は，同じく独禁法の規定が適用される。
③権利の行使と見られる行為であっても，行為の目的，態様，競争に与える影響の大きさも勘案した上で，事業者に創意工夫を発揮させ，技術の活用を図るという，知的財産権の趣旨を逸脱し，または同制度の目的に反すると認められる場合は，独禁法 21 条に規定される「権利の行使と認められる行為」とは評価できず，独禁法が適用される。

22　公正取引委員会ホームページ <http://www.jftc.go.jp/> (2013 年 12 月 31 日アクセス)。
23　公正取引委員会ホームページ <http://www.jftc.go.jp/pressrelease/07.september/07092803.html> (2013 年 12 月 31 日アクセス)；岩本省吾『知的財産権と独占禁止法―独禁法解釈論の再検討序説』(晃洋書房，2008 年) 34-35 頁。
24　平成 11 年度公正取引委員会年次報告 <http://www.jftc.go.jp/info/nenpou/h11/11top00001.html> (2013 年 12 月 31 日アクセス)。
25　高田寛「ソフトウェアライセンスにおける著作権法と独占禁止法 21 条との関係について―販売代理店契約解約による地位移転契約を例に―」国士舘法学 41 号 (2008 年) 43 頁。

このように，同指針は，知的財産権の行使にかかわる行為が独禁法の適用除外になるかどうかは，① それが「権利の行使」と見られる行為か，すなわち外形的または形式的判断，②「権利の行使」と見られる行為であっても，更にそれが「権利の行使と見られる行為」か，すなわち知的財産制度の趣旨または目的に違背するか否かという実質的判断，の2段構えによる判断となることを示唆している[26]。

なお，知的財産制度の趣旨または目的は，知的財産基本法10条に規定されているように，知的財産の保護及び活用に関する施策を推進するに当たっては，その公正な利用及び公共の利益の確保に留意するとともに，公正かつ自由な競争の促進が図られるように配慮することを目的としている。

同指針は，「特許やノウハウライセンス契約に関する独占禁止法上の指針」を基礎としているため，知的財産権も特許権を想定した記述が見られるが，一方，平成14年の「ソフトウェア・ライセンス契約等に関する独占禁止法上の考え方—ソフトウェアと独占禁止法に関する研究中間報告」[27]は，ソフトウェア・ライセンス契約における制限条項，すなわち，複製，改変，リバース・エンジニアリング，抱き合わせ販売等の禁止についての報告書である。しかし，残念ながら同報告書も21条問題について多くは触れられていない。

このように，公取委の指針及び報告書が公表されているが，ソフトウェア・ライセンスに関する21条問題について具体的かつ明確に例示又は明示したものはなく，ガイドラインも特許権を想定したものに偏りすぎているきらいがある。また，事業者に創意工夫を発揮させ技術の活用を図るという知的財産制度の趣旨を逸脱したものが「権利の行使と認められる行為」ではないとすると，創作奨励を通じた文化の発展という著作権法の趣旨または目的との間に齟齬が生じることになる。なぜなら，ソフトウェアはプログラム著作物であり，第一義的に著作権法で規律されているからである。このように，公取委は，問題を解決するために十分なものとは言えないと思われる[28]。

---

26 高田・前掲注(25) 44頁；岩本・前掲注(23) 37頁。
27 公正取引委員会ホームページ <http://www.jftc.go.jp/pressrelease/02.march/020320.pdf>（2013年12月31日アクセス）。
28 高田・前掲注(25) 66頁。

なお，海外にも知的財産権に関するガイドラインは出されているが，ほとんどが特許権に関するもので，ソフトウェアに関するものは少なく，優越的地位の濫用に関する指針は皆無であると言ってもよい。たとえば，1995 年に公表された米国司法省・連邦取引委員会の「Antitrust Guidelines for the Licensing of Intellectual Property」（知的財産のライセンシングに関する反トラスト法ガイドライン）（1995 年 AGLIP)[29]では，特許権の行使について許容範囲を拡大している。すなわち，ライセンス契約は，ライセンサーの特許権とライセンシーの生産とを結びつけるから，一般的には競争促進的であるとし，競争を制限する条項が契約に挿入されれば違法となる。この違法性は，「合理の原則（rule of reason）」[30]により判断する。なお，1995 年 AGLIP では，1890 年のシャーマン法制定以来，120 年に亘り，反トラスト法と知的財産権制度は補完的な考え方として取り扱われてきたとし，以下の 3 原則を呈示している。

①反トラスト分析のために，当局は，知的財産権を他の形態の財産権と本質的に同等なものとみなすこと。

②当局は，知的財産権は市場力を作り出すものであるとは前提としないこと。

③当局は，知的財産権のライセンスが企業にとって生産の補完的要素をなすものであり，一般的に競争促進的であることを認識すること。

この 1995 年 AGLIP は，明らかにプロパテント政策の一環であり，シカゴ学派[31]の影響が窺えるものである。

また，2007 年には米国司法省・連邦取引委員会が公表した「Antitrust Enforcement and Intellectual Property Rights: Promoting Innovation and Competition」（反トラスト執行と知的財産権：革新と競争の促進のた

29　法務省ホームページ <http://www.justice.gov/atr/public/guidelines/0558.htm>（2013 年 12 月 31 日アクセス）。

30　「合理の原則（rule of reason）」とは，①ライセンサーが市場でパワーを有する，②市場の競争で悪影響を生じる，③行為の利益が競争への悪影響を上回らない，の 3 原則を基に事案ごとに，その内容，参加者の力，目的・意図，関連市場の競争に及ぼす効果を総合的に評価して違法性を判断する原則をいう。

31　シカゴ学派とは，原理的な市場原理主義を信奉するアメリカ経済学の一学派をいう。

めに)³²があるが,もっぱら特許権に関する指針であり,その中には優越的地位の濫用に関する指針はない。

このように,米国では,ソフトウェアベンダーの優越的地位の濫用という問題について,法的な解決をとるというアプローチには消極的であり,自由競争を促進するという意味からしても,契約当事者同士の自由な合意を重視しているように思われる。特に,情報サービス業界で使用されている主要なソフトウェアの多くは米国企業で開発されたもので,ライセンサーの多くは米国企業であることを考えれば,積極的にベンダーの優越的地位の濫用問題について取り組む必要は少ないと推察される。

6. 優越的地位の濫用適用の限界

わが国では,ベンダーの市場行動の態様が,独禁法上の優越的地位の濫用に当たるかどうかが問題となりえる。優越的地位の濫用は,独禁法19条の不公正な取引方法の行為類型の1つである優越的地位の不当利用として位置づけられる。不公正な取引方法は,それ自体が競争を実質的に制限するには至らないが「公正かつ自由な競争を阻害するおそれ」のある種々の行為を規制することによって市場支配力の形成を未然に防止することを目的とするものであり,私的独占及び不当な取引制限(3条)の補完的または予防的色彩の強い規定である³³。

しかし,海外の法制度に目を向けると,優越的地位の濫用の禁止に類似する制度は,アメリカ,EU,イギリス,カナダ,オーストラリアには存在しない³⁴。優越的地位の濫用の法理は,国際的に普遍的に認められている競争ルールから逸脱しているものである。しかし,ドイツでは,中小企業が取引先を他の事業者に変更する十分かつ合理的な理由が存在しない程度に当該事業者に従属している場合に,客観的に正当な理由なく,取引に際して自己に

---

32 アメリカ連邦取引委員会(FTC)ホームページ <http://www.ftc.gov/reports/innovation/P040101PromotingInnovationandCompetitionrpt0704.pdf>(2013年12月31日アクセス)。
33 髙田・前掲注(25) 64頁。
34 矢野誠編著『法と経済学』(東京大学出版会,2007年) 35頁。

有利な条件を設定することを禁止し[35]，またフランスでは，相手方が相対的に従属状態にある場合において販売拒絶，抱き合わせ，差別的行為などの濫用行為を行うことにより，市場に影響がある場合には制裁金を課す規定がある[36, 37]。

基本的に，国際ルールとしての競争法は，競争を制限する行為を規制することであり，優越的地位の濫用の禁止や下請法は，競争制限効果を要求せず，直接取引に携わる主体間の地位の格差に基づいた規制である。その意味で，これらのルールは通常の競争のルールとは異質なものである[38]。すなわち，優越的地位の濫用の法理は，国際的には独禁法の目的の範囲内というよりも，取引主体の地位の格差を是正する目的のためのものであり，下請法，消費者法，労働法にその趣旨が類似していると考えられる。

このような独禁法の背景から，アメリカの反トラスト法には優越的地位の濫用の法理は窺い知ることはできず，アメリカをはじめとする海外の反トラスト法に関連するガイドラインには，優越的地位の濫用を示唆するものがないことは当然なことだと言える。このような状況においては，いくらわが国のユーザーが外資系ベンダーに独禁法上の優越的地位の濫用に基づく議論・交渉をしようとしても，母国の反トラスト法に存在しない以上，その議論は空論と化し，その交渉は難航を極めることは間違いない。

ましてや，わが国の独禁法上の優越的地位濫用の審決例では，三越百貨店事件[39]，ローソン事件[40]，雪印乳業事件[41]に代表されるように，垂直的関係にある制限に関する競争法上の規制であり，ベンダーとユーザーとの間のように業者・顧客間の水平的関係に適用されたケースはまれであり，私的自治の原則，取引自由の原則から，そこには何ら制限を加える必要はなく，法と経済学の観点からの検討が主であるという議論となると考えられる。

35　ドイツ競争制限禁止法（Gesets gegen Wettbewersbeschraenkungen）20 条 2 項。
36　フランス商法（Code de Commerce）L.420-2 条。
37　矢野・前掲注(34) 35 頁。
38　矢野・前掲注(34) 34 頁。
39　公取委昭和 57 年 6 月 17 日同意審決。
40　公取委平成 10 年 7 月 30 日勧告審決。
41　公取委昭和 52 年 11 月 28 日審判審決。

このように,「再構成された権利範囲論」では,実質的に知的財産法が定める知的財産制度の趣旨を逸脱してその独占権を行使すること,すなわち不当な模倣ないしただ乗りという不公正な競争手段を阻止するという趣旨を逸脱して,知的財産権の侵害であるとして権利の行使を行うことは権利の濫用であり,正当な権利の行使とは言えず独禁法の適用除外の対象から外れるとし,公取委ガイドラインもこの学説に依拠しているが,ソフトウェア・ライセンスに関しては,このガイドラインでは不十分であり,また,外資系ベンダーと独禁法上の優越的地位の濫用の法理を基に交渉することは難しいといえる。

また,優越的地位の濫用の法理を交渉の場に持ち出したとしても,ソフトウェア・ライセンスに関し何が濫用なのかを議論するための過去の審決または判例はほとんどなく,これら学説,ガイドラインのみをもって議論しても,その交渉は難航されることが予想される。このように,独禁法上の解釈,不公正な取引方法に関する公取委のガイドラインからの問題解決には限界があり,ユーザーは,契約交渉による自助努力しか解決策が見当たらないのが現状である。

7. モデル契約書

この問題を解決するための有効かつ適切な方法は現在ないが,今後「再構成された権利範囲論」を基礎とした独禁法21条の改正や,公取委のソフトウェア・ライセンスに関する同法21条問題の具体的な指針が必要であろう。しかし,これらには時間がかかることが予想される。よって,さしあたって,現実のビジネスの解決策として,モデル契約書の作成も1つの大きな有効な方法であると思われる。通常,新たな法律問題に直面している情報サービス産業界では,過去の判例や規範となる事例が少ないため,情報サービス産業協会(JISA)[42]やソフトウェア情報センター(SOFTIC)[43]のような産業

---

42 JISAホームページ <http://www.jisa.or.jp/> (2013年12月31日アクセス)。
43 SOFTICホームページ <http://www.softic.or.jp/> (2013年12月31日アクセス)。

団体が作ったモデル契約書をソフトウェアベンダーもユーザーも参考にすることが多いからである。外資系ソフトウェアベンダーの場合であっても，わが国のモデル契約書とあれば，無下に無視することもできないはずである。

本稿で提起した種々の問題は，第一義的には契約締結時における問題であり，対等な立場で契約交渉を進めれば大半は回避できるものが多い。しかしながら，ユーザーにとって交渉が難しい外資系ベンダーに対する情報技術に関する情報量及び交渉力の差または経験不足により，十分な理解及び合意のもとに契約を締結するのは至難の業である。この場合，ベンダーとの交渉の際に，ベンダーの優越的地位の濫用の回避を想定したモデル契約書があれば，ユーザーは，これを基に自分たちのリスク分析をしながら契約交渉ができるのではないだろうか。

たとえば，ベンダーの優越的地位の濫用を回避するための契約上の考慮点は以下のものが考えられる。

①保守サービスの突然の打ち切りまたは大幅な値上げを回避するための方法
②ベンダーの価格体系を明確にするための開示の方法
③バージョンアップをする場合の旧バージョンの取扱いと保守の内容
④システム子会社設立等の第三者使用ライセンスについての事前の取決め
⑤コンピュータの設置場所の変更など，ベンダーの作業を要しない変更の取扱い
⑥具体的なバックアップやディザスタ・リカバリのための複製の取扱い
⑦リース契約の場合，リース期間満了後の取扱い
⑧クラウド・コンピューティングの場合，ベンダーにとって不利な条件の洗出し

このほか，ケースごとに個別かつ具体的に優越的地位の濫用を回避できるような契約を締結する必要があるであろう。少なくとも，双方が契約締結を急ぐあまり契約条件を十分に吟味しないようなことは避けなければならない。そのためにも，ベンダーとユーザーの情報量及び交渉力の格差を是正し，事前に問題点を浮き彫りにするようなモデル契約書の準備及びその活用が実務的には必要であると思われる[44]。

8. 結びにかえて

　優越的地位の濫用の法理は，国際的な競争法のルールの範囲外であり，わが国固有の法理と見ることができる。しかし，ドイツやフランスにも類似した規制があり，公正な取引方法を維持するためには，何らかの法規制が必要な法分野であると思われる。そのためには，ソフトウェア取引に関する法整備が望まれるところである。

　ベンダーの優越的地位の濫用は，それぞれ事案ごとに吟味すべき問題で，ベンダーのすべてにそれらが見られるわけではない。しかし，ベンダーの一方的な保守料金の値上げをはじめとするユーザーにとって極めて不利益となる要求は現実に発生しており，近時，ソフトウェア取引に関する訴訟もいくつか提起されている[45]。

　契約当事者間の情報量と交渉力の格差はソフトウェア取引に限ったものではない。消費者問題でも見られ，それを是正するものとして消費者契約法がある。また，元請と下請との格差も下請法などの法律により法的な是正措置がとられている。

　高度に発達した情報化社会において，情報技術を専門とするベンダーとユーザーの間には明らかに情報技術に関する情報量及び交渉力の格差が見られ，ユーザーが大企業であっても情報技術を業としていない企業では，なおさらその格差は大きいと考えられる。また，ユーザーの法務部門に情報技術関連契約に精通している要員がいない場合には，特殊な情報関連の契約書を十分に吟味しリスクマネジメントを行うことは容易なことではない。

　このような状況から，ソフトウェア取引に関してもベンダーとユーザーの情報量及び交渉力の格差を是正する法律が望まれるところではあるが，残念ながらそのような法律は今のところ存在しない。唯一，「再構成された権利範囲論」に依拠する公取委のガイドラインがあるが，具体的なソフトウェア

44　高田・前掲注(25) 67頁。
45　高田・前掲注(25) 67頁。

取引に関する明示的な指針は出されていない。

　高度情報化社会において，ソフトウェアに関する取引は益々増大しまた重要となる。ソフトウェアの健全な取引を維持するためには，ベンダー・ユーザー双方がソフトウェア取引で起こりやすい優越的地位の濫用を認識し，これを回避する努力が必要であろう。そのためには，なんらかの法的措置や公取委の具体的なガイドラインが待たれるところではあるが，それらがない現時点では，ソフトウェア取引における情報量及び交渉力の格差を是正するために，交渉の指針及び参考となるモデル契約書を作成しそれを活用することが必要ではないであろうか。近時のソフトウェア取引の状況を鑑みるに，ベンダーとユーザーの対等な関係を保ちつつ健全な契約交渉をするためには，モデル契約書の用意が喫緊の課題であると思われる。

　なお，法と経済学との観点からの議論は，今後の課題としたい。

（高田　寛）

II. 株式取得に関する独占禁止法上の企業結合審査手続の改正と企業に求められる法的責任

1. はじめに

本稿は，平成21年以降の私的独占の禁止及び公正取引の確保に関する法律（以下，「独禁法」という。）上の企業結合法制の重要な改正のうち，株式取得に関する企業結合審査手続の改正を取り上げながら，企業再編の実務への影響及び課題を検討し，現法制下で企業に求められる法的責任及び実務上の課題を明らかにしたい[1]。

2. 企業再編をめぐる現状と課題

(1) 企業再編をめぐる現状
① 同業他社がひしめく日本市場

日本国内市場は，少子高齢化及び生産年齢人口の減少を契機として，構造的に消費需要が減少傾向にあり，各企業は生き残りのための競争を行っているのが現実である。そのため，合理的な企業行動として選択される企業再編が，再編による企業の生き残りの目的を優先するあまり，市場や顧客の利益を軽視し，健全な競争状態を阻害するリスクをはらんでいるのも，現代日本市場の特徴として指摘せざるを得ない。その意味で，健全な市場を守る独禁法に対する期待は一層強くなっている。

---

[1] 本稿で企業再編とは，企業が経営上の課題を解決するため，他企業と資本業務提携を行うことを指し，単に縮小する市場内での提携のみならず，グローバル対応や成長分野への進出等，前向きな成長戦略における提携を含めた広い概念を指す。

市場における競争は，独禁法第1条にいう，「公正且つ自由」なものであることが必要とされる。各企業は熾烈な競争を行って，ライバル企業を駆逐し，また，ライバル企業と手を組んで市場における地位を確保する等，多様な経営戦略を立案し，それらは市場の反応を受けて変化するものである。たとえば，価格や付加価値，品質を競い合っていた企業同士が，戦略を転換し，手を組んで市場における優位性を確保しようとする。その戦略の転換が契機となって，健全な市場に対する脅威が生まれ，規模・内容によっては，公正な競争を阻害する恐れのある取り組みとして，独禁法による規制を受けることになる。

そもそも日本市場においては，業種・業態によっては，既に同業者が多く存在し，ひとたび市場が低成長あるいは縮小する際には，価格競争が激化しやすい特徴を有し，企業行動としては，M&Aによる経営統合や企業再編による合理化効率化の追求という戦略を選択する動機が生じやすい。また世界経済における日本の産業政策上の観点から，一部の業種に対して企業再編を促進する動きがあることも現実である[2]。さらに，昨今のグローバルな企業展開の下にあって，グローバル市場や成長分野への進出を狙った企業再編も増加が想定される。

それらの企業再編の取り組みが企業結合審査に関係することから，独禁法の規制に関する実体面の知識のみならず，その審査手続き及びそれへの対応方法に関する理解が不可欠なものとなっている[3]。

② 企業再編への障害と問題点

企業経営を行う立場で考えた場合，仮に企業再編への動機が醸成されたとしても，具体的な再編を推進することは，多くの困難を伴う。その理由は主

---

[2] たとえば，国土交通省が平成23年7月に発表した「新造船政策」には，新造船政策ロードマップが示され，造船業界について，供給過剰を解消するためには，産業競争力確保法を活用した事業統合を平成26年を目途に推進すべき旨の記載がある。

[3] 他方で，規制当局側の対応能力も必要になる。真に競争制限的な企業結合のみを規制するために，慎重かつ精緻な市場分析による適切な見極めをする力が求められ，公取委の企業結合課には高度な審査能力が要求される（金井貴嗣＝川濱昇＝泉水文雄編著『独占禁止法（第4版）』（弘文堂，2013年）191-192頁）。

として3点ある。第1に，望ましい企業再編を検討・実施するためには，他社の経営に関する情報の取得が必要になるが，公開情報だけでは十分な経営情報が得られず，情報不足の下で検討を開始しなければならない。第2に，既存の企業群の中から，スクリーニングをかけて適切な相手を探し出したとしても，市場あるいは商品サービスの競合があるのが通常であり，再編を実施する際には痛みを伴う事が多く，その決断には強い意思が必要である。第3に，再編を決断したとしても，不利益を被る部門の反対も想定されることから，戦略どおりに推進することは簡単ではない。

他方，再編実行のため残された時間は少ない。仮に他のライバル数社が提携によって連合体を形成した場合，その連合体に加わることのできなかった企業は，以前より競争上厳しい立場に立たされる。限られた時間の中で各企業が独禁法ルールへの適切な対応を行うことが可能になるよう，明確で予測可能性が高いルールを構築することが求められてきた。

③ 国際化の進展に伴うルール整備の進展

グローバル化の進展に伴い，とりわけ上場企業においては，企業経営に関連する法令等のルールは国際的な統一の流れのなかにある。本稿で取り上げる独禁法の平成21年以降の改正も，手続きの透明性を高め，海外の投資家への説明責任を果たす内容を含むものであり[4]，国際的なルール統一の要請に応えるものである。企業経営自体がグローバル化する中，企業提携の実務においては独禁法のルール及び運用指針の国際的な基準への準拠が求められるとともに，相手先企業との交渉開始，スキームの確定からクロージングに至るまでのすべてのプロセスにおいてルールを十分理解した上での対応が必須となっている。

(2) 企業責任をめぐる状況
①市場・社会一般に対する責任

以上のような状況の下，企業はいかなる責任を果たすべきか。もちろん，

---

[4] 同改正は，企業結合審査の迅速性，透明性及び予見可能性を一層高めるとともに，国際的整合性の向上を図る観点から行われたものとされる（公正取引情報2283，3頁）。

独禁法の基本理念である，公正かつ自由な競争を促進し一般消費者の利益を確保するという観点から市場に対する責任を考えることは特に重要である。しかし，それだけではない。市場における企業の社会的評価は常に変化し，更新されていると考えるべきであり，常に消費者や取引先などのステークホルダーから前向きに評価される再編を第一に検討するべきである。また，情報不足のままに企業再編の事実のみが伝わる場合には，再編のイメージから生じる人員削減や工場閉鎖等いわゆるリストラの側面ばかりが強調されてしまう。社会一般に受け入れられるためには，提携スキーム等のテクニカルな提案だけではなく，再編の意味あるいは将来に向かっての中長期的ビジョンや，会社として，再編を通じて社会に対してどのような価値を実現するのかについても十分に説明可能な戦略を立案すべきである。

② **株主に対する説明責任**

株主は株式会社の構成員（社員）であり，企業再編に際しては特に各株主に対する責任が重要であることは言うまでもない。

たしかに，合併・会社分割等の経営に重大な影響を与える再編スキームは，会社法によって株主総会決議事項になっている（会社法309条2項12号）のに対して，株式取得スキームについては，自己株取得の場合（会社法156条1項）を除いては総会決議事項になっておらず，その取得が重要な財産の譲受となる場合に，取締役会決議事項になるにとどまる（会社法362条4項1号）。

しかしながら，株主総会決議事項でないからといって，株主に対して責任を負わなくて良いという事ではない。そのため，直接の株主総会決議事項にならない株式取得スキームであっても，それが実質的な企業再編である場合には，株主に対する十分な説明責任が果たされなければならない。さらに上場企業であれば，投資判断に重要な影響を与える決定事実に関する事項として，金融商品取引法により定めた適時開示ルールに則った開示が必要になるなど，投資家に配慮した取り組みが重要になる。

(3) 企業再編のツールとしての株式の活用と課題

企業再編の手法には，① 合併，株式移転等の法人格そのものに変更を加えるもの，② 事業譲渡等契約によって事業そのものの帰属主体を変更する手法の他，③ 株式を取得して，株主総会の議決権を支配することによって経営権を取得する方法がある。

これらの手法は，当事会社間の再編の目的や具体的交渉によって選択されるものの，① 及び ② が事業再編の目的であることが明らかで，事業の実体が変容するのに対して，③ 株式取得については，特に一部取得であれば，表面的には株主の議決権の変動にとどまり，取得により即時に事業実体が変わるというものではない。また，株式は議決権の価値以外にも配当受領の権限等経済的価値を有し，上場株式であれば時価も存在することから，株式取得は純粋な経済行為（投資）という側面も強く存在する。そのため，支配権の取得という側面からのみ実務を整理することはできない。

再編ツールとしての株式取得は，① 段階的な関係構築が可能である点，② 後戻りが比較的容易である点から柔軟性が高く，多様な妥結点を設定でき，交渉を比較的まとめやすい点で，実務的な価値の高いツールとなっている。

それだけに，株式取得に対する規制が，企業再編実務に与える影響は極めて大きいと言わざるを得ず，以下で検討する株式取得への独禁法上の企業結合規制は，このような実務上の有用性のあるスキームを活用し，円滑な企業再編を行いたいという実務上の要請を十分に意識しつつ実施される必要がある。

3. 株式取得に関する独禁法改正

(1) 独禁法平成 21 年改正
① 改正の趣旨及び概要

従前，株式取得による組織再編については，合併や事業譲渡と区別され，段階的な関係構築や組織再編後も後戻りが容易であるという実務上の有用性等に配慮する形で，事後の報告制，すなわち株式取得自体は事前規制される

ことはなく，取得後の報告で結合審査が行われるという仕組みになっていた。

　しかしながら，企業活動が国際的な広がりを見せるなか，既に米国及びEU諸国では株式取得も組織再編の一形態として位置づけられて事前届出制が採用されており，国際的な規制との整合性を図る観点から，独禁法の平成21年改正で，合併や事業譲渡と同様に，事前届出制に変更され（独禁法10条2項）届出の日から30日間は株式取得ができなくなった（同10条8項）。同時にその対象を絞り込むため，届出基準及び同閾値も見直しが行われ，届出基準は従前の総資産額基準から国内売上高基準に改められ，単独で総資産20億円超かつ企業結合集団で100億円超の会社が当該会社とその子会社合計で10億円超の会社の株式を取得する場合とされていたものが，企業結合集団で売上高200億円超の会社（取得会社）が，当該株式発行会社（提携先企業）とその子会社合計で50億円超の会社の株式を取得する場合と改められ，閾値は従前単体での議決権保有割合で10％，25％，50％を超えたときであったものが，企業結合集団での議決権保有割合が20％，50％を超えた時に改められた。

　このように，対象案件は絞られる一方，事後規制に比べて規制の実効性の高い事前規制が導入されることになったのである[5, 6]。

②　事前届出制と事前相談制度が実務に与えた影響

　株式取得というスキームに事前届出規制がかけられたことは，これに対応する企業再編の実務に大きな影響を与えた。第1に企業再編の交渉と並行して株式取得の規模及び比率が企業結合規制を受けるか否かの確認が必須とな

---

[5]　株式取得届出受理件数は，平成22年度184件，同23年度224件，同24年度285件にのぼり，各スキームの届出合計数のうち7割から8割程度を占める最大の受理件数となっている（公正取引委員会公表資料「最近の株式取得等の届出受理及び審査の状況」2013年）。

[6]　たとえば，組織再編に際する排除措置として行われる店舗等事業所の一部閉鎖を実施する場合（法17条の2），株式取得後の事後規制によってこれを実施する事は，既に公表された提携自体を解消する事につながり，当事会社に不測の損害を与える恐れがあることから，当局としても排除措置を行うには困難が伴うが，事前規制であれば，当局は提携前案件への干渉という意味で必要な排除措置を行いやすくなり，また企業サイドは排除措置内容を提携の内容（条件）とする事ができ，規制当局及び提携企業双方にとってルールが明確になるメリットがある。

り，第2に買収意向表明書ないし提携交渉開始の契約書には事前届出に伴う当局による規制の可能性があることが明記されるようになり，第3に株式取得を確実に実行するために，あらかじめ当局に事前相談を行い，独禁法上の問題がないことを確認した上で，取引を実施するという実務慣行が生まれた。

同時に株式取得という手法に取り組む企業の姿勢も変化を余儀なくされた。事前届出において，企業に対し，株式取得の目的を明確化する責任がより一層求められることになったのである。しかしながらその要請は，企業にとっては悩ましい課題であった。というのは，株式取得の事案の中には，合併や事業譲渡等の明確な再編スキームを取ることができずに株式取得スキームに決着したような事案が含まれ，そのような事案では，そもそも双方の再編に対する思惑の違いやタイムスケジュールの意見の不一致等があり，再編の明確なゴールが無いケースも想定される。この点従前は事後規制であったことから，株式取得をした後に，届出を行い，その後に再編のゴールを目指して交渉していくスタイルも可能であったものが，事前届出規制になったことから，株式取得の前に再編の狙いや意味について一定の合意が求められるようになったのである。

その意味で，株式取得が事前届出規制となったことを契機に，独禁法対応が大きな課題となり，事前相談により，対象となる株式取得についての適法性の確認を求める要請は高まっていたと考えられる[7,8]。それと併行するように，事前相談制度のあるべき姿を問う声もまた高まっていったのである[9]。

---

7 池田千鶴「企業結合規制（審査手続き及び審査基準）の見直し」公正取引729号（2011年）12頁では，株式取得が事前届出制になったことから，事前に公取委の判断を得るという事前相談制度の意義が低下したと指摘する。確かに事前届出になったことで規制当局としての意義（実効性ある規制のための情報収集等）は低下したと言えるが，企業サイドからはむしろ，規制の実効性の高い事前届出になった事から，一層慎重な企業行動になることが想定され，事前相談の有用性はむしろ高まっていたのではないかと考えられる。

8 従前，正式届出を行うためには株主総会決議まで必要とするという一部の認識があったとの指摘もあり，そのことが事前相談制度利用にいっそう拍車を掛けていたとの見方もある（越知保見「事前相談制度の廃止の意義と今後の企業結合審査の展望」公正取引729号（2011年）28頁）。しかし，現状は企業結合を行う意思を証する書面があればよいとされており，実務での正式届出のハードルは以前ほどではなくなっている。

9 事前相談制度の状況について，質問や追加資料について担当者間のばらつきや公取委企業結合

そもそも事前相談制度自体は、企業結合審査の手続きを明確化し、その透明性を確保する目的で生まれた制度で、「事前相談ガイドライン」に基づいて実施されてきた。しかしその運用については、実体上調査期間等スケジュールが不明確で、膨大な量の質問や情報収集が行われることがあり、事業者サイドで必要となる作業量の予測ができず、対応する人員の確保等の見通しが立たない、あるいは正式な届出手続き前のやりとりであることから、不服申し立ての手段がない等の批判があったのである[10,11]。

この背景には、従前の事前相談制度が当局の一定の結論的判断を伴うものであったことがあげられる。当局は、事前相談の段階で当該個別案件についての一定の結論を得るために、その判断に必要十分な情報収集をする必要があり、結果として当事会社に対して多くの資料提出や質問を行う事があったことが推測できる。企業サイドとしても事前相談において実質的な当局判断がされるということであればその要求に対して対応しなければならず、他方で正式な届出前の事前相談という位置づけから、その手続きには不透明さがあり、同手続き内で行われる実質的な審査のプロセスは、いつ結論が出るのか「出口の見えない審査」と感じられたのではないかと思われる。

したがって、後述する平成23年改正で事前相談制度が廃止されるまでの約2年間の状況は以下のようなものであったと考えられる。すなわち株式取得による再編の組織決定を行う前に1カ月程度の十分な余裕をもって、当局に対して事前相談を行い、提携先との間で市場に関する双方の情報を共有、整理し、当局が求める資料を提出して説明を行い、最終的に独禁法上問題が無いことを確認した上で組織決定に持ち込むという方法である。その間に関

課のスタッフ不足等が指摘されていた（川合弘造「公取委の企業結合審査の課題」公正取引711号（2010年）41-42頁）。企業結合課スタッフは欧米の規制当局に比して絶対数が少なかったことから、増員される傾向にあり、2002年度において28名であったものが2012年度には41名まで増えている（金井ほか・前掲注(3)192頁）。

10 改正前の事前相談実務に対しては、事業者から多くの問題提起あるいは批判があった（越知・前掲注(8) 28-32頁）。

11 経済界からの改正の声として、経団連が要請した点は、①事前の相談段階での実質的審査を行わないこと、②届出後において事前相談における結果を適切に承継すること、③審査基準について、国内シェアにこだわることなく、グローバルな競争実態を踏まえた判断を行うべきであることであった（阿部泰久「経済界からみた企業結合規制の見直し」公正取引729号（2011年）21頁）。

係当事者間でやりとりされる情報として，事業所毎の顧客対象エリアや売上高，競合店の状況など，事業業態に直結する情報を収集することになり，結果として双方の企業の相当数の部門が関与し，事実上提携進捗についての情報を共有する状態になっていたのではないか。上場企業であれば，この事は，インサイダー取引規制との関係上，悩ましい問題となっていたことが推測される。組織再編につながるような株式取得等は，通常重要事実といえ，組織決定が行われたのであれば速やかに開示すべき事案になる。事前相談の段階で実質的な審査プロセスに入っていたとすれば，逆算すればその段階で実質的な組織決定は条件付きではあれ，なされていたと見ることも可能であり，となると，本件事前相談段階で情報交換に関係する当事会社の従業員等は，公表前の重要事実を知るに至っていたと考えることが自然であり，情報漏洩等のリスクを抱えながら実質的な審査に臨んでいたとも言えるのである。この実質的な審査期間が長くなればそれだけ，そのリスクは増大していたのである。

このように，株式取得が事前届出規制になった後，事前相談制度はいよいよその形を変えることが求められていた。つまり，透明性が低くなりがちな事前相談の段階で実質的な審査を行うのではなく，正式な届出後の第一次審査において，明確な法のルールに則り，審査を実施すべきとの考え方から，以下のような平成23年改正が行われたのである。

(2) 独禁法平成23年改正及び現在の状況

平成23年改正により，企業結合審査手続が抜本的に改正された。前記のように問題点が指摘されていた事前相談制度が全面的に廃止され，届出前の手続きにおいて，当局の個別案件に関する実質的判断を求めることは出来なくなった。すなわち，正式な届出後に第一次審査に入り，実質的な審査がスタートするという本来のあるべき姿に変更された[12]。

---

12 「企業結合計画に関する事前相談に対する対応方針」（平成14年12月11日公正取引委員会）を廃止し，新たに「企業結合審査の手続きに関する対応方針」（平成23年6月14日公正取引委員会）を策定するとともに「企業結合審査に関する独占禁止法の運用指針」（平成16年5月31日公正取引委員会）の一部改正を行った。

他方届出前においては，事前相談に代わり，届出前相談制度が新設され，届出会社が希望する場合に，個別事例の相談や個別事案に対する当局の判断を求めることはできないものの，届出書の記載方法を問い合わせたり，一定の取引分野の制度運用に関する当局の考え方を確認する場として活用することができる手続きとなった[13]。

そして，届出受理後30日を上限とする第一次審査で審査が完了しない場合は，当局は当事会社に対して，審査に必要な報告等要請を行い，90日を上限とする第二次審査が開始される。

他方で，当事会社と当局とのコミュニケーションを充実させる工夫が手続き中に制度化された。主として以下3点に集約される。すなわち第1に上記の第二次審査に移行する際の報告等要請書中に，その報告を求める趣旨について記載することにした。これにより，当事会社は，単なる資料の要請を受けるだけでなく，なぜ，どのような問題意識で資料要請を行っているのかを知ることができる。第2に審査期間中，当事会社が求めれば，その時点における当局の企業結合審査の論点等について説明することとし，第3に当事会社は審査期間中いつでも，当局に対して，意見書または必要と認める資料の提出ができる旨明示した。

更に，審査結果は結果の如何にかかわらず，審査期間中に当事会社に通知することとし，第二次審査の対象となった案件の結果を公表するほか，第一次審査の対象案件で参考になるものは結果を公表することとした[14]。

上記の法改正を通じて，株式取得スキームによる企業再編に取り組む企業に求められる点に変化が生じている。そこで以下では，現行法制下で，再編に取り組む企業の責任と課題について，より具体的に論を進めたい。

13　本改正前後の事案として，新日本製鐵・住友金属工業の合併認容事案がある。平成23年3月18日に届出前相談を行い，5月31日に合併計画の正式届出があった。当局は12月14日に排除命令は行わない旨の通知を行った。約9カ月間の審査であり，10カ月程度とされる国際水準並の迅速性を達成したとされる（村上正博『独占禁止法（第6版）』（弘文堂，2014年）480頁）。

14　従前，事前相談結果については公表されてきたのに対して届出による場合の審査結果は公表されてこなかったとの指摘がある（渡邉惠理子「企業結合規制の見直しによる法務への影響」経理情報No.1289（2011年）18頁）。この指摘と本改正を比較すると大きな変化であったといえる。

4. 企業再編に取り組む企業の法的責任と課題

(1) 株式取得スキームの位置づけ

　前述のように，再編スキームの中でも，株式取得スキームについては，合併や事業譲渡等それ自体が企業再編を目的とするスキームと比べ，実務上の位置づけが異なっている[15]。

　独禁法では，平成 21 年改正以後，一定規模を超える株式取得について，他のスキームと同様に事前届出制をとっている。この事から，支配目的ではなく単なる投資として株式売買の交渉が行われる際にも，売上高が 200 億円を超える企業グループが売上高 50 億円を超える企業の株式を取得する際には独禁法を当然意識する必要がある。また仮に規制対象の 20 ％以下の株式の取得であったとしても，提携のファーストステップであって，今後追加取得等による提携の強化が想定される場合は，独禁法上の規制ルールを十分把握し，あらかじめ提携検討の話し合いの場に提示した上で十分な議論をしておく必要がある。

　株式取得スキームの直接の当事者は，株式の売り手と買い手であり，その両者でのみ交渉が進展することが多いが，独禁法の規制との関係では，提携の趣旨目的あるいはその効果について当局に十分な説明を行うために，買収対象会社の経営陣や実務部門との連携を取ることが不可欠であり，この連携が十分でない案件は注意が必要である。というのも，独禁法上の課題について検討する場合，小売業であればアイテム別・店舗別売上，製造業であれば各生産拠点での出荷額等，会社の実務部門が把握している情報にアクセスしなければ検討ができない性質のもので，買収対象会社の現経営陣からの情報収集等が不可欠な要素となるからである。

　この手順を怠ったまま，売買当事者間のみで強引に株式取得スキームを進

15　企業結合のうち，合併，共同株式移転等は通常それにより当然に結合関係が発生するのに対して，株式取得保有については，事案に応じた企業結合の認定が必要となる（金井ほか・前掲注(3) 196 頁）。

めるときには，公取委との独禁法を巡る十分なコミュニケーションを行うことができず，仮に取引自体の独禁法上の適法性が説明できない事態が生じれば，企業再編の当事者としての責任が問われることになる。他方，買収対象会社側も，株式取得によるオーナーチェンジの可能性がある場合には，真摯に独禁法上の課題への対応を行うことが求められ，当局や株主（売主側）から情報提供を求められた場合には，これに協力すべき信義則上の義務があると言うべきである[16]。現経営陣が，現体制維持のために，情報提供を拒絶する場合には，届出前相談あるいは審査が十分に実施できず，独禁法の対応に対する脅威となるとともに，企業再編を適切に実施することを妨げるものであり，株主権（特に調査権）の適切な活用とともに当局による必要な指導助言が必要になろう。

(2) 届出前相談制度の活用

株式取得スキームにおいて，その交渉は株式の譲渡者と譲受者との間で始まる。その案件が独禁法上の事前届出が必要な規模の提携に発展する可能性がある場合には，届出に必要な情報収集を円滑に進めるために，上記2者に加えて，買収対象会社の経営メンバーを加えておくことが望ましい。

しかしながら，現実には現経営陣を参加させる動機付けに乏しいケースが想定される。というのも，交渉の論点として通常問題になる事項は，譲渡対象株式数及び価格であって，買収対象会社の現経営陣が参加する意義が見いだしにくいからである。また，オーナーサイドも，早期に企業再編の目的を明確に掲げている場合はともかく，提携内容が明確になっていない段階で，株式取得後の経営について，現経営陣と議論する必要性を感じないケースも

---

16 もっとも，株式取得について，現経営陣と対立関係の下で行われる買収，いわゆる敵対的TOBを検討する場合は，独禁法上必要な情報収集について深刻な問題となる。事前の情報収集なしにTOBを実施して同時的に事前届出を行うことは，TOBの途中で問題解消措置が発動されて，提携の価値そのものに影響を与える可能性がある。この点，EUの事例で，ミタルによるアルセロールの敵対的TOBの事例においては，届出前に1年程度の長期にわたって事前相談が行われ，その事前相談の中で形鋼についての問題解消措置が合意されていたという（越知・前掲注(8) 33頁）。届出前相談において当局の判断を示さない日本の現行ルールの下では，敵対的TOBの際の独禁法対応は課題である。再編が適切に実施されるためにも，届出前相談制度を十分に活用して，当局の考え方や類似事例について十分に把握しておく必要がある。

多いのではないか。株式取得後に経営陣の刷新を考えているケースなどは尚更である。

　更に所有と経営が明確に分離している企業の場合，現経営陣の一部が，不用意に外部のライバル企業のオーナーと話し合いの場に出ること自体がリスクとなる可能性も否定できない[17]。となると，譲受企業サイドは，十分な情報が得られないままに判断の時期を迎えることが想定される。また，たとえ買収対象企業の協力が得られたとしても，そもそも届出前相談自体のプロセスでは当局の実質的な判断は示されない。そのため，仮に現経営陣を交えて，充実した届出前相談のやりとりを実施したとしても，正式な届出以降の手続きでそのやりとり自体が承継されるわけではなく[18]，第一次審査のプロセス如何では提携のスキーム自体が大きな見直しを迫られるリスクを抱えるのである。

　このような難しさを伴う届出前の状況について，再編を考える企業の行動はどのようにあるべきか。この点，以下のように考える。株式取得を行う場合，独禁法上問題になる規模に達する可能性がある場合には，対象企業の経営に大きな影響を与える可能性があるため，その狙いやスキーム，手順について十分に意思を固めた上で交渉を開始すべきである。また，仮に交渉の初期の段階で株式取得の目的が明確でなかったとしても，交渉が進展し，合意に至る過程において，株式取得により目指すべき経営目的（たとえば子会社化による事業拡大，あるいは製造部門統合による製品付加価値の増大）を明確化し，交渉のテーブルや覚書き等の書面に明示するとともに，独禁法上の問題にも早期に着手すべきである。具体的には，事前届出を行う前の段階で，当局に対して届出前相談制度を使って接触し，届出書の記載事項に関する不明点のみならず，参考となる類似事例の情報を収集するとともに，検討

17　たとえば，企業内のある部門のライバル企業に株式を譲渡するスキームを想定した際に，その提携が当該部門の長（たとえば担当取締役）から激しい抵抗にあう可能性がある。

18　越知・前掲注(8) 22 頁では，届出前相談時の当局による説明は届出後の手続きに承継されるべきと主張している。他方，田辺治＝深町正徳編著『企業結合ガイドライン』（商事法務，2014年）244 頁では，届出前相談における届出会社と公取委とのやりとりを踏まえて届出後の審査が行われることとなるが，届出後の審査について，届出前相談における公取委の説明が修正されることがあるとしている。

中の株式取得について，検討すべき論点の抽出及びその論点に対する当局の見解についてできるかぎり具体的に意見交換をしておくべきである。

更に進んで届出前相談において当局の実質的な判断を得る事はできないにしても，当事会社として，検討した結果について，専門の弁護士等の見解を添付して，あらかじめ当局に意見書を提出しておくことはできる（意見書提出の意義については後述）。このように，届出前相談の枠組みの中で，当局との間で可能な限りのコミュニケーションを図っておく事は，再編に取り組む企業としての重要な責任になっていると考える。最近の二次審査事例の多くで，届出前に当局と接触が行われているのも，その現れであろう[19]。

(3) 適時開示義務との関係

企業再編を行う際の組織決定は，多くの場合有価証券の投資判断に重要な影響を与える決定事実に該当し，適時開示が義務づけられる。

本件開示義務と独禁法上の届出手続きとの関係は，整理して考えておく必要がある。というのも，株式取得により組織再編を実施する場合，先述のように事前に届出前相談を実施し，当局と十分なコミュニケーションを図る中で，当該案件及びスキームが二次審査に至る可能性の有無及び対応について，適法性の判断までは得られないものの，当局の考え方や類似参考事例等にあたって感触を得ておくべきだからである。この場合に感触を得るためには，それだけ具体的な事実やスキームについての言及が含まれることから，そのような届出前相談を行う行為の中に，開示義務を必須とする決定事実に該当する事実が含まれるのではないかという点が問題になる。

この点，届出前相談はあくまで正式な届出前の，案件審査に関わらない手順・解釈等に関する相談の手続きであるから，その相談を開始する事自体は，株式取得による組織再編を検討するための材料集めの段階であり，届出前相談を開始する意思決定自体に，案件そのものの開始に関する組織決定は含まれないと考えられる。したがって，一般的には届出前の段階での適時開示を行う決定事実は生じていないと考えられる。

---

[19] 宇都宮秀樹「事前相談制度廃止後の企業結合審査の実務」ビジネス法務 2013.4 月号（2013年）103 頁。

但し，届出前相談の段階であっても，当事企業間で，再編のスキーム等につき具体的に定め，実質的な合意に至っている，あるいは双方の意思決定機関において実質的な意思決定が行われている場合には，決定事実として開示義務の範疇に入ると考えられる。

いずれにしても，届出前相談を進める場合には，インサイダー取引リスクに特に留意する必要がある。というのも，独禁法に対処するために，事業に関連する社内情報を集め，集約する際に，複数の社員等の手を借りながら進めることが想定され，情報収集する作業を通じて経営に関する重要事実（金融商品取引法166条2項）に該当する情報に接する可能性があるためである。

この点実務では，一次情報取扱者から集めた情報を，再編推進部門のスタッフが二次加工して事前届出関連の資料を作成するなど，一次情報の取扱者を間接的な関与に限定するなどして，再編の検討は進められるべきである。法務・税務等，企業再編に関連する実務を行う部門についても，社内の法務セクションや税務経理セクションのスタッフとは別に，提携・再編に特化した部署ないしはプロジェクトチームを編成し，社内での情報流出が起きないように工夫することが重要である。

これに加えて当局に対して，届出前相談の段階で，上記計画に基づいた当事会社としての意見や考え方を提出しておくことが更に望ましい。このような意見書の提出は法律で強要されるものではなく，あくまでも任意であるが，それによって，企業としては，一定の合理的目的の下に再編計画を立案しており，その中で行われる株式取得が適法であるとの認識の下でその実行に向けて行動していることを示すことができる。当局との届出前相談におけるコミュニケーションも，意見書があることにより，単なる抽象的な質問の場合に比べて格段に充実したやりとりをすることが期待でき，信頼関係も醸成されることから，届出後の審査も円滑に進む事が期待できる[20]。

---

[20] 仮に会社からの申し出がない場合でも，公取委が新聞報道等で企業結合計画に関する情報に接した場合に，必要と認めるときは，独禁法第40条の一般調査権限に基づき，資料提出を求めることが可能とされている（田辺＝深町・前掲注(18) 5頁）。

(4) 組織決定プロセスとの関係

　企業再編に関する組織決定のプロセスを明示することは，企業の責任として重要である。

　とりわけ上場会社にあっては，開示義務の関係もあり，組織決定のプロセスを明確化し，いつどのようなプロセスで組織決定が行われる計画なのか，あるいはどのようなプロセスで組織決定が現実に行われたかについては明確にしておく義務がある[21]。この点は，非上場会社であっても同様である。企業再編という会社の経営の根幹に関わる重要な事項について，どのようなプロセスによって決定されたかを明確に示す事は，会社を取り巻く様々な利害関係者に対する説明責任の一端をなすと考えられる。

　このプロセスの早期明確化が，企業再編の当事会社間の適切で後戻りしない交渉を可能にし，更には，株主のみならず，従業員や顧客等会社に関係する利害関係人の理解を深め，法的にも実務的にも妥当な再編が実現する事につながる。

　交渉の手順に沿ってプロセス明確化の一例を示せば，具体的には以下のとおりである。交渉の初期段階にあっては，守秘義務契約あるいは意向表明書の本文中に，双方の再編の目的や狙いを明記しておく。そして，企業調査・デューディリジェンスの段階では，この再編目的や狙いに沿って具体的スキームについての検討を併行して進め，スキームについての大枠が双方の実務レベルで詰まった段階で，再編計画のドラフトを作成し，双方の経営企画部門等で計画書案としての承認を得る。併行して当局に対して，この計画書及び会社としての意見書を添付して独禁法上の届出前相談を行う。そこでの公取委との充実したコミュニケーションの中で，二次審査の可能性及び対応策を練った上で，具体的スキームについての条件付の組織決定（取締役会等）を行い，事前届出を実施する。このようなプロセスを経て組織決定が行われるということについて，関係する部署間で，とりわけマネジメント層に

21　経営統合の計画が不明確なままに破談になった事例として，平成25年6月の川崎重工業と三井造船との経営統合交渉がある。本件では，組織決定のプロセスや計画が明らかになる前に，川崎重工業の取締役会で統合交渉にあたった社長以下3名が更迭（社長付取締役に異動）されるという事態に至った。

は日常から周知しておく必要があると考えられ，そのことが企業としての十分な責任を果たすために必要な事項となる。

(5) 取締役の責任論との関係

　株式取得による企業再編の各プロセスに関わる取締役の責任も，企業責任を考える上で重要なテーマである。取締役は会社に対して忠実義務及び善管注意義務を負い（会社法355条，423条1項），悪意重過失があれば第三者に対しても損害賠償責任を負う（会社法429条1項）。企業再編のプロセスにおいて，会社あるいは第三者に損害が生じた場合には，取締役の責任の有無が問題になる。

　そもそも企業再編に関連する経営判断は，リスクを伴う。そのため，その経営判断に関与した取締役に過剰な責任を負わせる場合には，企業再編は進まない。そもそも各取締役には経営判断が付託されており，その高度かつ専門的な経営判断は十分に尊重されるべきであり，その裁量の範囲内の事項については，著しく不合理な判断でない限り，上記忠実義務違反及び善管注意義務違反にはあたらないというべきである[22]。但し各取締役の役割は多様であるため，その職務分担に応じて注意義務の内容も多様なものとなる[23]。

　すなわち株式取得スキームによる再編により，取締役の責任が問われる場合には，そもそも提携交渉の担当取締役について，その行動や判断のプロセスが明らかにされ，それらが求められる注意義務を果たした上での結果であったか否かが課題となり，他の取締役については，担当取締役を中心に進められている再編のプロセス及び判断の妥当性チェックを行い，全社的な観点から意見や提案を行うなど牽制機能を発揮したか否か，社外取締役については外部者の視点から，当該意思決定について必要なアドバイスを行ったか

---

[22] この点，近時の最高裁判例では，企業再編に伴い実施された株式買取の価格の決定に関して，事業再編計画の策定は経営上の専門判断にゆだねられており，その決定の過程，内容に著しく不合理な点が無い限り，取締役の善管注意義務に違反するものではないと解すべきであるとしている（最判平22・7・15判例時報2091号90頁，判例タイムズ1332号50頁参照）。

[23] この点，取締役の職務の多様性に応じて注意義務の内容を記述し，明確化することにより，適切な規律を与えながら経営判断の消極化を回避できるとする（宮本航平「取締役の経営判断に関する注意義務違反の責任」私法72号（2010年）231頁）。

否かが問われるべきである（社外取締役については別途後述する）。

　他方，企業再編や提携交渉のプロセスにおいて交渉権限を一任された取締役が自己の利益の追求のために行動した場合，忠実義務に反するものとして，その行為は厳しく追及される必要がある[24]。

5. 法的責任を果たすための工夫と提案

(1) 目的設定に関する課題

　前段までの記載において，株式取得方式による企業再編においては，その目的が曖昧になり易く，それ故に早期に目的及びプロセスを明確にした上で取り組む事自体が，企業の責任を果たすことにつながるということを述べた。そもそもなぜ目的が不明確なままに交渉が行われるのか。

　第1に，各企業が限られた市場の中で生き延びるためには，何らかの企業再編は不可欠と考えるものの，他社に先んじて再編に取り組もうとする企業は少ない。そのため，交渉の機会が訪れたとしても，再編そのものを目的に据えることに抵抗感を覚えるケースが多い。再編はあくまで効果の一部であって，まずは株式取得等の行動に出ることが大事であると考えるケースが想定される。それでは目的と手段の逆転である。この場合には株式取得自体が目的となり，真の目的が明確に示されない。このようなケースは企業としての十分な説明責任が果たされないリスクがある。

　第2に，目的が示されても，その目的自体が曖昧な場合がある。目的を企業再編と明確に規定してしまうと，再編に伴う人員削減のイメージが先行し，社員からの反発を招く結果となりやすい。そのため，そもそも目的を不明確にしたままで株式取得を進めるケースも想定される。関係当事者間の交渉の途中で，その目的について一致点を見ないままに時間ばかりが経過し，結果的には株式取得という価値中立的なスキームだけが残るケースである。

---

[24] 特に友好的な提携・買収の場面において，取締役個人の利益を追求する行為については，十分に予防・規律されなければならないとの指摘がある（白井正和「友好買収の場面における取締役に対する規律」私法74号（2012年）246頁）。

第3に，目的自体を明確にできたとしても，その達成時期を最終ゴールとして，それまでの間に必要以上に多くの段階的なステップを設定し，事実上目的達成を先送りすることが考えられる。すなわち，業界の中で，再編に乗り遅れまいと提携先を見つけたとしても，即時の再編には抵抗があり，次の経営陣以降での達成に先送りするケース等である。この場合に都合の良いスキームが株式取得である。というのも，株式取得方式であれば，段階的に関係を強める（あるいは弱める）という調整が可能なためである。この事は他方で，時間が経つにつれて当初に掲げた目的が形骸化する可能性がある。たとえば，最終ゴールを企業再編に設定して株式取得を開始した場合に，そのファーストステップが株式の相互持ち合いあるいは数パーセントの少数株式取得であった場合，セカンドステップ以降が進捗しないままに長期間経過すると，当初の目的自体が不明確になる恐れがある。その後の株式の追加取得をめぐり，独禁法上の事前届出が必要になった場合でも，既に形骸化した目的の下で企業の各オーナーが一体的に行動できるとは限らない。

　このように，株式取得スキームには，企業再編の取り組み上悩ましい課題がある。この課題を乗り越えてこそ，企業再編に取り組む会社の意思が示され，関係当事者及び市場・社会に対する説明責任を果たすことが可能になる。

(2) 考えられる対応策

　これらの課題に対して，どのように取り組むべきだろうか。この点を考えるためにはまず，この課題の背後にある企業経営組織上の特質に言及する必要がある。多くの企業において，企業再編に取り組むための専門部署は存在しない。会社が常に再編に向けた取り組みをしているわけではないのであるから当然の事である。しかしそのことにより，主体的に自らの部門の仕事として再編に取り組む事は難しくなる。また，財務を担当する役員が単独あるいは直属の部下と数名で行うケースや，経理財務等再編スキーム実行に関連する部署から担当者を集めた企業再編に係るプロジェクトチームを作り，個別案件に対応するケースも想定される。しかし，このような体制のみで，会社の組織決定に関わるような企業再編の目的自体を論じる事は困難であろ

う。

　そこで，企業再編については，あらかじめ平時において会社の方向性をまとめ，主要役員には価値観としてそれを共有しておく事が重要となる。企業再編が必要になった場合の基本的な考え方や意思決定プロセスを，各スキームや規模別に明確化すること及び組織決定及び公表のタイミングまで，シミュレーションを行って検討し，社内の経営層で共有しておくことが賢明と思われる。そのことにより，実際の案件が開始された場合に，交渉の現場で，相手先企業との間で目的についても逃げずに議論を深化させることができ，株主・従業員・お客様等社会に対する説明責任の具体的な在り方についても適切な対応が可能になる[25]。したがって，以下のような責任を果たす組織を作り上げていくべきである。

(3) 責任を果たす組織となるための提案

　平時における責任ある対応を可能にするための組織にするためには何が必要か。将来の企業再編計画についての話合いはどのようなメンバーで実施するべきか。

　最も想像しやすいのは，社内の主要な部署から，責任者が集まって話し合う形の，部門長の会議体であろう。しかしながらこのメンバーで行うには大きな制約がある。すなわち，部門の責任者は，自部門の継続発展を任務とし，部門の行く末が自らの将来の役職にも影響することから，将来の企業再編にあって，自分の部門は生き残り，かつ将来的に発展していくべきとの考えを持っている事が通常である。そのような者の集まりにおいて，現実的な企業再編のイメージを論じることは不可能であることが多いであろう。というのも，たとえば企業再編に際して，他社と積極的に統合しあるいは廃止すべき部門等の検討を行うことが，当該部門の責任者の反対にあって困難となるからである。では，役員クラスの会議体ではどうか。この場合も，日本の多くの企業で役員（取締役会メンバー）は，通常担当する業務を持っている

---

[25] このシミュレーションは，大規模災害時の事業継続計画を策定する作業に似ている。再編が進む他の業種の事例などを参考に作成しておくと，極めて有効な経営ツールになると思われる。

ことから，部門長の会議体と同様の難しさがある[26]。

それらに鑑みれば，企業再編について論じ，対応するためには，内部の人材だけでこれを行うのではなく，広い視野を持ち，他の業種業態にも精通した外部の人材を加えて議論することが効果的であろう。外部者はコンサルタントあるいは社外取締役等様々な形態がありうるが，一定の責任を負いながら実質的な意思決定に関わる意味で，そのような外部者に社外取締役に就任してもらい，取締役会メンバーで議論することが最も機能を発揮するものと考える[27]。

6．おわりに

企業再編を成功に導くためには，積極的に視野を広げ，外部者の意見を取り入れるとともに，再編の機会が訪れた時には，積極果敢にこれを検討し，あるべき方向性を打ち出せる存在になることが，評価される企業の要件と考えられる。また，企業が再編を意識して，利害関係者及び社会に対して責任を持って対応ができるように，当局には，独禁法規制に関する考え方や参考事例の開示等の整備が求められ，他方企業には，再編手続きへの責任ある対応がますます求められると考えられる。

なお，本論文中の意見等にわたる部分は，個人的な見解であって，勤務する組織とは関係がありません。

（勝見大八）

26　前掲注(21)の事案が参考になる。
27　社外取締役については，委員会設置会社にあっては各委員の過半数の選任が義務づけされているが，同形態が会社形態として普及しているとは言えない（平成25年で導入10年になるが，上場会社で57社にとどまっている。）。取締役会設置会社においてもこれを義務づける動きが始まっている。コンプライアンスの意識の高まり等もあり，日本弁護士連合会で「社外取締役ガイドライン」（2013年）を発表し，その普及を呼びかけている。http://www.nichibenren.or.jp/library/ja/opinion/report/data/2013/guideline_130214.pdf

事項索引

【欧文】

agency cost ……………………………… 11
agency slack ……………………………… 12, 22
AGLIP (1995年) ……………………… 266
BEPS 問題 …………………… 210, 221, 241
CDM ……………………………………… 170
Chemical Abstracts Service ………… 144
collective action ……………………… 13
communitarians ……………………… 33
corporate constituency statutes ……… 19
CSA ……………………………………… 155
CSR（企業の社会的責任）………… 9, 159
CSR レポート ………………………… 143
ECHA …………………………………… 155
EMS ……………………………………… 153
Enlightened Shareholder Value ……… 39
EPCRA ………………………………… 149
firm-specific investments …………… 31
GDI ……………………………………… 169
GHS ………………………………… 151, 174
GRI ガイドライン …………………… 160
HDI ………………………………… 168, 175
IEC ………………………………… 146, 175
INES …………………………………… 147
IPCC …………………………………… 164
ISO ……………………………… 146, 153, 162
IUCN …………………………………… 162
last-period problem …………………… 25
LCA …………………………………… 148
LCC …………………………………… 161
MBO 指針 ……………………………… 68
MDGs ………………………………… 164
mediating hierarch …………………… 31
MSC …………………………………… 165
MSDS ………………………………… 149
nexus of contracts …………………… 31

Pluralist Approach …………………… 39
PRTR ……………………………… 151, 158
REACH 規制 …………………………… 154
RoHS 指令 …………………………… 142
RSPO …………………………………… 165
SARA …………………………………… 149
SDG …………………………………… 170
SDS …………………………………… 149
shareholder primacy ………………… 15
shareholder welfare ………………… 11
SR ……………………………………… 162
Team Production Theory …………… 31
UNCED ………………………………… 150
UNCHE ………………………………… 149
UNCSD ………………………………… 160
UNDP …………………………………… 168
UNEP …………………………………… 150
UNHCR ………………………………… 170
WBCSD ………………………………… 171
WWF …………………………………… 163

【あ行】

アクセス制限 …………………… 86, 87
アドバイザリーボード ……………… 57
アドバンスルーリング制度 ………… 242
安全配慮義務違反 ……… 115, 128, 138
委員会等設置会社 …………………… 47
意見書の提出 ………………………… 287
いじめ・嫌がらせ …………………… 106
遺族補償年金の不支給 ……………… 135
──認定 …………………………… 134
偽りその他不正の行為 … 211, 214, 223, 231
違法性阻却 …………………………… 122
違法性の判断 ………………………… 132
インサイダー取引規制 ……………… 281
隠ぺい・仮装行為 …… 216, 222, 223, 225, 226
ヴッパータール研究所 ……………… 172

運用委託 …………………………263
永久使用権 ………………………261
営業秘密 ……………………75, 85, 92
　　──管理規程 …………………102
　　──管理指針 ……………76, 86, 96
　　──侵害罪 …………………89, 101
エキスパートシステム ……………192
エコロジカル・フットプリント ……173
汚染者負担の原則 …………………143

【か行】

外形上業務と関連のある行為 ………113
会社機関設計…………………………46
会社構成員利益条項…………………19
会社法
　　──上の開示 ………………186
　　──上の任務懈怠 …………127
　　──の任務懈怠 ……………128
　　イギリス2006年── …………38
化学物質安全性報告書 ………………155
過少申告 ……………………………215
　　──加算税 ……………212, 215, 224
　　──行為 ……………………212
課税減免規定 ………………………239
課税要件事実 ………………………233
　　──の認定 …………………235
株式取得スキーム ………………276, 283
株主厚生 …………………………11, 22
株主の監督是正権……………………60
株主優先主義…………………………15
株主利益最大化義務…………………10
過労死自殺 …………………………127
環境効率 ………………………171, 172
監査実施基準 ………………………68
監査等委員会設置会社………………62
企業
　　──に対する規制 …………199
　　──の債務不履行責任 ……122
　　──の社会貢献論 …………203
　　──の社会的責任 …………9, 159
　　──の社会的責任の概念 ……204
企業情報の開示 ……………………181
企業責任 ………………………179, 203

企業統治
　　──機構 …………………45, 56
　　──水準……………………64
　　──の原則……………………44
企業特殊的投資……………………31
気候変動に関する国際連合枠組み条約 ……148
技術情報 ………………75, 76, 78, 85, 95
技術流出……………………………77
技術流出防止指針……………………76
規制緩和……………………………71
客観的認識可能性 ………………86, 87, 90
休眠会社 ……………………………189
競業避止義務 ……………………79, 98
共同体理論……………………………33
京都議定書 …………………………148
業務と関連性のない行為 ……………113
業務の適正な範囲 ……………107, 110, 136
虚偽申告 ……………………………212
金融商品取引法上の開示 ……………186
クラウド・コンピューティング ……248, 253
クリックラップ契約 ………………254
クレジット・サービス ……………254
経営合理性 ……………………102, 104
経営責任……………………………53
経済活動の規制 ……………………199
経済行政作用 ………………………201
経済的観察法 ………………………233
計算書類
　　──の在り方 ………………190
　　──の公開 ……………186, 189
　　──の公告 ……………187, 190
形式的審査 …………………………196
形式的審査主義 ……………………197
経団連企業行動憲章 ………………203
啓発の株主価値……………………39
契約上の債務不履行責任 ……………113
契約の束……………………………31
原子力発電所 ………………………156
行為者個人の刑事責任 ……………111, 112
行為者個人もしくは企業（使用者）の民事責任
　　………………………………111, 112
行為の継続性 ………………………108, 109
公衆縦覧制度 ………………………191

厚生労働省の基準 …………………………128
厚生労働省ワーキンググループ ………107, 109
公認会計士監査基準………………………68
合理の原則 …………………………………266
国際原子力事象評価尺度 …………………147
国際電気標準会議 …………………………146
国際標準化機構 ……………………146, 162
国際連合環境計画 …………………………150
国連環境と開発に関する会議 ……………150
国連持続可能な開発会議 …………………159
国連人間環境会議 …………………………149
コーポレート・ガバナンスの原理…………19

【さ行】

再構成された権利範囲論 ……………264, 269
再使用許諾契約 ……………………………255
債務不履行責任 ……………111, 120, 125, 128
資源生産性 …………………………………172
市場の枠組みを守るためのルール ………182
システム子会社 ………………………252, 262
事前確認制度 ………………………………242
事前相談制度 ………………………………278
事前届出制 …………………………………278
実質課税の原則 ………………233, 236, 239
実質主義の原則 ……………………………234
実質所得者課税 ……………………………233
叱責の相当性 ………………………………113
使途秘匿金 ……………………218, 227, 228
　　――課税 ………………………………222
　　――課税制度 ………………………241
使途不明金 ……………………………218, 227, 228
社会責任のマーケティング ………………203
社会的費用 …………………………………143
社外取締役 …………………………………289
　　――ガイドライン …………………293
　　――の選任義務化 ………………49, 63
重加算税 …………………213, 214, 219, 225
集団行動問題 …………………………13, 18
商業登記 ……………………………………182
　　――制度 ……………………179, 182, 192
　　――のシステム ………180, 200, 205, 206
商業登記法 …………………………………194
使用許諾契約 ………………………………260

使用者責任 ……………………122, 125, 138
上場規則………………………………………68
商法
　　旧―― …………………………………193
　　現行―― ………………………………193
職場環境整備義務 …………………………137
職場環境保持義務 …………………………122
職場秩序遵守義務 …………………………139
食品衛生法 …………………………………156
書面審査 ……………………………………196
人事院規則 …………………………………132
人事権の濫用 ………………………………120
正当な業務の範囲内 ………………………116
制度間競争 ……………………………48, 56
責任 …………………………………205, 206
　　差異ある―― ………………………170
セクシュアルハラスメント ………………136
節税行為 ……………………………………242
説明責任………………………………………48
善管注意義務 ………………………………129
相当因果関係 ………………………………124
組織再編税制 ………………………………232
組織再編成に係る行為計算否認規定 ………231
租税回避
　　――スキーム ………………………221
　　――の否認 …………………………237
　　――目的 ……………………………239
租税回避行為 …………………………220, 232
　　濫用的―― ……………220, 236, 239
租税負担 ……………………………………235
租税ほ脱犯 ……………………………211, 223
ソフトウェア・ライセンス契約 ……256, 262
ソフトロー …………………………………67, 203
損金不算入措置 ……………………………241

【た行】

第三次不正競争リステイトメント…………92
第三者使用 ……………………………262, 263
代表取締役の選定・解職……………………52
多元的アプローチ……………………………39
タックス・シェルター ………………209, 220
脱税 …………………………………………241
脱税行為 ………………………211, 212, 220

男女雇用機会均等法 …………………136
単体納税制度 ……………………………232
地位移転契約 ………………252, 254, 257
知的財産のライセンシングに関する反トラスト
　法ガイドライン ………………………266
チームプロダクション問題………………31
チームプロダクション理論 ……………31, 32
忠実義務 …………………………………289
懲戒処分 …………………………139, 140
長時間労働 ………………………………126
調整出資金額 ……………………………239
定款自治 ……………………………46, 51, 60
ディーセント・ワーク …………………164
適時開示 …………………………………286
適切な開示…………………………………60
適法性監査…………………………………56
デフォルト・ルール………………………27
電子記録債権制度 ………………………204
統一営業秘密法 …………………………91, 92
登記
　――義務 ………………………………205
　――義務者 ……………………………206
　――懈怠 ………………………………189
　――申請義務 …………………………205
　――履行責任 …………………………205
登記官の審査権 …………………………195
道義的責任…………………………………66
同族会社等の行為計算否認規定 …222, 229, 232
特別取締役制度……………………………59
匿名組合 …………………………………221
匿名組合員 ………………………………221
独禁法平成21年改正……………………277
独禁法平成23年改正……………………281
届出前相談制度 …………………………282
取締役会の活性化…………………………50

【な行】

内部通報制度………………………………44
内部統制システム…………………………66
内部統制システムの整備…………………58
ネガティブリスト ………………………157

【は行】

バイオセーフティに関するカルタヘナ議定書
　………………………………………145
罰金 ………………………………………229
ハードロー…………………………………64
パワーハラスメント（パワハラ） …107, 109, 111
判断指針 …………………………………133
反トラスト執行と知的財産権：革新と競争の促
　進のために ……………………………266
販売代理店契約 …………………255, 258
非同族会社 ………………………………230
秘密
　――管理性 ……………………76, 85, 86, 90
　――管理体制 …………………………75, 76
　――情報 ………………………………76, 96
　――保持契約 …………………………88
　――保持誓約書 ………………………97, 98
不公正な取引方法 ………………258, 267
不正行為 …………………………212, 222
不納付加算税 ……………………………224
不法行為責任 ……………………………111
ブラック企業 ……………………131, 137
プリンシパル・エージェント理論………35
ブルントラント報告 ……………………162
包括的な租税回避否認規定 ………241, 242, 232
包括的な否認規定 ………………………242
法的安定性 ………………………………241
ポジティブリスト ………………157, 158
保守契約 …………………………………247
保守サービス契約 ………………………260
保守料金 …………………………………247

【ま行】

民法上の任意組合 ………………………221
無申告加算税 ……………………………224
メンタル・ヘルスケア …………………138
モニタリング機能…………………………55

【や行】

役員人事権…………………………………52
役員報酬……………………………………54
優越的地位の濫用 ………248, 253, 267, 268, 270

予測可能性 …………………………………241

【ら行】

リオ＋10 …………………………………151
リオ＋20 ………………160, 164, 167, 171, 174
利害関係者…………………………………53
履行補助者 ………………………………125
リスクマネジメント ……………………141
リース契約 ………………………………261
立法事実……………………………………65
リバース・エンジニアリング ………85, 265

類似商号規制の廃止 ……………………198
連結納税制度 ……………………………232
連結法人に係る行為計算否認規定 ………232
連邦経済スパイ法 ……………………91, 92
労災認定 …………………………………122
労災認定基準 ……………………………133
労災不適用処分 …………………………134
労働契約上の配慮義務 …………………120

【わ行】

賄賂等の損金不算入 ……………………224

判例索引

最二小判昭 27・6・6 最高裁判所刑事判例集 6
　巻 6 号 795 頁 ……………………………112
東京高判昭 34・11・17 税務訴訟資料 29 号
　1176 頁 ……………………………………230
最二小判昭 37・6・29 最高裁判所裁判集刑事
　143 号 247 頁 ……………………………235
大阪高判昭 39・9・24 税務訴訟資料 38 号 606
　頁 …………………………………………235
東京地判昭 40・6・26 判例時報 419 号 14 頁
　………………………………………………75
最大判昭 42・11・8 判例時報 499 号 22 頁…212
最判昭 43・11・13 税務訴訟資料 53 号 860 頁
　………………………………………………234
最二小判昭 45・9・11 最高裁判所刑事判例集
　24 巻 10 号 1333 頁 ………………………225
奈良地判昭 45・10・23 裁判所 HP …………98
最三小判昭 48・3・20 税務訴訟資料 72 号 222
　頁 …………………………………………212
最判昭 52・8・9 労働経済判例速報 958 号 25 頁
　………………………………………………100
東京地判昭 52・11・28 税務訴訟資料 100 号
　1656 頁 ……………………………………231
公取委昭 52・11・28 審判審決………………268
公取委昭 57・6・17 同意審決…………………268
長野地判昭 58・12・22 税務訴訟資料 134 号
　581 頁 …………………………216, 225, 226
最三小判昭 59・4・10 最高裁判所民事判例集
　38 巻 6 号 557 頁 …………………………122
神戸地判昭 59・7・20 労働判例 440 号 75 頁
　………………………………………………123
東京地判昭 60・3・6 判例タイムズ 553 号 262
　頁……………………………………………85
最二小判昭 61・7・14 判例時報 1198 号 149 頁
　………………………………………………139
最二小判昭 62・5・8 最高裁判所裁判集民事
　151 号 35 頁 ………………………………226
最二小判昭 62・5・8 訟務月報 34 巻 1 号 149 頁

　………………………………………………215
東京地判昭 62・9・30 判例タイムズ 535 号 522
　頁……………………………………………75
大阪高判昭 63・11・28 労働判例 532 号 49 頁
　………………………………………………123
福井地判平 2・4・20 税務訴訟資料 176 号 647
　頁 …………………………………………214
横浜地判平 2・5・29 判例時報 1367 号 131 頁
　………………………………………………121
国税不服審判所裁決平 2・8・23 ……………219
最一小判平 3・4・11 労働判例 590 号 14 頁
　………………………………………………123
名古屋高判金沢支部平 3・10・23 税務訴訟資料
　186 号 1067 頁 ……………………………214
福岡地判平 4・4・16 労働判例 1426 号 49 頁
　………………………………………………124
東京地判平 4・6・11 判例時報 1430 号 125 頁
　………………………………………………118
国税不服審判所裁決平 5・6・16 ……………220
東京地判平 5・9・21 判例時報 1475 号 151 頁
　………………………………………………138
国税不服審判所裁決平 5・10・12 ……214, 216
東京高判平 5・11・12 判例時報 1484 号 135 頁
　………………………………………………118
名古屋地判平 6・1・18 判例タイムズ 858 号
　272 頁 ……………………………………112
最判平 6・1・31 労働判例 648 号 12 頁 ……101
神戸地判平 6・11・4 判例タイムズ 886 号 224
　頁 …………………………………………119
大阪高判平 6・12・26 判例時報 1553 号 133 頁
　………………………………………………97
最二小判平 7・4・28 税務訴訟資料 209 号 571
　頁 …………………………………………215
大阪地判平 7・6・27 判例不正競業法 1250 ノ
　231 頁 ………………………………………87
最三小判平 7・9・5 判例時報 1546 号 115 頁
　………………………………………………118

東京地判平 7・10・16 判例タイムズ 894 号 73 頁 ……………………………………99
東京地判平 7・12・4 労働判例 685 号 17 頁 ………………………………………118
大阪地判平 8・4・16 判例時報 1588 号 139 頁 ……………………………………87
横浜地判平 10・6・24 税務訴訟資料 232 号 769 頁 ………………………………214
公取委平 10・7・30 勧告審決 ……………268
大阪地判平 10・12・22 知的財産権関係民事・行政裁判例集 30 巻 4 号 1000 頁 ……78, 88
静岡地沼津支判平 11・2・26 労働判例 760 号 38 頁 …………………………125
東京地判平 11・4・2 労働判例 772 号 84 頁 …………………………………126
大阪地判平 11・10・4 労働判例 771 号 25 頁 …………………………………138
大阪高判平 12・1・18 最高裁判所民事判例集 60 巻 1 号 266 頁 ………………236
大阪高判平 12・1・18 税務訴訟資料 246 号 20 頁 ……………………………237
最二小判平 12・3・24 最高裁判所民事判例集 54 巻 3 号 1155 頁 ………………127
最三小決平 12・6・27 労働判例 784 号 14 頁 …………………………………138
大阪地判平 12・9・20 判例時報 1721 号 3 頁 …………………………………66
東京地判平 13・2・23 労働判例 804 号 92 頁 …………………………………100
京都地判平 13・11・1 判例不正競業法 1250 ノ 174 ノ 22 頁 …………………87
東京高判平 14・1・24 知的財産権判決速報 322-10571 ………………………79
大阪高判平 14・6・14 税務訴訟資料 252 号順号 9186 …………………………240
横浜地川崎支判平 14・6・27 判例時報 1805 号 105 頁 …………………………123
福岡地判平 14・12・24 判例タイムズ 1156 号 224 頁 …………………………79
東京地判平 14・12・26 裁判所 HP …………88
大阪高判平 15・2・27 知的財産権判決速報 336-11490 ………………………79
大阪地判平 15・2・27 裁判所 HP …………88

東京高判平 15・3・25 労働判例 849 号 87 頁 …………………………………123
東京地判平 15・5・15 裁判所 HP …………89
最二小判平 15・10・10 判例時報 1840 号 144 頁 …………………………139
東京地判平 15・11・13 裁判所 HP ………88
東京地判平 16・4・13 判例タイムズ 1176 号 295 頁 …………………………88
神戸地判平 16・8・31 判例タイムズ 1179 号 221 頁 …………………………120
さいたま地判平 16・9・24 労働判例 883 号 38 頁 …………………………108, 113
東京地判平 16・9・30（1 審）裁判所 HP …89
名古屋地判平 16・10・28 税務訴訟資料 254 号順号 9800 ……………………238
東京地判平 16・12・1 労働判例 914 号 86 頁 ……………………………108, 117
大阪高判平 17・2・17 公刊物未搭載 ………89
富山地判平 17・2・23 判例時報 1889 号 16 頁 …………………………………119
東京高判平 17・2・24（2 審）裁判所 HP …89
東京地判平 17・3・30 裁判所 HP …………89
東京高判平 17・4・20 労働判例 914 号 82 頁 …………………………………117
長崎地佐世保支判平 17・6・27 労働経済判例速報 2017 号 32 頁 ……………108, 121
最三小判平 18・1・24 税務訴訟資料 256 号順号 10278 ………………………237
名古屋地判平 18・5・17 労働判例 918 号 14 頁 …………………………………134
大阪地判平 19・5・24 判例時報 1999 号 129 頁 …………………………………89
東京地判平 19・10・15 労働判例 950 号 5 頁 …………………………………135
名古屋高判平 19・10・31 労働判例 954 号 31 頁 …………………………………134
大阪地判平 19・11・12 労働判例 958 号 54 頁 …………………………………135
名古屋地判平 20・3・13 判例タイムズ 1289 号 272 頁 …………………………90
東京地判平 20・3・26 労働判例 969 号 13 頁 …………………………………116
鳥取地判平 20・3・31 労働判例 987 号 47 頁

大阪地判平 20・6・12 裁判所 HP ……………90
松山地判平 20・7・1 判例時報 2027 号 113 頁
　………………………………………………115
福岡高判平 20・8・25 判例時報 2032 号 52 頁
　………………………………………………121
東京高判平 20・9・10 労働判例 969 号 5 頁
　………………………………………………116
名古屋地判平 20・10・30 労働経済判例速報
　2024 号 3 頁 ………………………………125
高松高判平 21・4・23 判例時報 2067 号 52 頁
　………………………………………………115
東京地判平 21・5・20 労働判例 990 号 119 頁
　………………………………………………108
広島高松江支判平 21・5・22 労働判例 987 号
　29 頁 …………………………………………114
東京地判平 21・10・15 労働判例 999 号 54 頁
　……………………………………………108, 115
東京地判平 22・4・28 知的財産権判決速報 422-
　16468 …………………………………………79
京都地判平 22・5・25 労働判例 1011 号 35 頁
　………………………………………………128
最判平 22・7・15 判例時報 2091 号 90 頁 …289
東京地判平 23・4・26 知的財産権判決速報 434-
　17134 …………………………………………80
大阪高判平 23・5・25 労働判例 1033 号 24 頁
　………………………………………………128
東京高判平 23・9・27 知的財産権判決速報 438-
　17303 …………………………………………80
知財高判平 23・9・27 裁判所 HP ……………90
最三小決平 25・9・24 労働判例 1078 号 96 頁
　………………………………………………128
最二小判平 26・3・24 裁判所時報 1600 号 77 頁
　………………………………………………132

執筆者紹介

大塚　章男（おおつか　あきお）　第1章−Ⅰ
筑波大学法科大学院院長・教授　博士（法学）　弁護士，主著『事例で解く国際取引訴訟―国際取引法・国際私法・国際民事訴訟法の総合的アプローチ―』（日本評論社，2007年），主要論文「コーポレート・ガバナンスの規範的検討―日本型モデルの機能的分析へ―」慶應法学28号31頁（2014年）

高橋　均（たかはし　ひとし）　序章，第1章−Ⅱ
獨協大学法科大学院教授　博士（経営法），主著『株主代表訴訟の理論と制度改正の課題』（同文舘出版，2008年），『グループ会社リスク管理の法務』（中央経済社，2014年）

高田　寛（たかだ　ひろし）　第2章−Ⅰ，第4章−Ⅰ
富山大学経済学部経営法学科教授　修士（工学），修士（法学），LL.M（米国法学修士）特種情報処理技術者　主著『Web2.0インターネット法―新時代の法規制―』（文眞堂，2007年），主要論文「システム開発業者のプロジェクトマネジメント義務」富大経済論集60巻1号41頁（2014年）

中村　宏明（なかむら　ひろあき）　第2章−Ⅱ
株式会社山王総務部課長（法務担当）　修士（法学），主要論文「EEC条約第86条に基づくEC判決―Hilti事件より―」『企業法学Vol.4』（商事法務，1995年），「最近の百貨店業における企業再生について」『企業法学Vol.11』（商事法務，2009年）

勝田　悟（かつた　さとる）　第2章−Ⅲ
東海大学教養学部・大学院人間環境学研究科教授　修士（法学），主著『グリーンサイエンス』（法律文化社，2012年），『原子力の環境責任』（中央経済社，2013年）

井上　弘樹（いのうえ　ひろき）　第3章−Ⅰ
熊本学園大学経済学部リーガルエコノミクス学科教授　修士（法学）

平野　嘉秋（ひらの　よしあき）　第3章−Ⅱ
日本大学商学部教授　博士（法学），主著『日本版タックスシェルターファンド〜多様な事業体の法務・税務・判例』（大蔵財務協会，2011年），『不動産証券化の法務・税務・会計』（税務経理教会，2001年）

勝見　大八（かつみ　だいはち）　第4章−Ⅱ
株式会社KJホールディングス取締役経営企画部長　修士（法学），主要論文「共同研究・電子マネー取引の法律関係と約款による規律」『企業法学Vol.7』（商事法務，1999年），「時間軸を意識した経営戦略へ―M&Aを経営戦略に取込むことの意義」東洋経済6112号（2007年）

企業責任と法
―企業の社会的責任と法の役割・在り方―

2015年1月31日　第1版第1刷発行　　　　　　検印省略

編　者　企　業　法　学　会

発行者　前　野　　　隆

発行所　株式会社　文　眞　堂
　　　　東京都新宿区早稲田鶴巻町533
　　　　電　話03(3202)8480
　　　　FAX 03(3203)2638
　　　　http://www.bunshin-do.co.jp/
　　　　〒162-0041 振替00120-2-96437

印刷・モリモト印刷　製本・イマキ製本所
Ⓒ2015
定価はカバー裏に表示してあります
ISBN978-4-8309-4845-9 C3032